「**主要教科の復習をしながら、無理なく基礎力がつくプリント**をつくれないだろうか」――これが、このプリントを制作した動機です。

さいわい、今までに各教科で同じ趣旨のプリント制作にたずさわってまいりました。そこで、それらのプリントでつちかった経験や、問題も一部でいかしながら、**主要教科の大切なことがらをもれなく取り上げた**のが、この「**らくらく全科プリント**」です。

学年の総仕上げや学期の復習、単元のおさらいなど、いろいろな用途にお使いいただけます。

著　者

本書の特色

- **基礎的な問題が無理なく学習**できるよう配慮しました。
- 子どもが**ゆったり書けるレイアウト**にしました。
- 書き込み問題を中心にし、**学力の定着がはかれる**ようにしました。
- 漢字学習では**ひとつの漢字が、たくさんの熟語を作れる**ことを実感できる構成にしました。
- **学習の世界を広げる**など、様々なおもしろヒントをすべての項目につけました。
- 子どもが**手本にできる手書き文字**を採用しました。

本書の使い方

①学習は毎日、少しずつでも続けるようにしましょう。

②このプリントは見開き２ページが１回分です。どのページからでも取り組めます。国語は後ろ側から、始まります。

③開いたページの問題を、まず、３回しっかり読みましょう。

④答えを書き終わったら、全体をていねいに読み直しましょう。うっかりミスをなくせます。

⑤最後に答え合わせをしましょう。まちがった問題は、すぐにやり直して100点満点にしましょう。

◆教科書と国語辞典は、いつでも使えるようにしておきましょう。

もくじ

算数

理科

社会

英 語

国 語

算数

月　日

1 整数の見方

得点　／100

1 整数について、後の問いに答えましょう。

① 1から20までの整数をAとBの2つのグループに分けます。1から小さい順にA、B、A、B…と分けてかきましょう。（10点）

A	1	3								
B	2									20

② Aの数を2でわってみましょう。（10点）

1÷2＝0あまり1　3÷2＝　15÷2＝

③ Bの数を2でわってみましょう。（10点）

2÷2＝1　4÷2＝　16÷2＝

※ 2でわり切れる整数を **偶数**《ぐうすう》 といいます。Bのグループの数は偶数です。0は偶数とします。

2でわり切れない整数を **奇数**《きすう》 といいます。Aのグループの数は奇数です。

2 次の整数を偶数と奇数に分けましょう。（5点×2問）

0　19　36　48　53

304　407　661

偶数＿＿＿＿＿＿＿＿　奇数＿＿＿＿＿＿＿＿

ヒント

好かれる数字は、ラッキー7《セブン》の7、末広がりの八（8）など。「死」につながるので4はきらわれますが、学校の電話番号は、本を読む（4《ヨ》ム）で4番が使われていました。

3 偶数か奇数かを□にかきましょう。（5点×8問）

① 偶数×偶数＝□　② 偶数×奇数＝□

③ 奇数×偶数＝□　④ 奇数×奇数＝□

⑤ 偶数＋偶数＝□　⑥ 偶数＋奇数＝□

⑦ 奇数＋偶数＝□　⑧ 奇数＋奇数＝□

4 3のだん、7のだん、6のだんのかけ算九九の答えをかいて、偶数に○をつけましょう。（5点×4問）

① 3のだんの九九の答え（3×1～3×9）。

3, 6, , , , , , ,

② 7のだんの九九の答え（7×1～7×9）。

7, , , , , , , ,

③ 6のだんの九九の答え（6×1～6×9）。

6, , , , , , , ,

④ 九九の答えは、偶数と奇数のどちらが多いですか。

答え

2 倍数と約数

1 （　　）の中の数の公倍数を小さい方から順に3つかきましょう。

（3点×3問）

① （3，　4）　＿＿＿＿　＿＿＿＿　＿＿＿＿

② （4，　8）　＿＿＿＿　＿＿＿＿　＿＿＿＿

③ （4，　10）　＿＿＿＿　＿＿＿＿　＿＿＿＿

2 （　　）の中の数の最小公倍数をかきましょう。　（3点×6問）

① （4，　5）　＿＿＿＿　　② （7，　4）　＿＿＿＿

③ （5，　10）　＿＿＿＿　　④ （12，　4）　＿＿＿＿

⑤ （6，　9）　＿＿＿＿　　⑥ （15，　10）　＿＿＿＿

3 次の数の約数を○で囲《かこ》みましょう。　（3点×8問）

6	1	2	3	4	5	6							
7	1	2	3	4	5	6	7						
8	1	2	3	4	5	6	7	8					
9	1	2	3	4	5	6	7	8	9				
10	1	2	3	4	5	6	7	8	9	10			
11	1	2	3	4	5	6	7	8	9	10	11		
12	1	2	3	4	5	6	7	8	9	10	11	12	
13	1	2	3	4	5	6	7	8	9	10	11	12	13

ヒント

２から９までの数で、２，３，５，７は約数が２つです。
４，９は約数が３つです。６，８は約数が４つもあります。

4 12の約数と18の約数を○で囲みましょう。 （３点×３問）

① 12の約数　1 2 3 4 5 6 7 8 9 10 11 12

② 18の約数　1 2 3 4 5 6 7 8 9 10 11 12 13 14 15 16 17 18

③ 12と18の公約数をかきましょう。

答え ______ , ______ , ______ , ______

5 次の２つの数の公約数をかきましょう。 （４点×４問）

① 5と4 ______　② 8と16 ______

③ 16と12 ______　④ 15と20 ______

6 （　　）の中の数の最大公約数をかきましょう。 （４点×６問）

① （4，12） ______　② （5，15） ______　③ （6，18） ______

④ （14，21） ______　⑤ （15，20） ______　⑥ （9，21） ______

算数　　月　日　得点

3 速さ

／100

1 それぞれの速さ（速度）を求めましょう。（15点×４問）

① 15秒間に105m進むときの秒速。

式

答え

② ６分間に24km進むときの分速は何kmですか。

式

答え

③ ８時間で36km進むときの時速は何kmですか。

式

答え

④ 14時間に448km進むときの時速は何kmですか。

式

答え

速さの問題は (キ / ÷ ハ×ジ) に数字をあてはめるとすぐ分かります。
キ…きょり（道のり） ハ…速さ　ジ…時間

2 チーターは秒速32mで走ります。7秒走ると、何m進みますか。 （10点）

式

答え

3 馬は秒速12mで走ります。4分間走ると、何m進みますか。 （10点）

式

答え

4 秒速7mで走る人は、105m走るのに何秒かかりますか。 （10点）

式

答え

5 分速0.2kmでジョギングする人がいます。
この人が2.5km走るのに何分かかりますか。 （10点）

式

答え

算数

月　　日

得点

4 等しい分数

／100

1 大きさが等しい分数になるように、分母や分子をかきましょう。

（5点×2問）

① $\frac{12}{24} = \frac{}{12} = \frac{}{8} = \frac{}{6} = \frac{}{2}$

② $\frac{18}{24} = \frac{}{12} = \frac{6}{} = \frac{}{4}$

2 次の分数を約分しましょう。

（3点×15問）

① $\frac{4}{10} =$

② $\frac{6}{15} =$

③ $\frac{10}{25} =$

④ $\frac{21}{28} =$

⑤ $\frac{15}{25} =$

⑥ $\frac{6}{21} =$

⑦ $\frac{12}{20} =$

⑧ $\frac{12}{30} =$

⑨ $\frac{16}{24} =$

⑩ $\frac{12}{18} =$

⑪ $\frac{18}{24} =$

⑫ $\frac{16}{40} =$

⑬ $\frac{18}{45} =$

⑭ $\frac{32}{36} =$

⑮ $\frac{18}{42} =$

ヒント

25341の各けたの数をたすと、「2＋5＋3＋4＋1＝15」です。
15は3でわれますね。ふしぎなことに、25341も3でわりきれます。

3 次の分数を通分しましょう。（3点×15問）

① $\frac{1}{2}, \frac{3}{7} \to$

② $\frac{5}{6}, \frac{4}{5} \to$

③ $\frac{4}{5}, \frac{7}{9} \to$

④ $\frac{2}{7}, \frac{1}{4} \to$

⑤ $\frac{1}{2}, \frac{5}{6} \to$

⑥ $\frac{4}{5}, \frac{17}{20} \to$

⑦ $\frac{5}{6}, \frac{37}{42} \to$

⑧ $\frac{2}{3}, \frac{13}{18} \to$

⑨ $\frac{5}{6}, \frac{1}{8} \to$

⑩ $\frac{3}{10}, \frac{4}{15} \to$

⑪ $\frac{7}{12}, \frac{1}{8} \to$

⑫ $\frac{2}{15}, \frac{1}{6} \to$

⑬ $\frac{3}{10}, \frac{1}{4} \to$

⑭ $\frac{9}{14}, \frac{1}{4} \to$

⑮ $\frac{5}{12}, \frac{3}{8} \to$

算数　　月　日

5 分数の計算

得点　／100

1 次の計算をしましょう。答えが約分できるものは約分しましょう。また、仮分数は帯分数で表しましょう。（5点×10問）

① $\frac{1}{3}+\frac{5}{18}=$

② $\frac{5}{24}+\frac{1}{4}=$

③ $\frac{1}{8}+\frac{1}{10}=$

④ $\frac{13}{30}+\frac{3}{20}=$

⑤ $\frac{3}{4}+\frac{5}{6}=$

⑥ $\frac{7}{12}+\frac{5}{8}=$

⑦ $2\frac{1}{9}+1\frac{2}{3}=$

⑧ $2\frac{3}{8}+4\frac{2}{7}=$

⑨ $1\frac{4}{15}+1\frac{7}{12}=$

⑩ $2\frac{2}{15}+1\frac{9}{20}=$

ヒント

57231の各けたの数を全部たすと、「5＋7＋2＋3＋1＝18」です。18は9でわれますね。すると、もとの57231も9でわりきれるのです。(3でもわりきれます。)

2 次の計算をしましょう。答えが約分できるものは約分しましょう。また、仮分数は帯分数で表しましょう。 （5点×10問）

① $\frac{2}{5}-\frac{1}{7}=$

② $\frac{8}{9}-\frac{3}{4}=$

③ $\frac{9}{14}-\frac{1}{6}=$

④ $\frac{19}{24}-\frac{1}{8}=$

⑤ $4\frac{2}{3}-3\frac{1}{5}=$

⑥ $2\frac{5}{8}-1\frac{3}{14}=$

⑦ $3\frac{14}{15}-1\frac{5}{6}=$

⑧ $1\frac{14}{15}-\frac{7}{20}=$

⑨ $6\frac{1}{4}-1\frac{1}{3}=$

⑩ $5\frac{1}{6}-3\frac{9}{10}=$

算数

月　　日

得点　　／100

6 小数のかけ算

1 次の計算をしましょう。（4点×13問）

① 6.9 × 4.7

② 7.4 × 2.8

③ 8.7 × 9.2

④ 9.3 × 9.4

⑤ 2.7 × 7.6

⑥ 3.7 × 5.7

⑦ 4.7 × 6.4

⑧ 8.6 × 2.5

⑨ 0.16 × 7.8

⑩ 0.37 × 9.3

⑪ 0.78 × 8.4

⑫ 6.7 × 0.96

⑬ 6.9 × 0.83

1. かける

```
   6.3 4
 ×   2.3
  1 9 0 2
1 2 6 8
1 4 5 8 2
```

```
   6.③④
 ×   2.③
  1 9 0 2
1 2 6 8
1 4.5 8 2
```

2. 小数点以下をかぞえる。（3つ）

3. 積の小数点を左へ3つ移《うつ》す。

かけざんは面積図にするとわかりやすいです。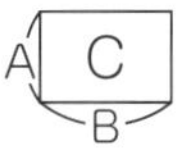

A × B = C

2 次の計算をしましょう。 （4点×12問）

① $\begin{array}{r} 1.89 \\ \times\ \ 6.7 \\ \hline \end{array}$

② $\begin{array}{r} 2.67 \\ \times\ \ 9.8 \\ \hline \end{array}$

③ $\begin{array}{r} 5.79 \\ \times\ \ 9.7 \\ \hline \end{array}$

④ $\begin{array}{r} 2.79 \\ \times\ \ 9.4 \\ \hline \end{array}$

⑤ $\begin{array}{r} 1.78 \\ \times\ \ 8.9 \\ \hline \end{array}$

⑥ $\begin{array}{r} 3.69 \\ \times\ \ 9.6 \\ \hline \end{array}$

⑦ $\begin{array}{r} 17.9 \\ \times\ 0.87 \\ \hline \end{array}$

⑧ $\begin{array}{r} 38.9 \\ \times\ 0.96 \\ \hline \end{array}$

⑨ $\begin{array}{r} 15.8 \\ \times\ 0.79 \\ \hline \end{array}$

⑩ $\begin{array}{r} 3.67 \\ \times\ 0.63 \\ \hline \end{array}$

⑪ $\begin{array}{r} 5.79 \\ \times\ 0.79 \\ \hline \end{array}$

⑫ $\begin{array}{r} 7.75 \\ \times\ 0.78 \\ \hline \end{array}$

7 小数のわり算（1）

／100

1 0.6mの重さが24gのはり金があります。
このはり金1mの重さは何gですか。 （10点）

式

答え ______

2 0.8mのねだんが200円のリボンがあります。
このリボン1mは何円ですか。 （10点）

式

答え ______

3 次の式で、商が6より大きくなるのはどれですか。
□に○をつけましょう。 （10点）

① □ 6÷0.3　② □ 6÷1.5

③ □ 6÷4.2　④ □ 6÷0.9

4 次の式で、商がわられる数より大きくなるのはどれですか。
□に○をつけましょう。 （10点）

① □ 68÷2.5　② □ 64÷0.8

③ □ 3.5÷0.7　④ □ 7.7÷1.1

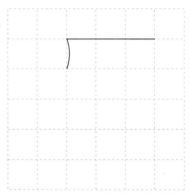

ヒント

わり算も面積図です。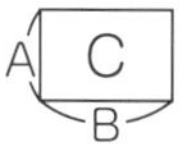

C ÷ A = B
C ÷ B = A

5 次の式を計算しましょう。（⑩⑪⑫…商は$\frac{1}{10}$まで求め、あまりをだします。）

（5点×12問）

① 13)10.4

② 1.8)14.4

③ 2.6)2.08

④ 25)17.5

⑤ 2.6)15.6

⑥ 3.6)2.52

⑦ 2.5)9.75

⑧ 1.6)9.44

⑨ 2.3)5.75

⑩ 5.8)9.46

⑪ 3.5)8.22

⑫ 2.8)9.61

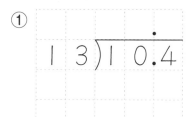

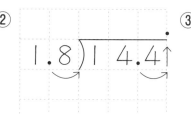

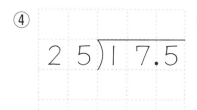

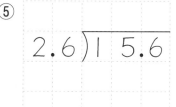

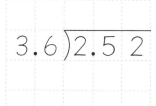

算数　　月　日　得点

8 小数のわり算 (2)

／100

1 次の計算を、わり切れるまで進めましょう。（8点×8問）

① $6.5\overline{)7.8}$

② $3.4\overline{)8.5}$

③ $2.8\overline{)9.8}$

④ $2.5\overline{)8}$

⑤ $2.5\overline{)4}$

⑥ $2.4\overline{)6}$

⑦ $2.4\overline{)4.2}$

⑧ $3.2\overline{)7.2}$

ヒント

1を7でわると、0.14285714…となって142857がくりかえしあらわれます。電たくで、2÷7、3÷7…をしてみましょう。

2 次の計算を、四捨五入《ししゃごにゅう》して$\frac{1}{10}$の位まで求めましょう。（9点×4問）

① 3.7)62.3

② 2.8)70.6

③ 4.3)92.3

④ 1.5)72.4

算数

月　　日

9 三角形・四角形の合同

得点 ／100

1 平行四辺形を１本の対角線を引いて、２つの合同な三角形に分けます。後の問いに答えましょう。

① 三角形ＡＢＣと合同なのは、

三角形 ＿＿＿＿＿＿ です。（10点）

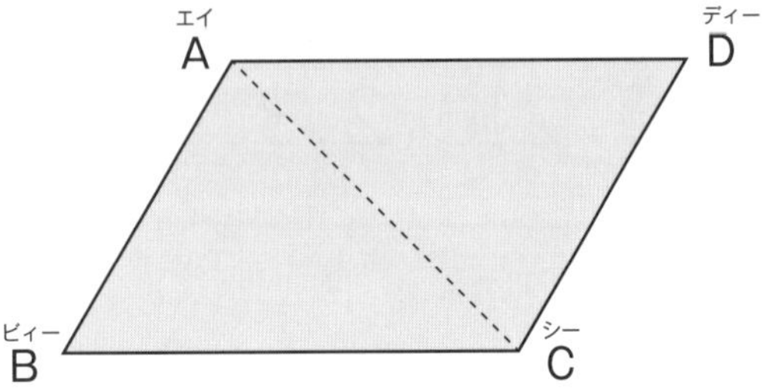

② 三角形ＡＢＤと合同なのは、

三角形 ＿＿＿＿＿＿ です。（10点）

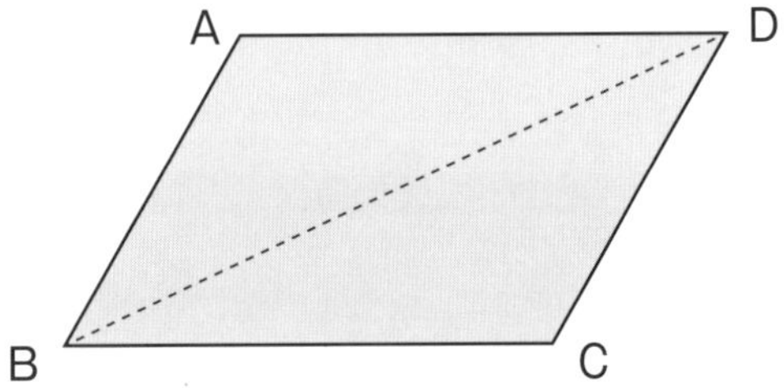

2 合同な三角形をかきくわえて、平行四辺形にしましょう。（10点×２問）

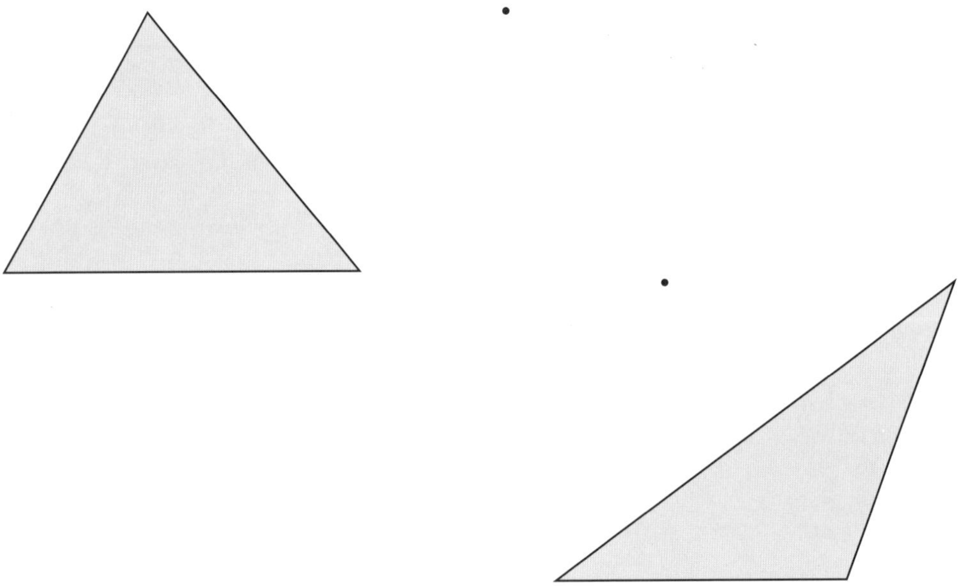

ヒント

「合同の図形」の合同と「各学年合同の音楽会」の合同は、意味がちがいます。

3 次の三角形をかきましょう。

① 3辺が5cm、6cm、4cmの三角形をかきましょう。 (20点)

5cm →　　←4cm

6cm

② 2辺が6cm、7cmで、その間の角が60°の三角形をかきましょう。 (20点)

6cm →

60°

7cm

③ 1辺が7cmで、両はしの角が65°と50°の三角形をかきましょう。 (20点)

65°　　50°

7cm

算数　　月　　日　　得点

10 多角形の角

／100

1 次の角度を求めましょう。 (10点×6問)

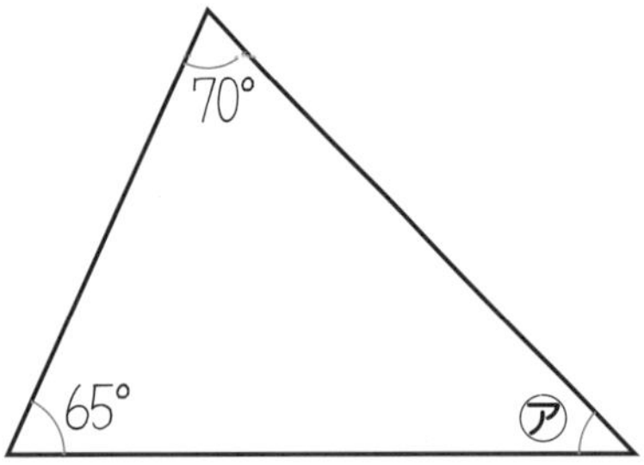

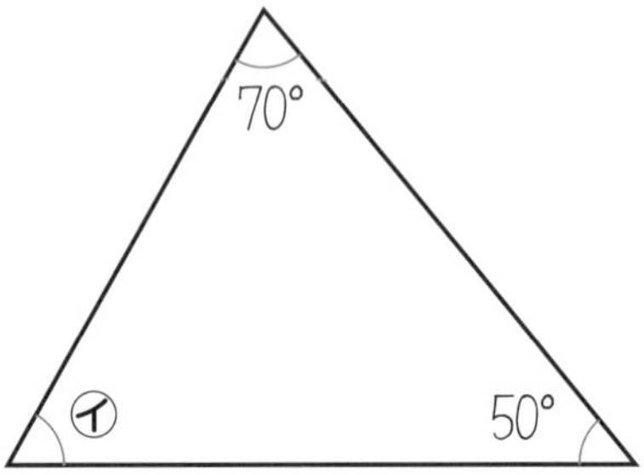

式

ア ＿＿＿＿＿＿＿＿

式

イ ＿＿＿＿＿＿＿＿

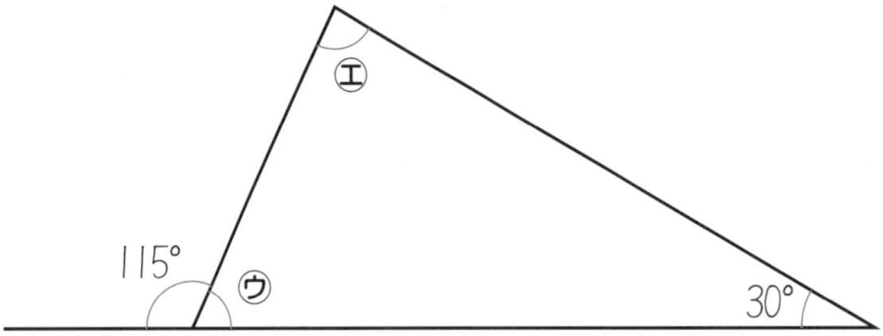

式

ウ ＿＿＿＿＿＿＿＿　エ ＿＿＿＿＿＿＿＿

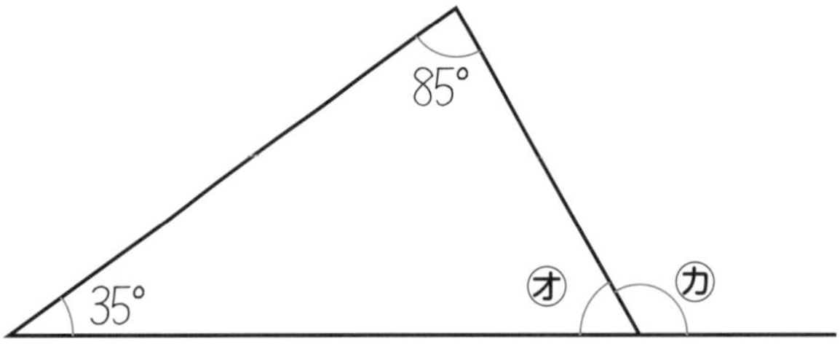

式

オ ＿＿＿＿＿＿＿＿　カ ＿＿＿＿＿＿＿＿

ヒント

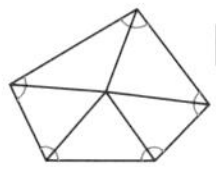

2の五角形を左のように分けると、「180×５－360」で求められます。

2　五角形の５つの角の大きさの和を、図を見て求めましょう。　（10点）

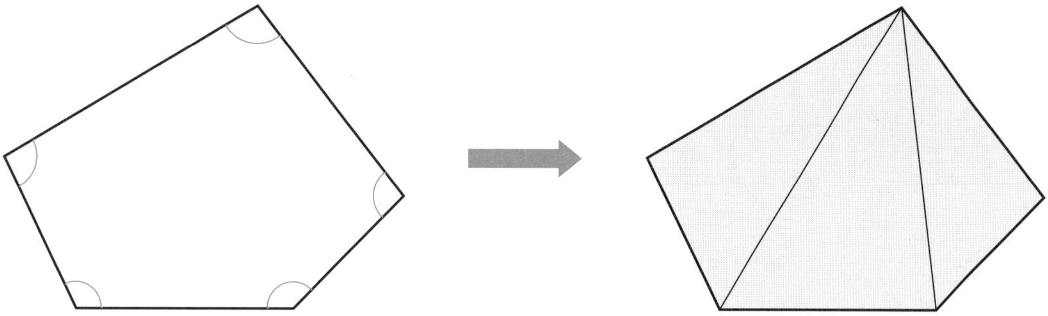

３つの三角形に分けられます。

式

答え

3　六角形の６つの角の大きさの和、七角形の７つの角の大きさの和を求めましょう。　（15点×２問）

①

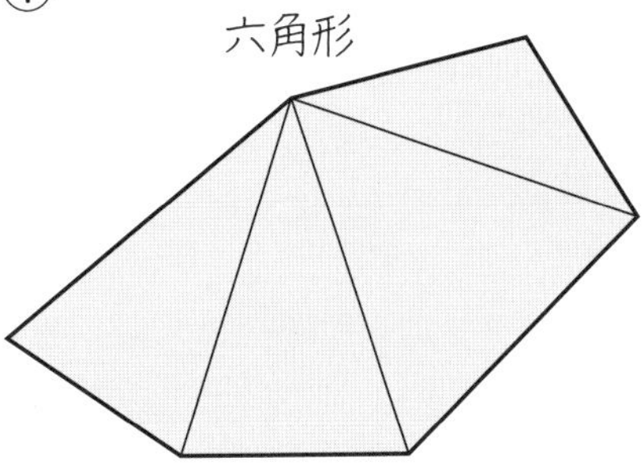

式

答え

②

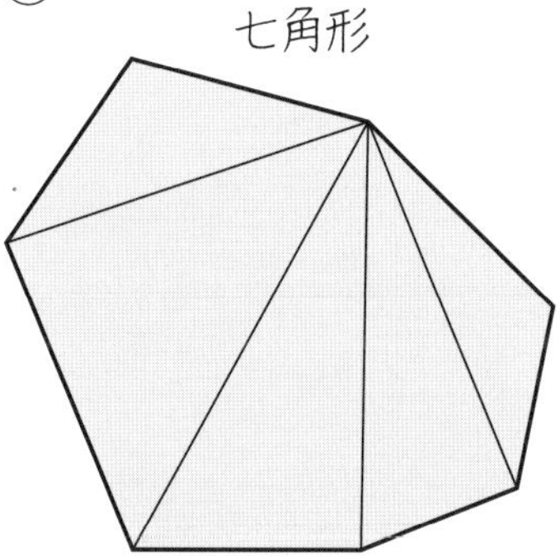

式

答え

算数　　月　　日

11 正多角形をかく

得点　　／100

[1] 正多角形には、円の内側にぴったり入る性質《せいしつ》があります。

図を見て、半径3cmの円の内側にぴったり入る正六角形をかきましょう。

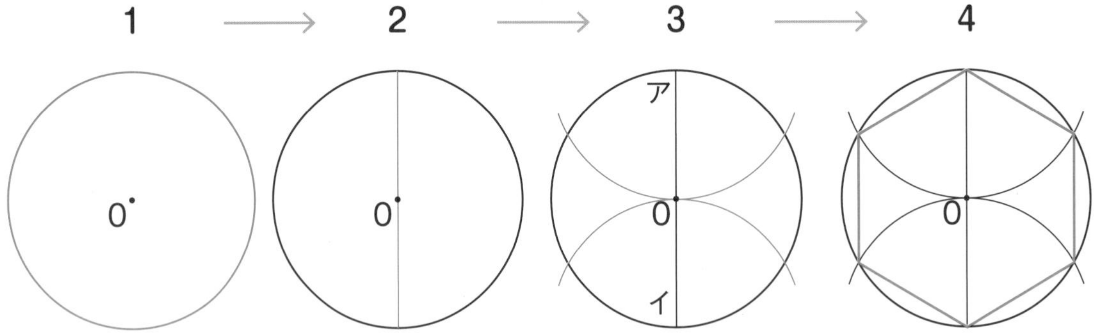

1 円をかく。

2 中心を通る直線をひく。

3 同じ半径で、ア、イをコンパスの足にして、円周にかかる半円をかく。

4 円周に交わる6つの点を結ぶ。

① 2 からかいてみましょう。（10点）

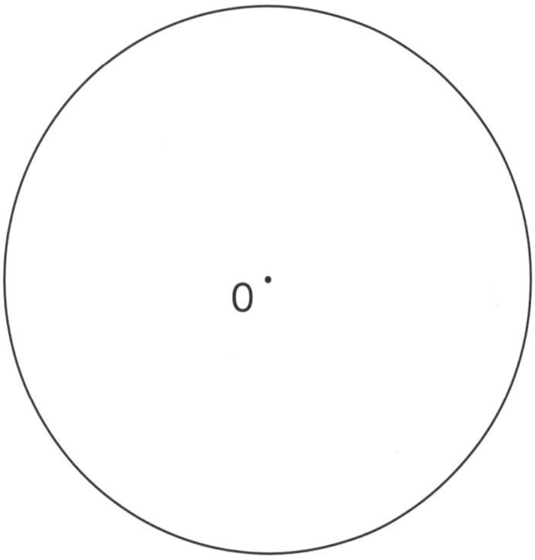

② 1 からかいてみましょう。（10点）

O

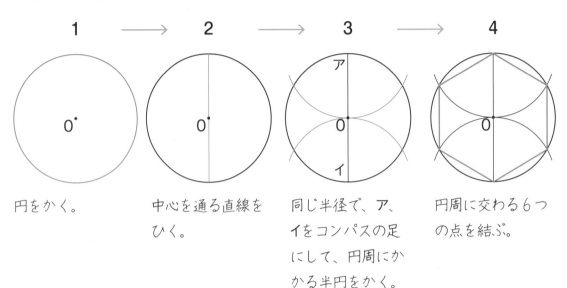

ヒント

1の４の図を見ると、円周は直径の３倍（半径の６倍）より少し長いことがわかります。

2 次の正多角形の中心の角（㋐～㋒）を計算で求めましょう。正多角形なので、それぞれの中心の角は等分されています。 （20点×３問）

①

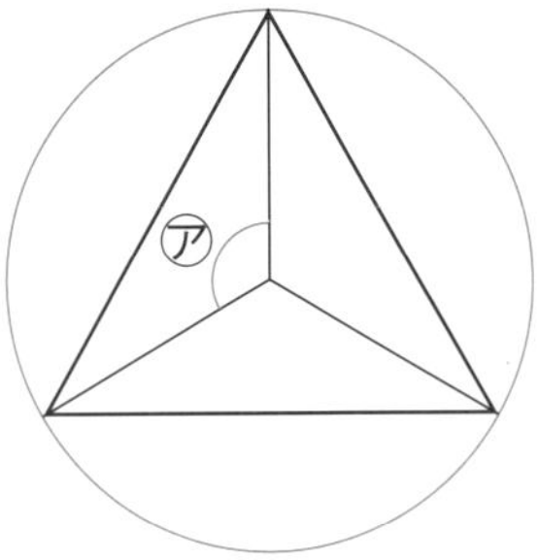

式

答え

②

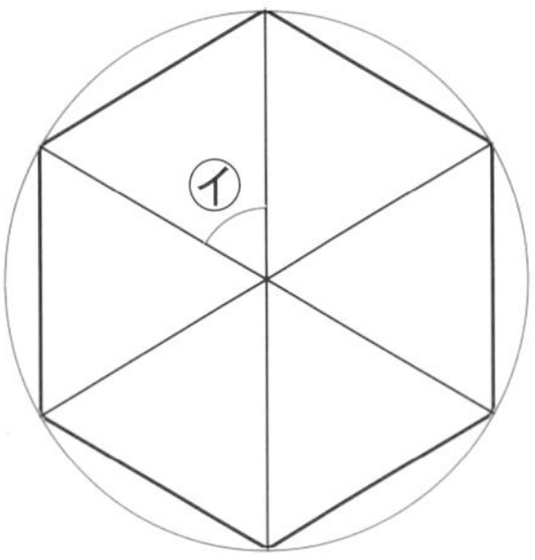

式

答え

③

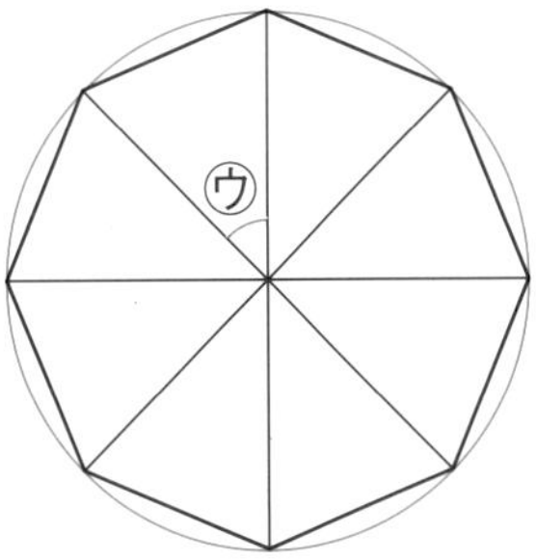

式

答え

3 円の中心のまわりの角（360°）を５等分して（360°÷５＝72°）、正五角形をかきましょう。 （20点）

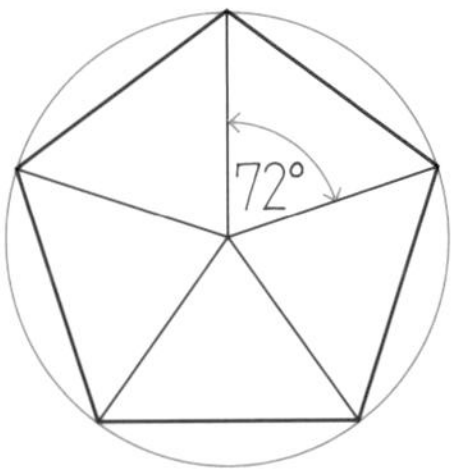

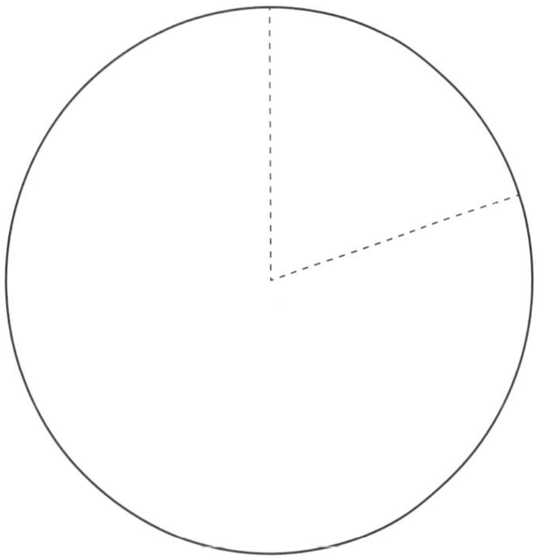

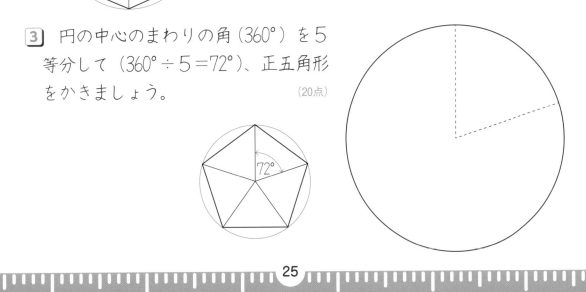

算数　　月　日　　得点

12 円周

／100

1 次の円周を求めましょう。　（①10点・②③15点×２問）

直径×円周率《りつ》＝円周　（半径×２×3.14＝円周）

①

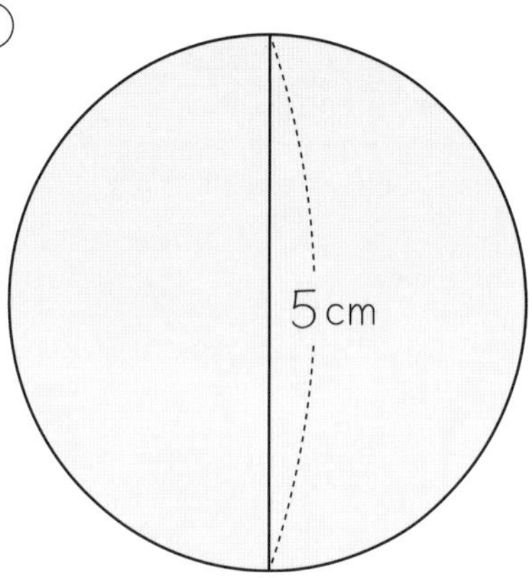

式

答え ＿＿＿＿＿＿＿＿

②

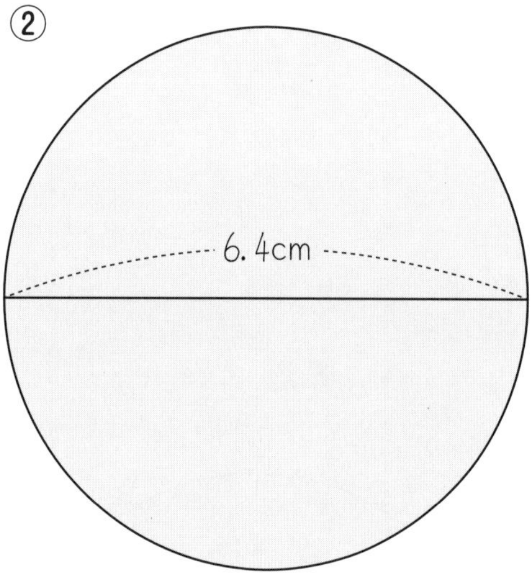

式

答え ＿＿＿＿＿＿＿＿

③

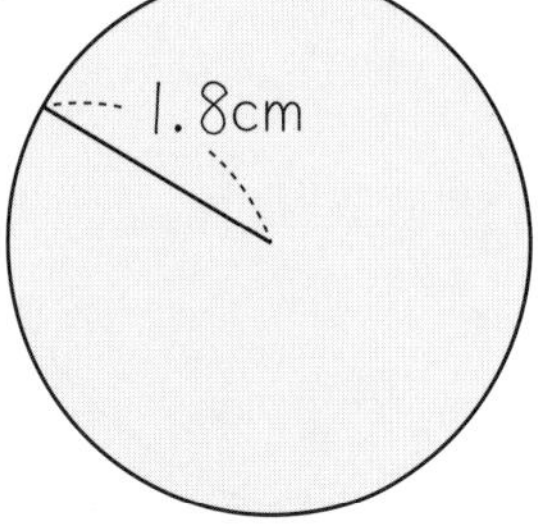

式

答え ＿＿＿＿＿＿＿＿

ヒント

×3.14の計算をするときは、まず×３で見当をつけておくと、小数点の打ちまちがいもふせげます。

2 次の円の直径は６cmです。太い線の長さを求めましょう。（15点×４問）

①

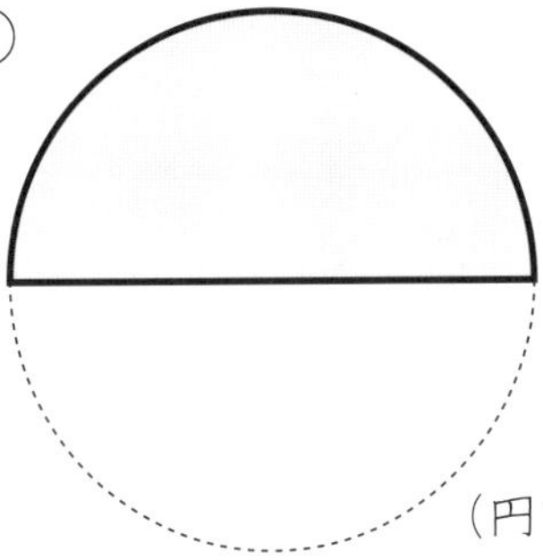

（円を等分）

式

答え

②

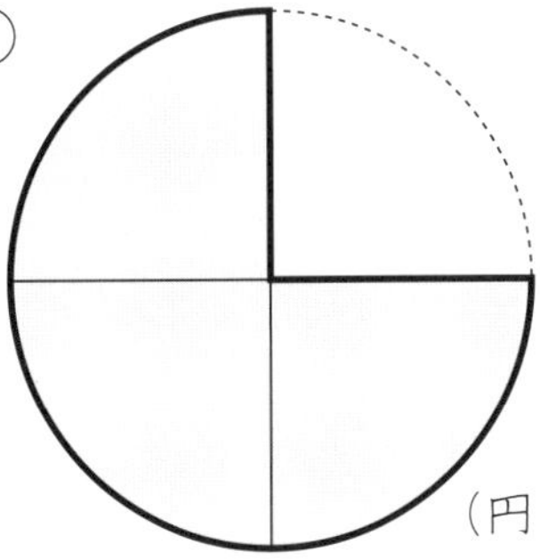

（円を４等分）

式

答え

③

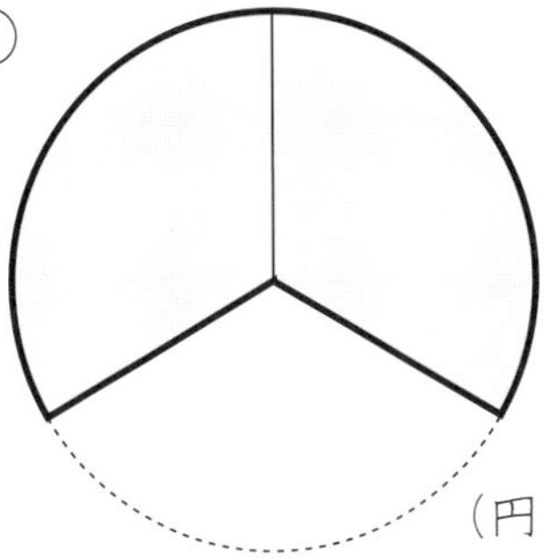

（円を３等分）

式

答え

④

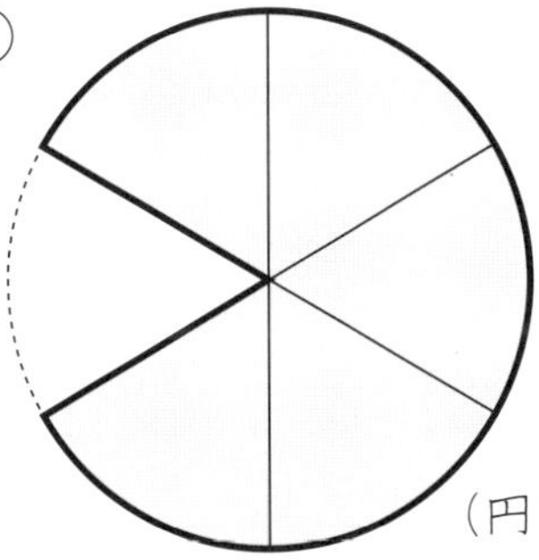

（円を６等分）

式

答え

算数

月　日

得点

13 図形の面積 (Ⅰ)

／100

1 次の三角形の面積を求めましょう。 (10点×４問)

①

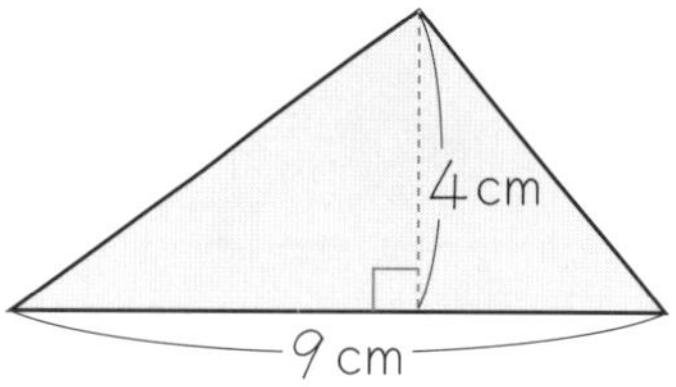

式

答え

②

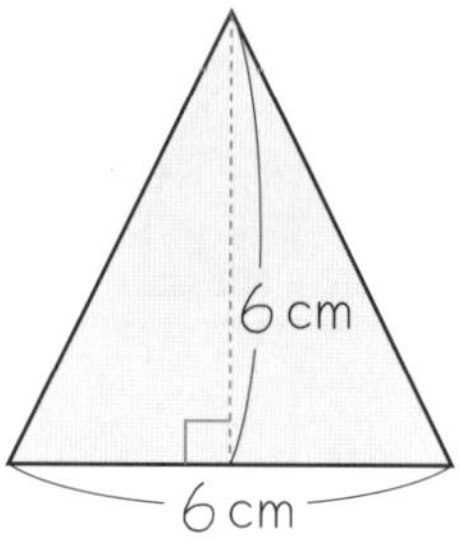

式

答え

③

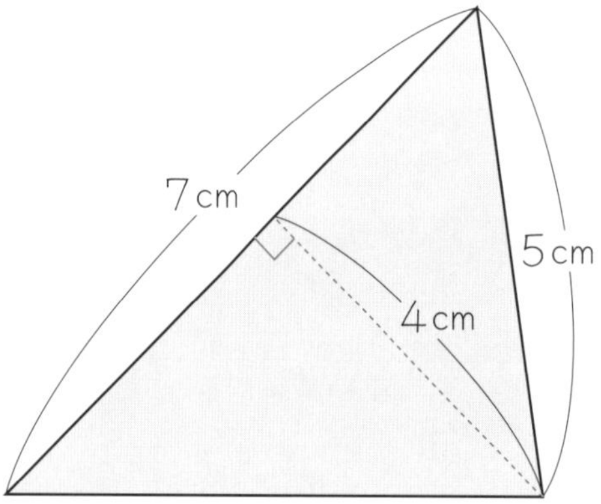

式

答え

④

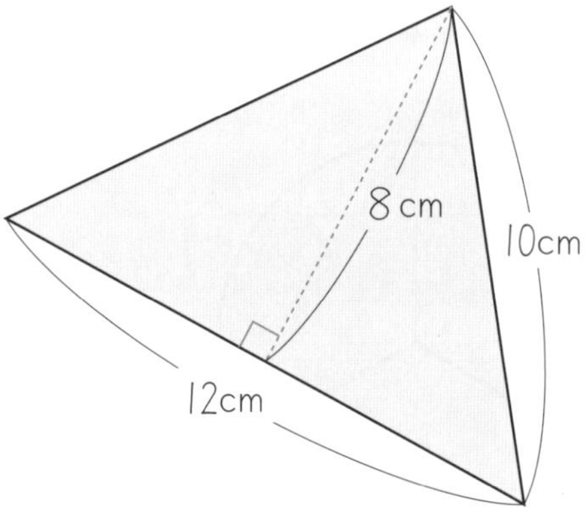

式

答え

ヒント

平行四辺形の１つの対角線を二分すると、合同な三角形になります。

2 次の三角形の面積を求めましょう。 (20点×３問)
（どれが底辺になるか、確《たし》かめましょう。）

①

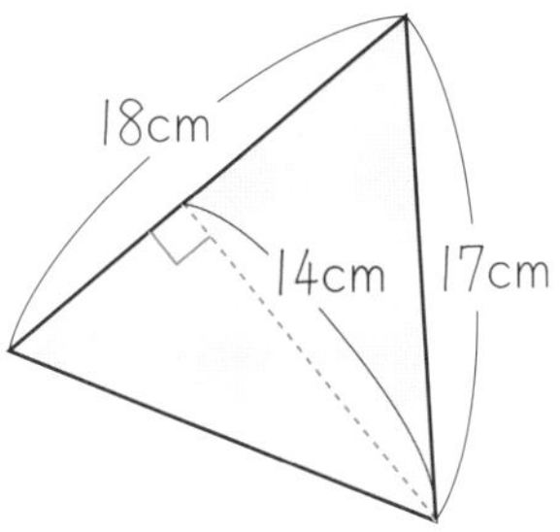

式

答え ____________

②

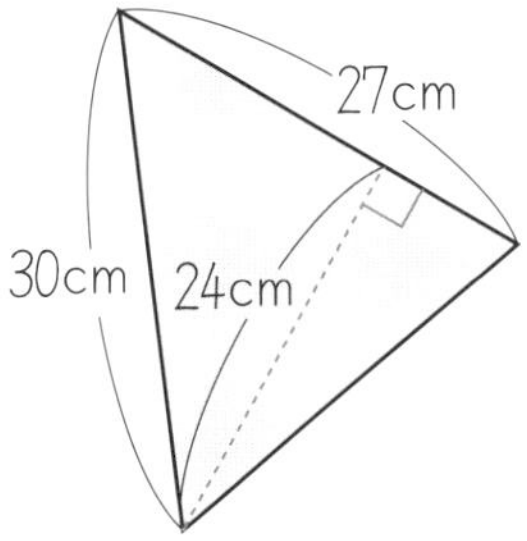

式

答え ____________

③

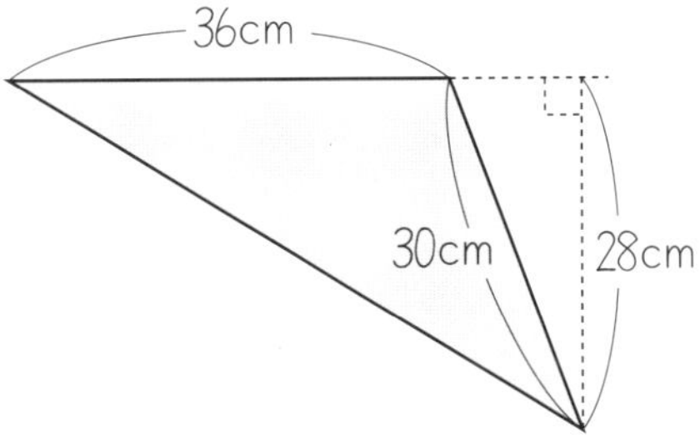

式

答え ____________

月　日　　得点

14 図形の面積 (2)

／100

1　次の平行四辺形の面積を求めましょう。　(10点×４問)

①

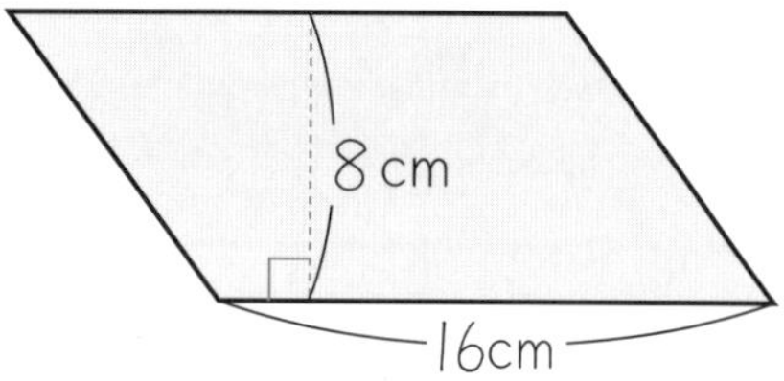

式

答え

②

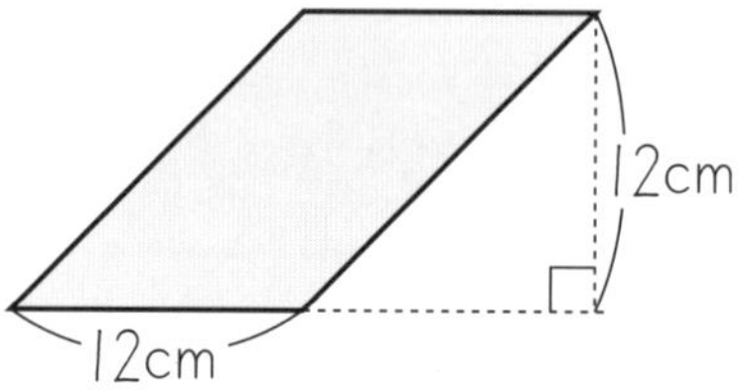

式

答え

③

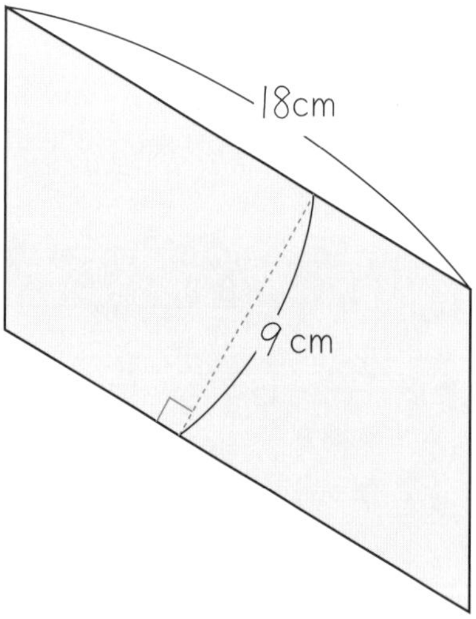

式

答え

④

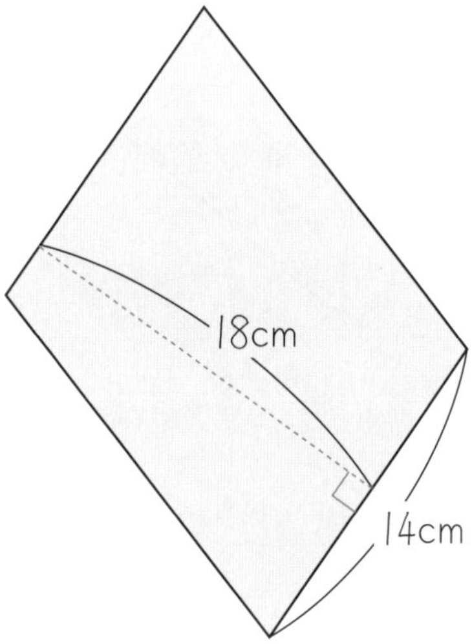

式

答え

台形の面積は、台形を三角形や平行四辺形に変形して求めます。

（例）

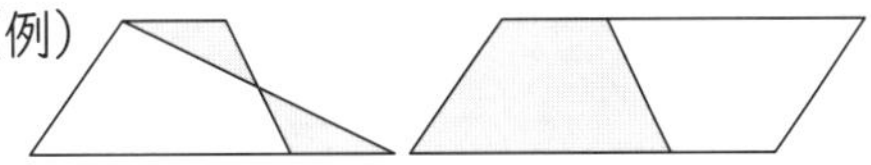

ヒント

2 次の台形の面積を求めましょう。　（20点×２問）

①

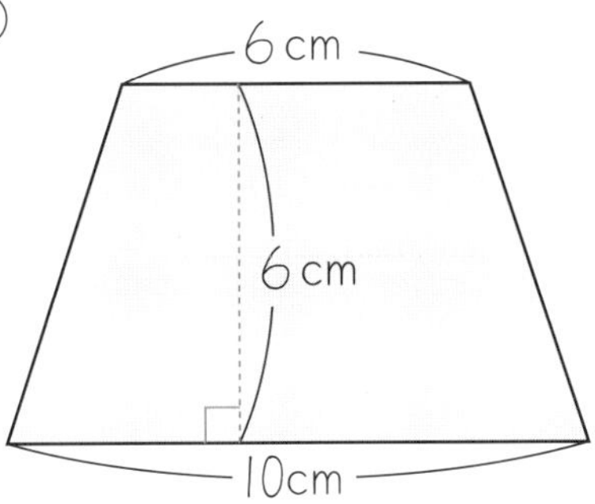

式

答え

②

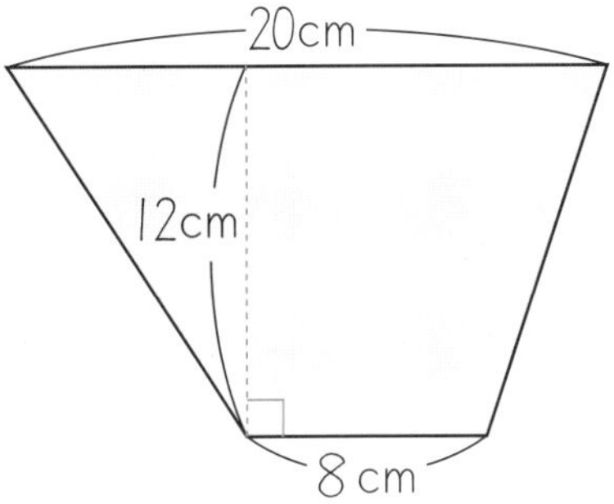

式

答え

3 ひし形の面積を求めましょう。　（20点）

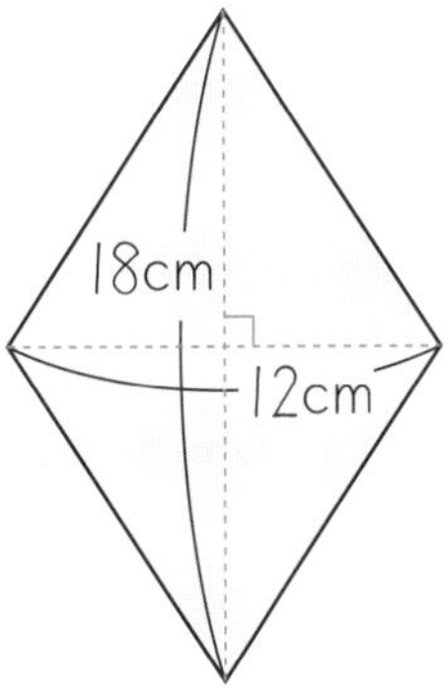

式

答え

算数　　月　日　　得点

15 角柱と円柱

／100

1 次の角柱について答えましょう。

（5点×9問）

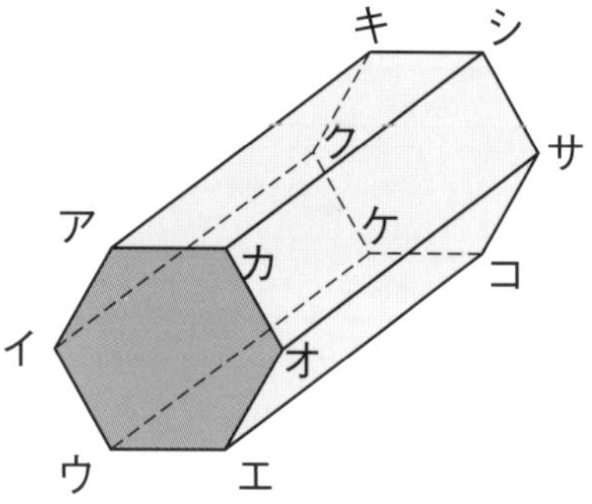

① この角柱の底面の正多角形の名前は、何といいますか。

② この角柱の名前は、何といいますか。

③ 面**アイウエオカ**に平行な面はどれですか。

④ 底面に垂直《すいちょく》な面は、何個《こ》ありますか。

⑤ １つの側面の形は、何といいますか。

⑥ 平行な面は、何組ですか。

⑦ 底面に垂直な辺は、何本ありますか。

⑧ 辺**アキ**に平行な辺は、何本ありますか。

⑨ 辺**アカ**に平行な辺は、何本ありますか。

直方体や立方体も四角柱のひとつです。

2 次の立体の名前をかきましょう。　（5点×3問）

①

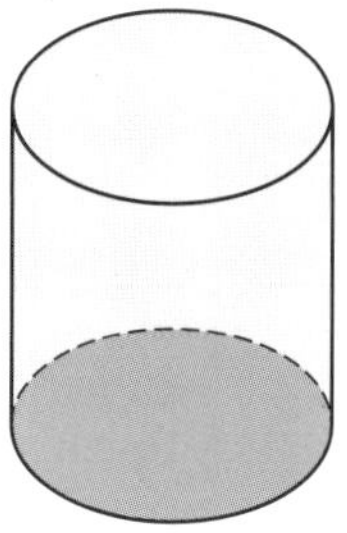

②

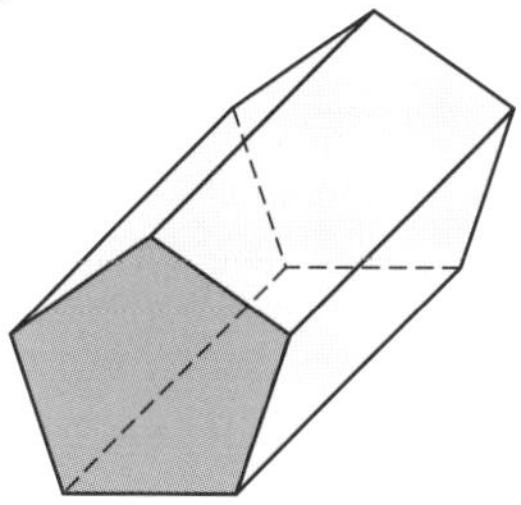

③

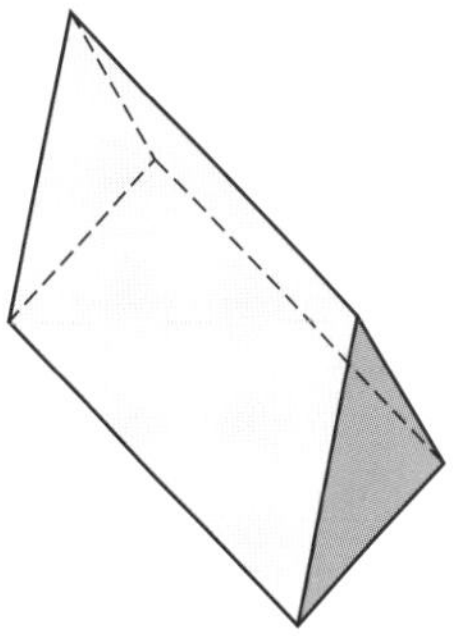

(　　　　　　)　(　　　　　　)　(　　　　　　)

3 次の展開《てんかい》図《ず》を見て、立体の名前をかきましょう。　（10点×4問）

①

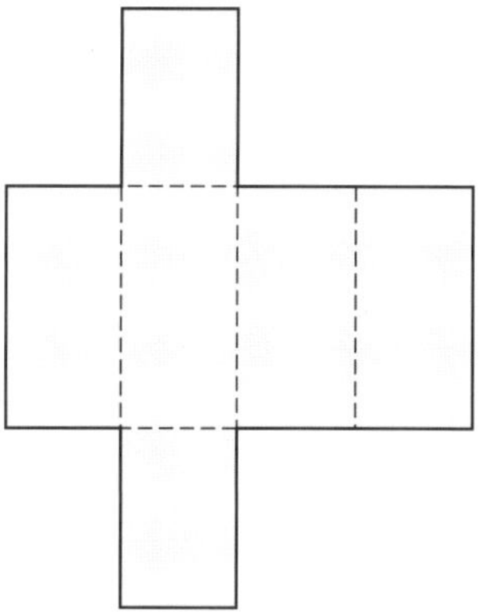

②

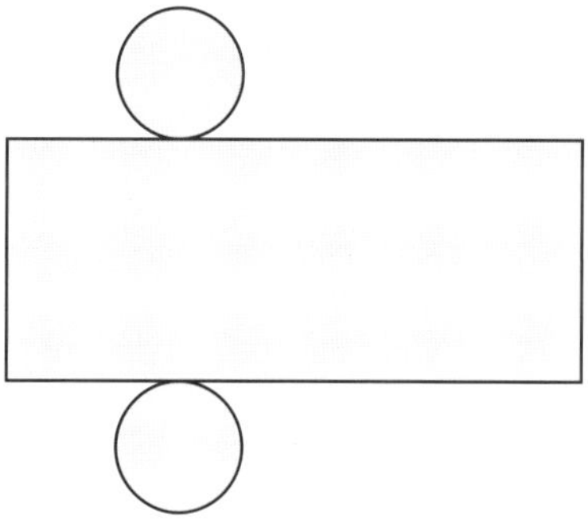

③

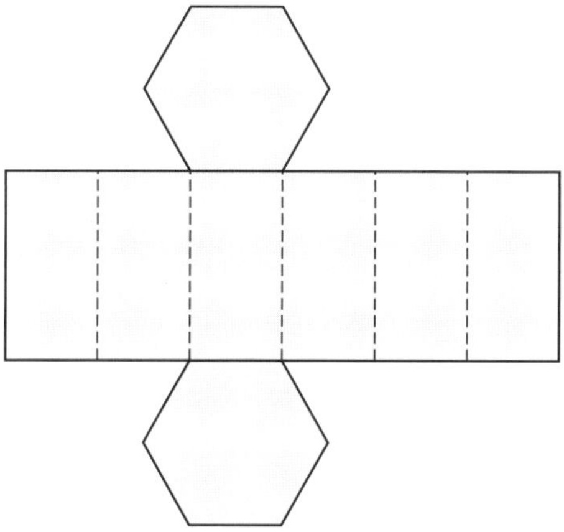

④

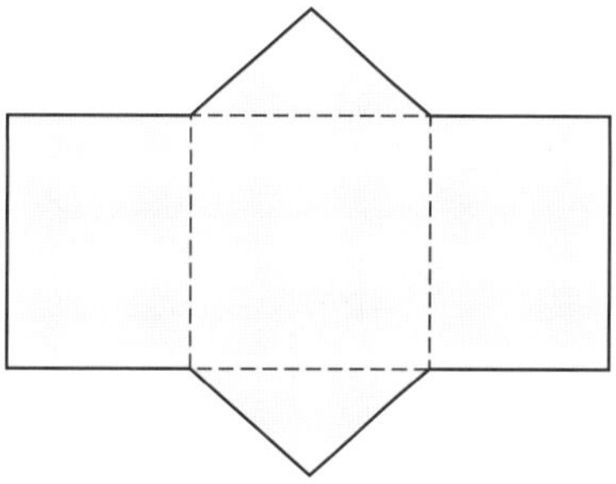

算数　月　日　得点

16 体積

／100

1 次の立体の体積を求めましょう。　（①②５点×２問・③10点）

①

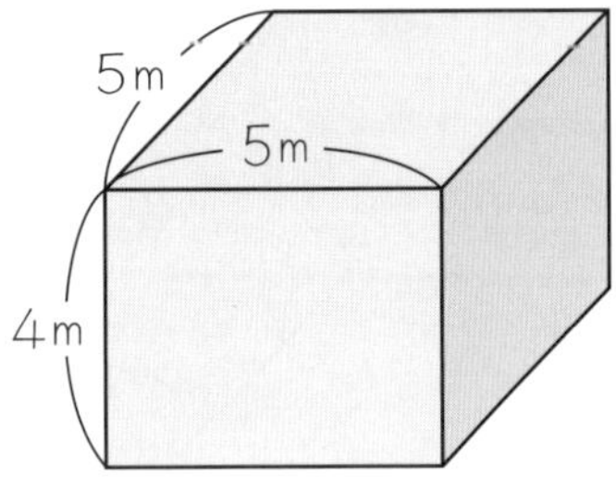

式

答え

②

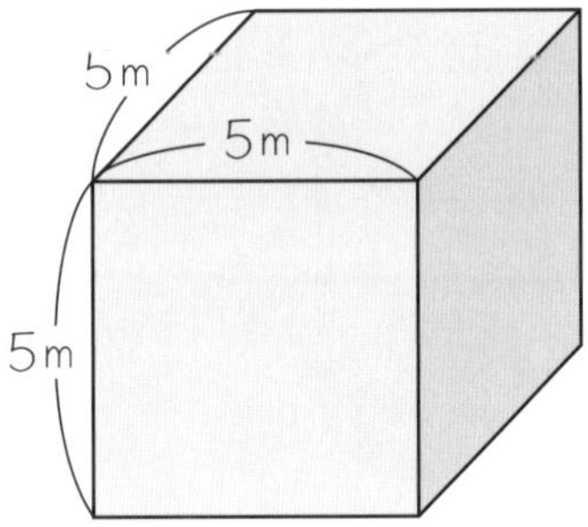

式

答え

③

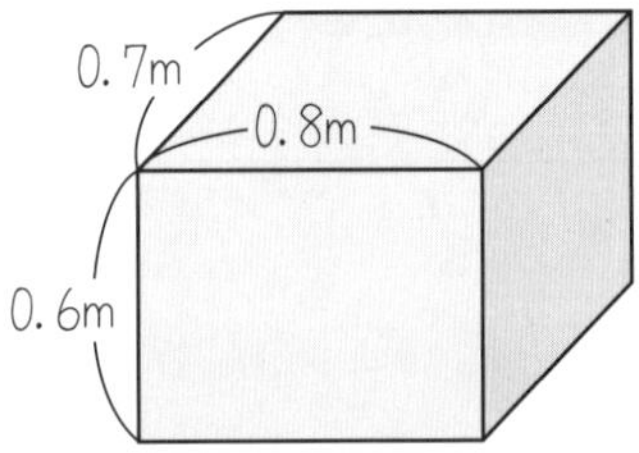

式

答え

2 内のり（容器《ようき》の内側のたて、横、深さ）が、図のような容器に、水を満たすと何cm^3入りますか。また、それは何Lですか。　（20点）

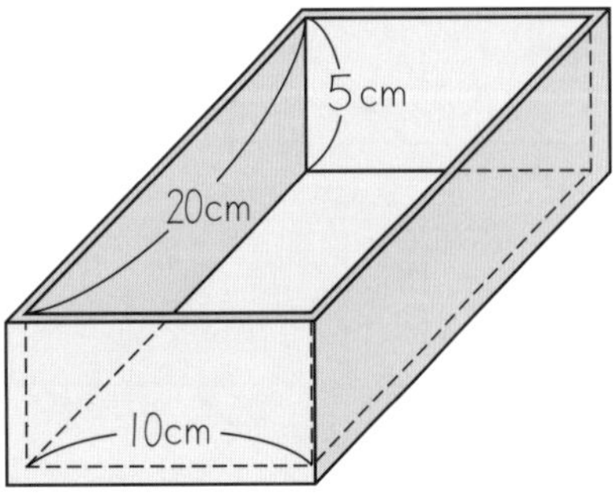

式

答え　　　　　　，

立方体や直方体の各辺を２倍すると、体積はもとの８倍（２×２×２）になります。各辺を３倍すると体積は27倍（３×３×３）になります。

ヒント

3 直方体を組み合わせた立体です。体積を求めましょう。
（数字の単位はcmです。）

（15点×４問）

①

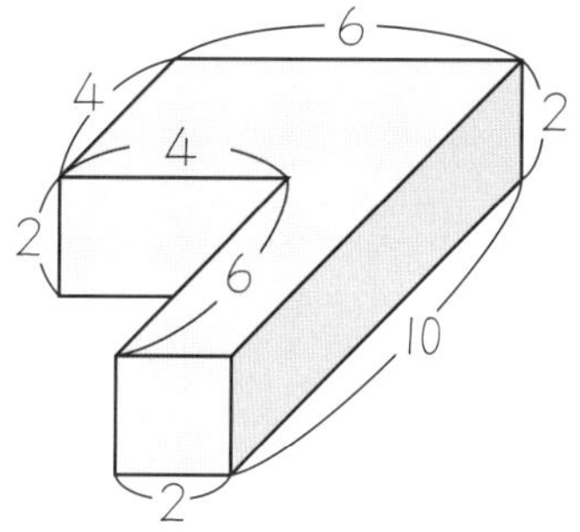

式

答え

②

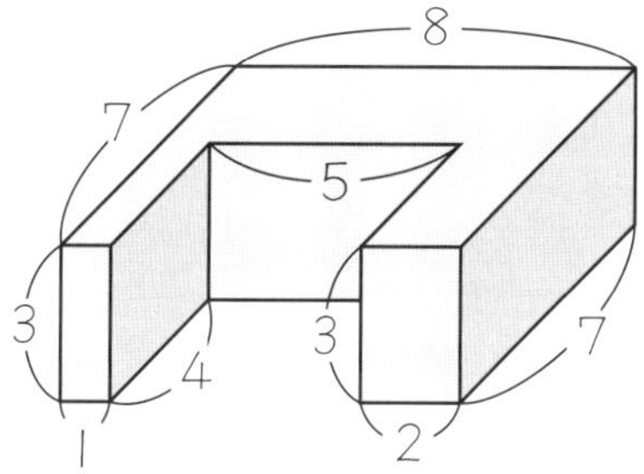

式

答え

③

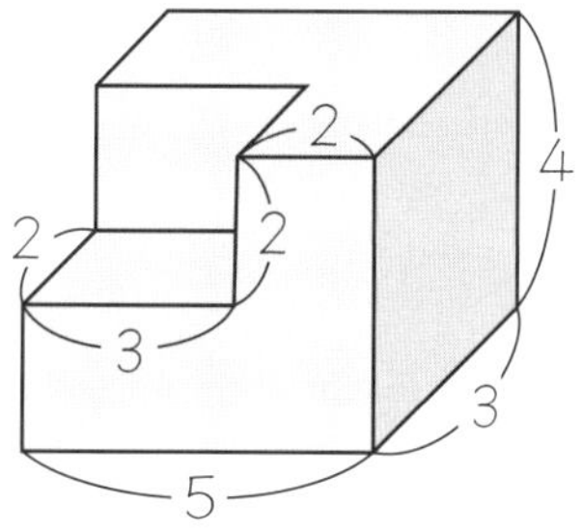

式

答え

④

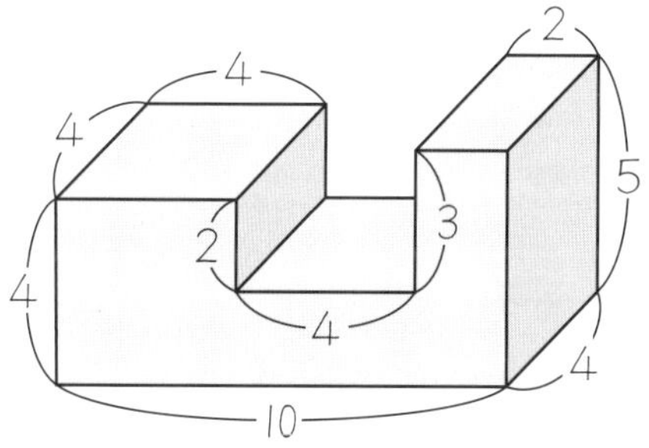

式

答え

月　日

得点

17 平均

／100

1 サラダオイルのびんが６本あります。180g入っているのが２本、120g入っているのが２本で、残りの２本はから（０g）です。どのびんも同じになるように分けなおすと、何gずつになりますか。 (20点)

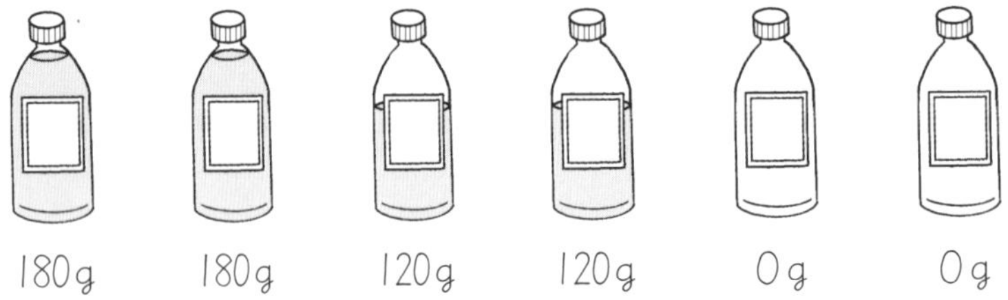

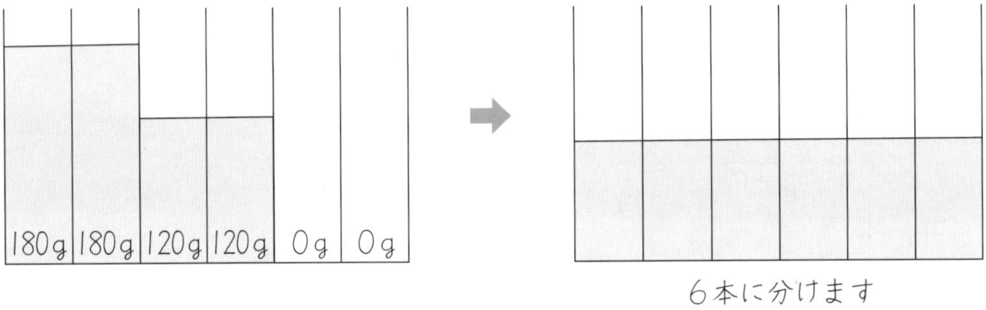

式

答え ______

2 兄は月曜日から土曜日までの６日間ジョギングをしています。次の表は先週６日間の記録です。１日平均《へいきん》何km走ったことになりますか。 (20点)

	月	火	水	木	金	土
ジョギング (km)	3.2	3.4	2.6	2.6	0	3.8

式

答え ______

「平均《へいきん》」の使用例を国語辞典で調べると、「大きさが平均している」「二と四の平均は三です」「体の平均をとる」とあります。

3 松原さんは走りはばとびを４回とびました。結果は、2.6mが２回、2.9mと3.1mが１回ずつでした。

平均すると何mですか。（20点）

式

答え

4 岸本さんは算数テストを４回受け、平均が86点でした。

５回目に96点をとると、平均点は何点になりますか。（20点）

	1・2・3・4				5
点	86	86	86	86	96

式

答え

5 わたしとお姉さんの体重の平均は34kgです。お父さんと３人の平均は43.5kgです。お父さんの体重は何kgでしょうか。（20点）

式

答え

算数　　月　　日

18 単位量あたりの数

得点　／100

1 松野さんの家では、4.5aの畑に肥料《ひりょう》を7.2kgまきました。
1aあたりに何kgの肥料をまいたことになりますか。　(15点)

式

答え

2 A市の人口は約460000人で、面積は約50km^2です。
A市の1km^2あたりの人口は、約何人ですか。　(15点)

式

答え

3 学習帳1さつの重さは120gです。
この学習帳150さつの重さは何gですか。　(15点)

式

答え

ヒント

5年生で学習する「速さ」も、単位量あたりの問題です。

4 往復《おうふく》はがき１まいの重さは6.9gです。
この往復はがき60まいの重さは何gですか。 （15点）

式

答え

5 バラ園１ａあたりに９kgの肥料をまきます。
バラ園全体では40.5kgの肥料が必要です。
バラ園の広さは何ａですか。 （20点）

式

答え

6 １分間に80まい印刷できるコピー機があります。
2000まい印刷するのに何分かかりますか。 （20点）

式

答え

算数　　月　　日　　得点

19 比例

／100

1 石だんの1つの高さは12cmです。石だんのだん数と全体の高さの関係を表にまとめます。
　表にあてはまる数をかきましょう。（10点）

石だんのだん数と高さ

石だんのだん数(だん)	1	2	3	4	5	6	7	8	
全体の高さ（cm）	12	24	36				84		

2 1本の重さが6gのくぎがあります。くぎの本数と全体の重さの関係を表にまとめます。
　表にあてはまる数をかきましょう。（10点）

くぎの本数と重さ

くぎの本数（本）	1	2				6			
全体の重さ（g）	6	12	18	24	30	36	42	48	

3 厚《あつ》さ7mmの本を積んだときの本のさつ数と全体の高さの関係を表にまとめます。
　表にあてはまる数をかきましょう。（20点）

本のさつ数と高さ

本のさつ数（さつ）	1	2	3				7	8	
全体の高さ（mm）	7			28	35	42			

ヒント

比例《ひれい》関係になるもの…「正方形の一辺の長さとまわりの長さ」「物のねだんと個《こ》数」
比例関係にならないもの…「時間と建物のかげの長さ」「円の半径と円の面積」

4 紙のまい数と重さの関係を調べましょう。 (10点×６問)

紙のまい数と重さ

まい数（まい）	10	20	30	40	50		90	100	
重　さ（g）	50	100	150	200	250		450	500	

① 紙10まいの重さは何gですか。

答え

② 紙のまい数を３倍にすると、重さは何倍になりますか。

答え

③ この紙が70まいのときの重さは何gですか。

答え

④ 紙30まいは、紙10まいの何倍ですか。また、紙の重さは何倍になっていますか。

答え　　　　　,

⑤ この紙１まいの重さは何gですか。

答え

⑥ この紙15まいの重さは何gですか。

答え

20 割《わり》合《あい》とグラフ

／100

1 四国地方の県の面積の割合《わりあい》と百分率《ひゃくぶんりつ》を求めます。

（電たく使用）（10点×２問）

四国地方の県の面積の割合

（2009年）

県名	高知	愛媛	徳島	香川	合計
面　積（百 km^2）	71	57	41	19	188
割　合	0.38	0.30			1
百分率（%）	38	30			100

① 徳島県の面積の割合（小数第３位を四捨五入《ししゃごにゅう》する）を求め、百分率を出しましょう。

式

答え

② 香川県の面積の割合（小数第３位を四捨五入する）を求め、百分率を出しましょう。

式

答え

2 上の表を見て、下の帯グラフにかきましょう。（20点）

四国地方の県の面積の割合

（2009年）

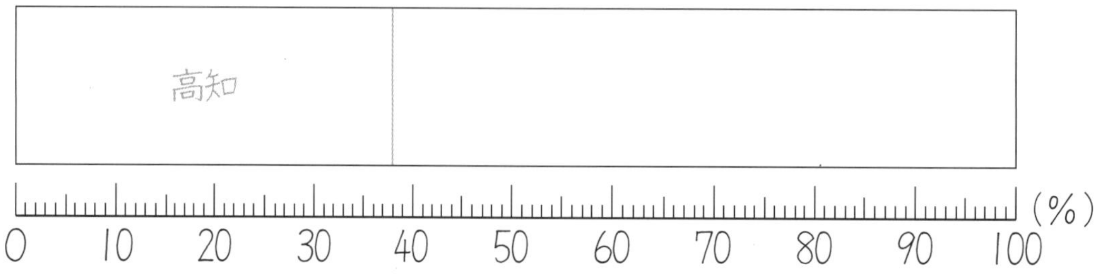

ヒント

インターネットの「政府統計《せいふとうけい》の総合窓口《そうごうまどぐち》」から「主要な輸出入《ゆしゅつにゅう》品」など、さまざまな表を見ることができます。それらを円グラフにしてみましょう。

3 東北地方の県別の世帯数の百分率を求め、円グラフにしましょう。

（５点×７問）

東北地方の県別世帯数の割合

（2009年）

県　名	世帯数（万）	割　合	百分率（％）
宮　城	90	0.25	
福　島	75	0.21	
青　森	57	0.16	
岩　手	50	0.14	
秋　田	42	0.12	
山　形	40	0.11	
計	354	0.99	

※四捨五入したため合計が100％にならないときは、一番大きいものに１％増《ふ》やしてグラフをかきます。

東北地方の県別世帯数の割合

（25点）

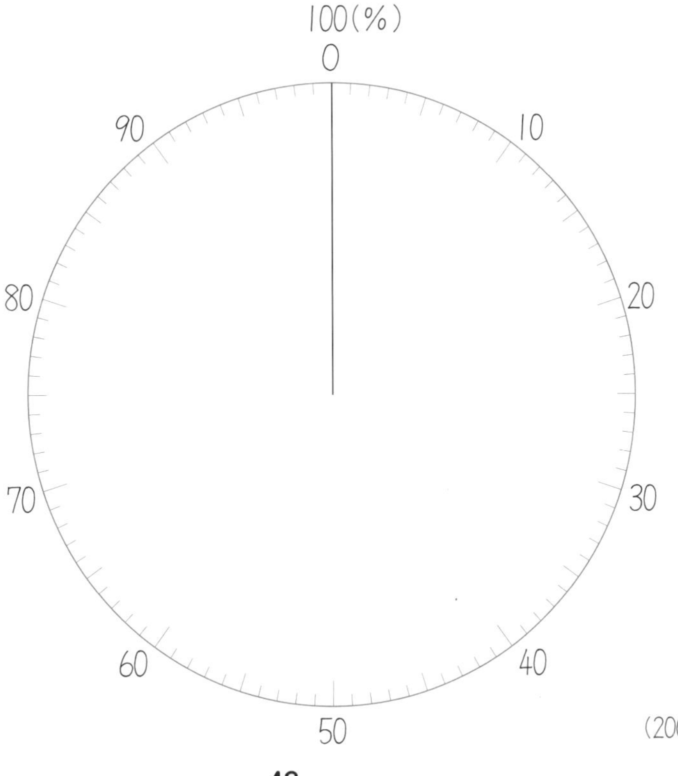

（2009年）

理科　　月　日　　得点　／100

1　天気の変化・台風

1　気象情報《じょうほう》を集めるアメダスについて、（　　）にあてはまる言葉を［　　］から選んでかきましょう。　（5点×9問）

アメダスは（①　　　）を防《ふせ》ぐ目的で、日本の各地に約（②　　　）カ所設置《せっち》されています。ここから（③　　　）、風向、風速、（④　　　）などの観測《かんそく》データが、東京のセンターに（⑤　　　）に送られてきます。これらのデータと（⑥　　　）から送られた（⑦　　　）の写真をもとにして（⑧　　　）などを通じて（⑨　　　）を伝えます。

災害《さいがい》	気象衛星《えいせい》	1300	天気予報	
気温	雨量	自動的	テレビ	雲

2　雲の特ちょうと天気について、後の問いに答えましょう。　（5点×3問）

下の図の雲の名前を［　　］から選んでかきましょう。

①（　　　）　②（　　　）　③（　　　）

すじ雲	入道雲	うす雲

立春から数えて二百十日《とおか》（9月1日ごろ）、二百二十日《はつか》（9月11日ごろ）は、台風におそわれることが多い日とされています。

ヒント

3 次の図は、台風が日本付近にあるときの、雲のようすを表したものです。後の問いに答えましょう。（8点×5問）

(1) 9月15日の図で、台風の雲は、㋐、㋑のどちらですか。（　　）

(2) 台風が動くと、雨が強くふる地いきはどうなりますか。次のあ、いから選びましょう。（　　）

あ 台風が動いても、雨は同じ地いきで強くふり続けます。

い 台風の動きにつれて、雨が強くふる地いきも変わります。

(3) 右の図㋐、㋑のうち、9月18日の雲のようすはどちらですか。（　　）

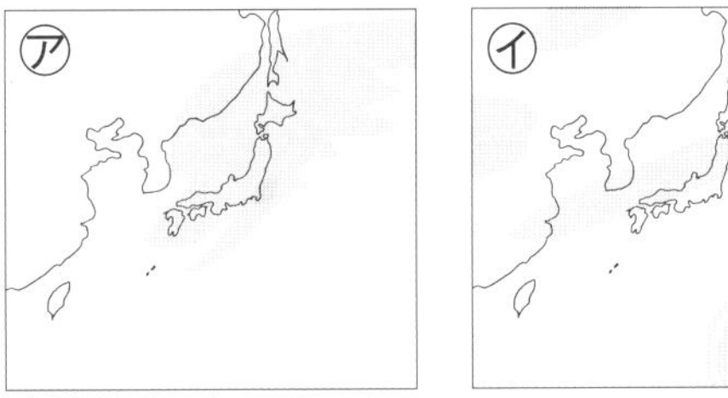

(4) 台風は災害をひきおこすだけでなく、わたしたちのくらしにめぐみをもたらします。どのようなめぐみですか。あ、いから選びましょう。（　　）

あ 強風でごみなどがふき飛ばされます。

い 大雨が、大切な水しげんとなります。

(5) 8月、9月に日本の近くにくる台風は、西から北東へと進みます。その理由として正しいものをあ、いから選びましょう。（　　）

あ 日本の上空には、西から東へ偏西風《へんせいふう》がふいているから。

い 海流にのって進むから。

理科

月　日

得点　／100

2 植物の発芽と成長

1 次の（　　）にあてはまる言葉を［　　］から選んでかきましょう。

（5点×11問）

(1) インゲンマメは発芽に必要な養分を（①　　　　）にたくわえています。

その養分のことを（②　　　　）といいます。（②）があるかどうかを調べるときに使う薬品が（③　　　　）です。（③）は（④　　　　）の液体《えきたい》です。調べたいものに（③）をつけて（⑤　　　　）に変化すれば、（②）があります。

（③）をつけても（⑥　　　　）ときは、（②）はありません。

でんぷん　　ヨウ素液《そえき》　　子葉（種子）　　青むらさき色
変化しない　　茶かっ色

(2) 発芽前のインゲンマメの子葉にヨウ素液をつけると青むらさき色に（①　　　　）。

発芽後、種子だったところにヨウ素液をつけると、色は（②　　　　）。

発芽によって養分の（③　　　　）が使われたためです。

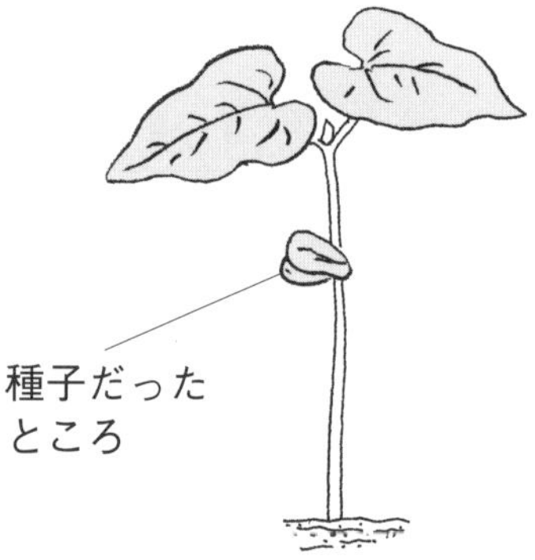

でんぷんは種子によって、形がちがいます。

でんぷんをふくむものに（④　　　　）、（⑤　　　　）などがあります。

じゃがいも　　でんぷん　　米　　変わりません　　変わります

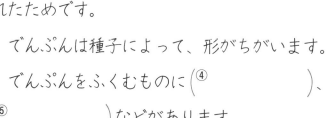

ヒント

ほとんどの植物は、種から芽が出て草や木になり、花をさかせ実（種）をむすびます。

2 インゲンマメの種子の発芽について、実験①～⑥をしました。

（①②③５点×３問・④⑤15点×２問）

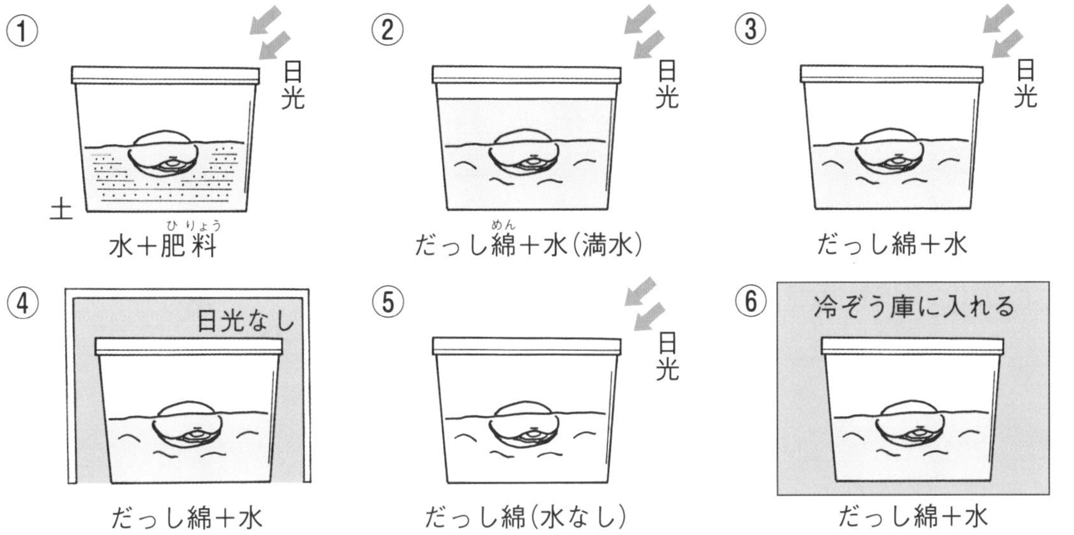

(1) 水分と発芽の関係を調べるには、どの実験とどの実験をくらべればよいですか。㋐～㋒から選びましょう。

㋐　①と⑤　　㋑　③と⑤　　㋒　②と③　　（　　）

(2) 空気と発芽の関係を調べるには、どの実験とどの実験をくらべるのがよいですか。㋐～㋒から選びましょう。

㋐　③と⑤　　㋑　②と③　　㋒　②と④　　（　　）

(3) 温度と発芽の関係を調べるには、どの実験とどの実験をくらべるのがよいですか。㋐～㋒から選びましょう。

㋐　④と⑥　　㋑　⑤と⑥　　㋒　②と⑥　　（　　）

(4) ①～⑥の実験の結果、発芽するものはどれですか。

（　　）（　　）（　　）

(5) この実験から発芽に必要な３つの条件《じょうけん》を書きましょう。

（　　　　）（　　　　）（　　　　）

理科　　月　日

3 動物のたんじょう

得点　／100

1 メダカについて、後の問いに答えましょう。（4点×12問）

(1) メダカがたまごを産むようになることについて、次の（　　）にあてはまる言葉を［　　］から選んでかきましょう。

メダカのような魚は、（①　　　　）でたまごを産みます。

メダカは、春から夏の間、水温が（②　　　　）なると、たまごを産むようになります。

水中	陸上	高く	低く

(2) メダカの飼《か》い方について、次の（　　）にあてはまる言葉を［　　］から選んでかきましょう。

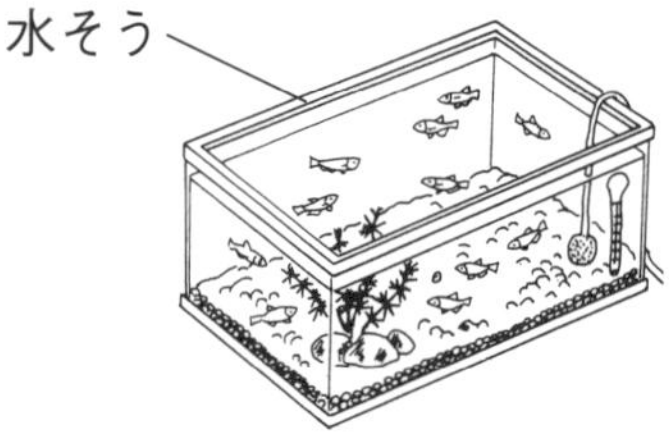

水そうは、水であらい（①　　　　）が直接《ちょくせつ》あたらない、（②　　　　）、平らなところに置きます。

水そうの底には（③　　　　）であらった（④　　　　）や（⑤　　　　）をしきます。

水は（⑥　　　　）したものを入れて、（⑦　　　　）を入れます。

メダカは（⑧　　　　）と（⑨　　　　）を同じ数、まぜて飼います。

えさは、（⑩　　　　）が出ない量を毎日1～2回あたえます。

水がよごれたら、（⑥）した水と半分ぐらい入れかえます。

小石	すな	水	日光	明るい	くみおき
水草	おす	めす	食べ残し		

動物は、自分の体内で養分をつくることができないので、他の動植物を養分として体内にとり入れます。 ヒント

2 次の文で、メダカだけにあてはまるものには×、ヒトだけにあてはまるものには○、両方にあてはまるものには△をつけましょう。（4点×8問）

① （　　） 受精《じゅせい》しない卵《らん》は、成長しません。

② （　　） 子どもは卵《らん》の中で成長します。

③ （　　） たんじょうするまでに約280日もかかります。

④ （　　） 子どもにかえるのに温度がおおいに関係します。

⑤ （　　） 卵《らん》の中の栄養で成長します。

⑥ （　　） 親から栄養をもらいます。

⑦ （　　） 性別《せいべつ》は子宮にいるときには、すでに決まっています。

⑧ （　　） へそができます。

3 次の図は、母親の体内で子どもが育っていくようすを表したものです。①～⑤について説明した文を、下の㋐～㋔から選びましょう。（4点×5問）

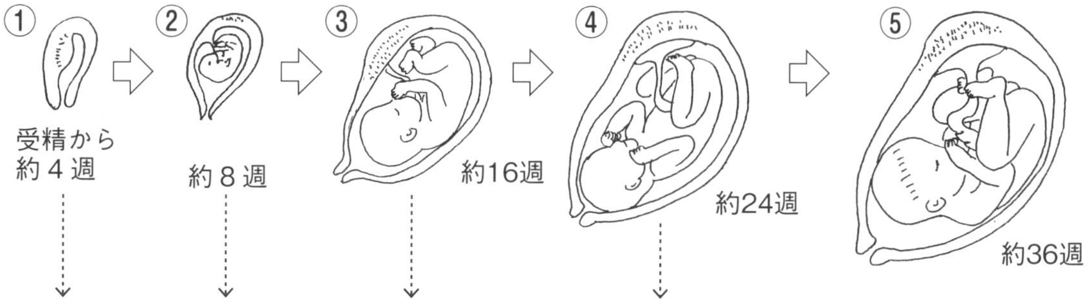

（　　）（　　）（　　）（　　）（　　）

㋐ からだの形や顔のようすがはっきりしている。男女の区別ができる。

㋑ 心ぞうが動きはじめる。

㋒ 心ぞうの動きが活発になる。からだを回転させ、よく動くようになる。

㋓ 子宮の中で回転できないくらいに大きくなる。

㋔ 目や耳ができ、手足の形がはっきりし、からだを動かしはじめる。

理科　　月　　日　　得点

4 花から実へ

／100

1 次の図は、アブラナの花のつくりを表したものです。後の問いに答えましょう。

((1)(2)(3)(5)６点×４問・(4)12点)

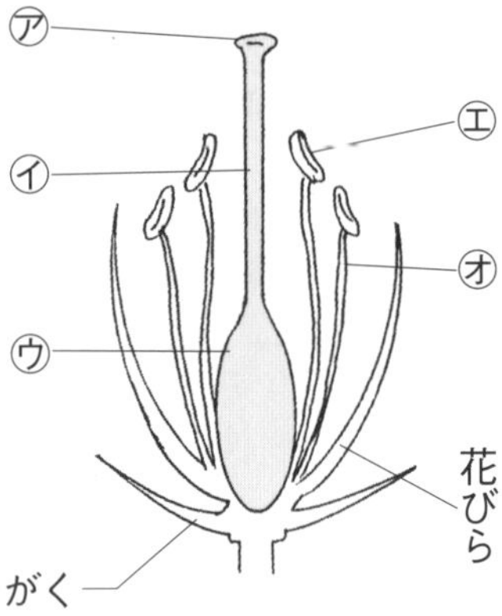

(1) 花粉がつくられるのは、㋐～㋔のどこですか。
（　　　）

(2) 花がさいた後、実になるのは、㋐～㋔のどこですか。
（　　　）

(3) おしべでつくられた花粉がつくのは、㋐～㋔のどこですか。（　　　）

(4) 花びらはどんな働きをしますか。２つかきましょう。
（虫を　　　　　　　　　）（おしべ・めしべを　　　　　　）

(5) がくは、どんな働きをしますか。
（花びらや中のおしべ・めしべを　　　　　　）

2 次の文を読んで、正しいものには○、まちがっているものには×をつけましょう。

（４点×５問）

① （　　） 花粉の大きさは、どんな植物のものでもほとんど同じです。

② （　　） マツの花粉は、こん虫の体にくっついて運ばれます。

③ （　　） 花粉には、風で飛ばされやすい形になっているものもあります。

④ （　　） 花粉はめしべでつくられます。

⑤ （　　） おばなでは、実がなりません。

ヒント
キンモクセイは、めすの木とおすの木があります。日本にあるキンモクセイは、すべておすの木なので、実をむすびません。

3 次の図はカボチャの花のつくりを表したものです。

(1) Ⓐ、Ⓑの花は、それぞれ何とよばれますか。 （6点×2問）

Ⓐ（　　　　　　　　）

Ⓑ（　　　　　　　　）

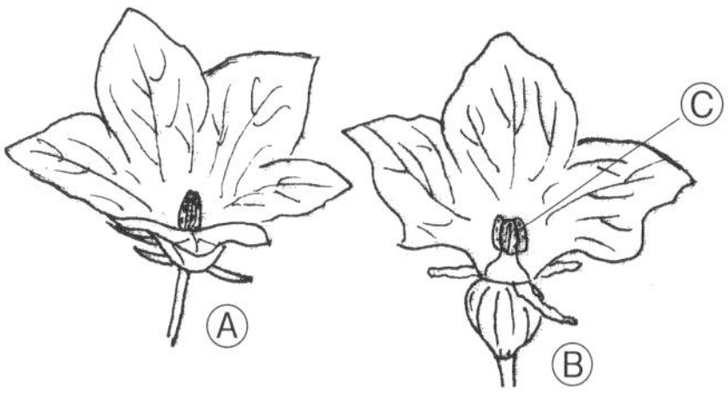

(2) 次の㋐～㋓のうちⒶについてかいたものを2つ選び、○をつけましょう。 （12点）

㋐（　　）この花にはめしべがあります。
㋑（　　）この花はしぼんだあと、つけねから落ちてしまいます。
㋒（　　）この花のつけねあたりに、実ができます。
㋓（　　）この花のおしべで花粉がつくられます。

(3) Ⓒの部分をさわると、どのようになっていますか。 （6点）

（　　　　　　　　　　　　　　　　）

(4) (3)は何のためですか。 （6点）

（花粉が　　　　　　　　　　　　　）

4 下の図は、けんび鏡で見た花粉です。①②は、どの花の花粉ですか。［　　］の中から選んでかきましょう。 （4点×2問）

①
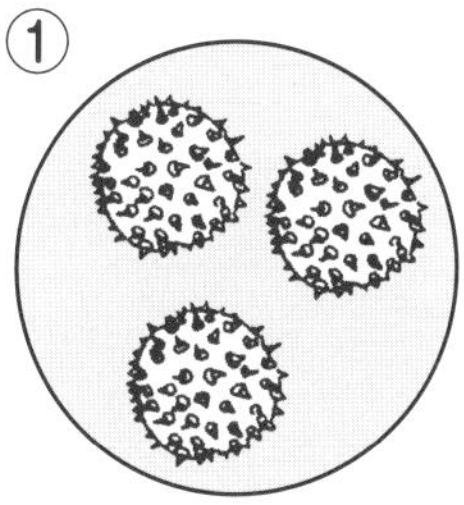

②
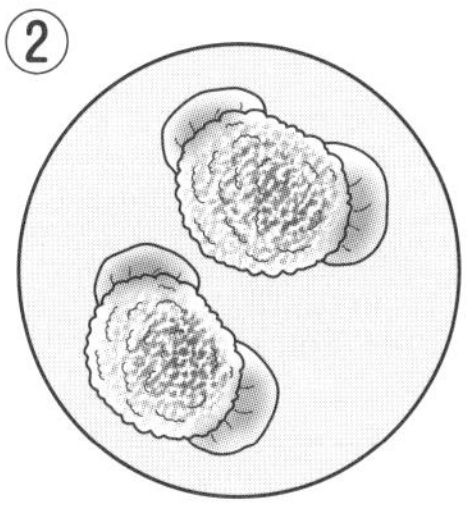

①（　　　　　　　　）

②（　　　　　　　　）

［マツ　スギ　アブラナ　カボチャ］

理科　　月　　日　　得点　　／100

5　流れる水のはたらき

1　次の文を読んで、正しいものには○、まちがっているものには×をつけましょう。（5点×6問）

①（　　）川の水は、雨や雪として地面にふった水が流れこんでできたものです。

②（　　）雪どけの春になると川の水量が増《ふ》えます。

③（　　）雨のふらない日には、川の水はなくなります。

④（　　）川の水は、量が少ないときでも、すなや土などの軽いものを運んでいます。

⑤（　　）梅雨《つゆ》のころには、川の水量は増えます。

⑥（　　）川原《かわら》にころがっている小石は、角ばっているものが多いです。

2　川原の石について、後の問いを見て記号で答えましょう。（5点×3問）

(1)　多くの川原の石が丸みをおびているのはなぜですか。

㋐　川の中でころがっているうちに丸くなるから。

㋑　もともと石は丸くなる性質《せいしつ》があるから。（　　）

(2)　川原の石が大きいのはどちらですか。

㋐　山の中を流れる川

㋑　平地を流れる川（　　）

(3)　川原の石が流されて運ばれるのは、どんなときですか。

㋐　大雪がふり、気温が下がったとき。

㋑　大雨がふり、水の量が増えたとき。（　　）

大量の雨が集中してふると、山くずれを起こし「土石流《どせきりゅう》」となります。最近は山の手入れがあまり行なわれないため、よく起こるようになりました。

ヒント

3 上流、中流、下流の川のようすについて、（　　）にあてはまる言葉を［　　］から選んでかきましょう。（5点×11問）

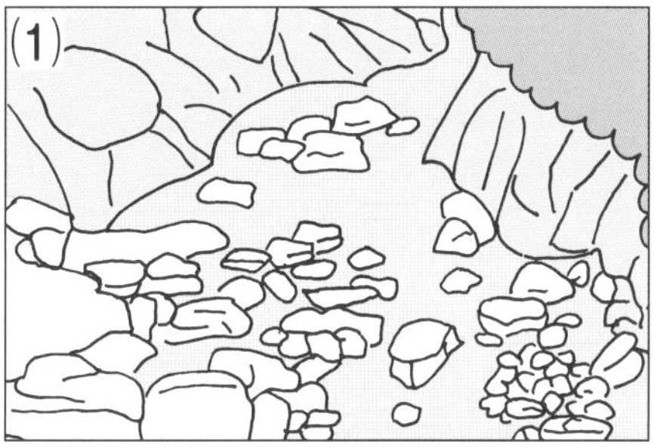

(1) 両岸が切り立った、V《ブイ》字《じ》の形の谷を（①　　　　）といいます。流れは（②　　）で（③　　　　）岩が多く、石の形はごつごつしています。

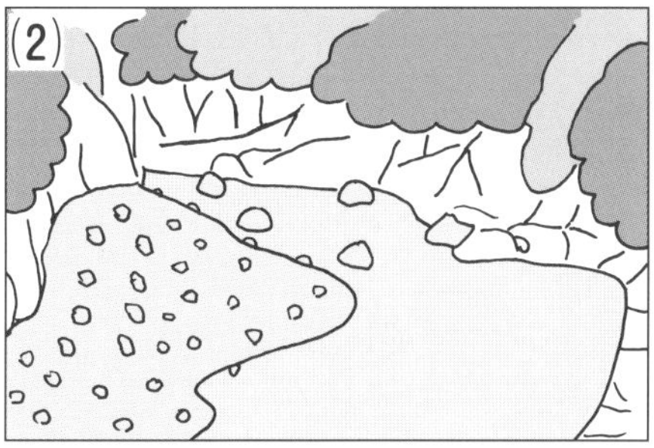

(2) 川は、山のふもとを流れていて、流れは少し（①　　　　）で、川原には（②　　　）をおびた大きな石が多くあります。

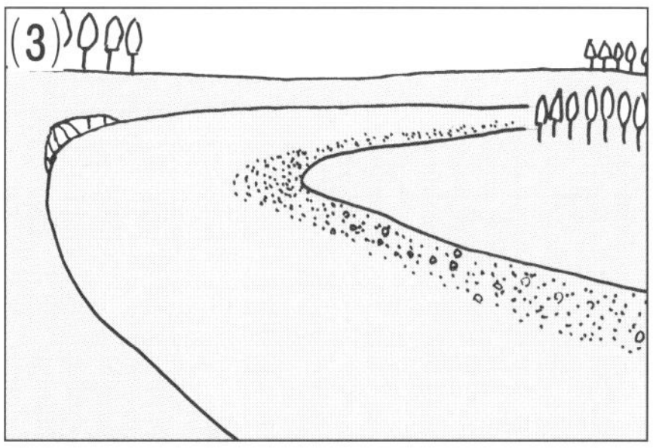

(3) 川はばがさらに広がり、流れは（①　　　　）で、川原には、（②　　　　）石やすなが多くなります。

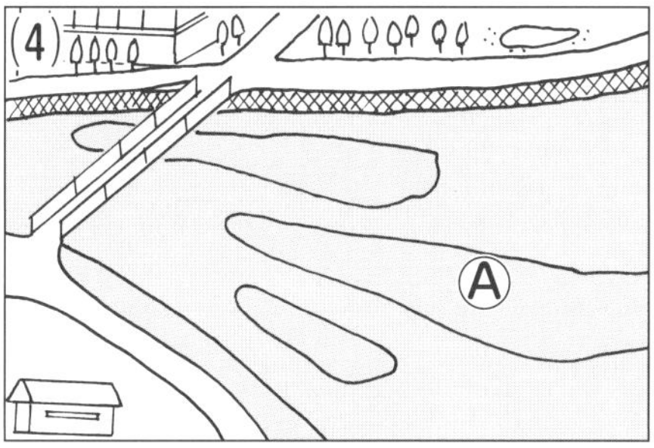

(4) 川は（①　　　）を作り、流れはゆったりとしています。川原は（②　　　）や（③　　　）が多くなります。Ⓐのように（④　　　）ができたりします。

中州《なかす》	V字谷	平野	急	ゆるやか	大きな
小さな	丸み	すな	岩	ねん土	◉2度使う言葉もあります。

理科　　月　　日　　得点

6 ふりこの運動

／100

1 ふりこの性質《せいしつ》について、後の問いに答えましょう。

(1) 次のことがらを説明している文を［　　］から選んでかきましょう。

（8点×2問）

① ふりこの長さ（　　　）

② 1往復《おうふく》の時間（　　　）

［
㋐ 糸をつるした点からおもりの中心までの長さ
㋑ 糸をつるした点からおもりのはしまでの長さ
㋒ ふりこがふれる、はしからはしまでの間の時間
㋓ ふりこのふれはじめから同じ位置にくるときまでの間の時間
］

(2) 次の（　　）にあてはまる言葉を［　　］から選んで記号でかきましょう。

（8点×6問）

ふりこの長さが長いほど、1往復の時間は（①　　　）なります。

また、ふりこの長さが短いほど、1往復の時間は（②　　　）になります。

長さの同じふりこでは、おもりの（③　　　）が重くても軽くても、1往復の時間は（④　　　）です。

長さが同じふりこでは、（⑤　　　）が大きくても小さくても、1往復の時間は（⑥　　　）です。

［
㋐ 長く　㋑ 短く　㋒ 同じ　㋓ 重さ
㋔ ふれはば　　◉2度使う言葉もあります。
］

ヒント

ガリレイは、ふりこの往復《おうふく》する時間は、ふれはばの大きさには無関係で、一定していることを発見しました。

2 次の3つのふりこのうち、1往復する時間がほかの2つよりも短いものを、それぞれ選びましょう。3つとも同じときには「同じ」とかきましょう。 （10点×3問）

(1)（　　　　）

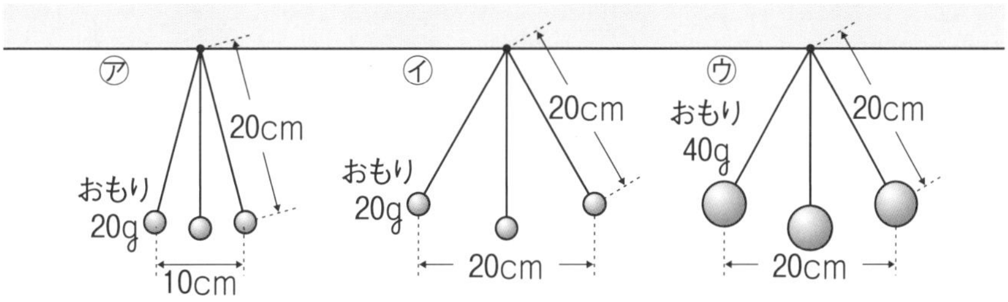

(2)（　　　　）

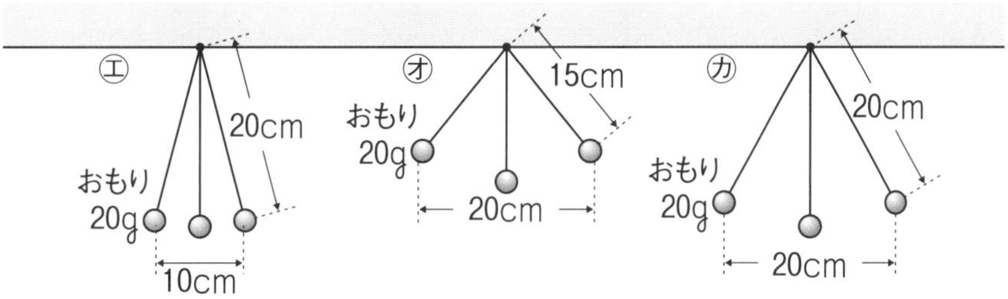

(3)（　　　　）

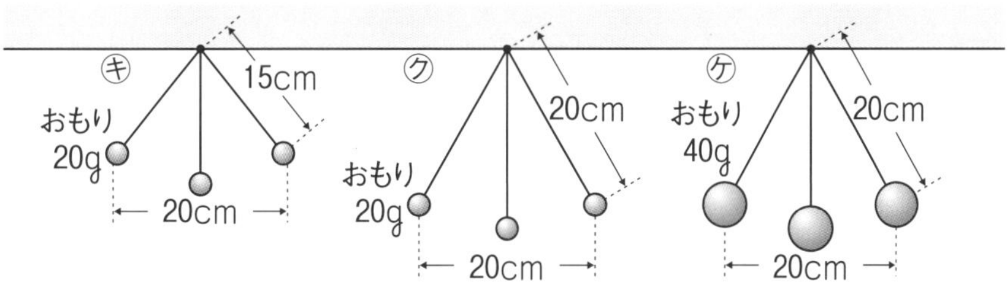

3 ふりこが1往復する時間を調べるために、ふりこが10往復する時間を3回はかり、計算で1往復する時間を求めました。このようにして求めるのはどうしてですか。次の㋐〜㋒から選びましょう。 （6点）

㋐　ふりこが10往復する時間を3回はかり平均《へいきん》する方が正確《せいかく》だから。

㋑　ふりこが1往復する時間を、1回だけはかるのがかんたんだから。

㋒　ふりこが1往復する時間は、どんどん変わっていくから。

（　　　）

理科　　月　　日

7 もののとけ方 (1)

得点　／100

1 次の器具を使って、水を50mLはかりとります。今、図の目もりまで水が入りました。

（5点×6問）

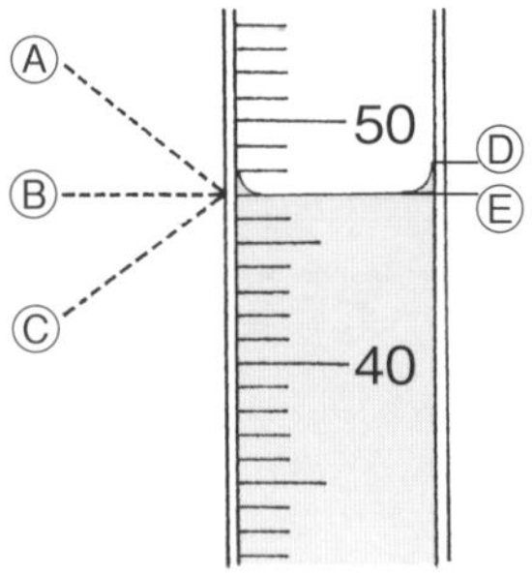

(1) この器具の名前を書きましょう。

（　　　　　　　　　　）

(2) この器具は、どんな場所に置いて使いますか。

（　　　　　　　　　　）

(3) 目線の位置はⒶ～Ⓒのうちどれが正しいですか。　（　　　）

(4) 目もりは、Ⓓ、Ⓔどちらで読めばよいですか。　（　　　）

また、今は、何mL入っていますか。　（　　　　）

(5) ちょうど50mLにするためにどんな器具を使って水をつぎたせばよいですか。　（　　　　　　）

2 次の図のように、氷ざとうを糸で結んで水の中につるしました。この実験結果のうちで、正しいものには○、まちがっているものには×をつけましょう。

（7点×4問）

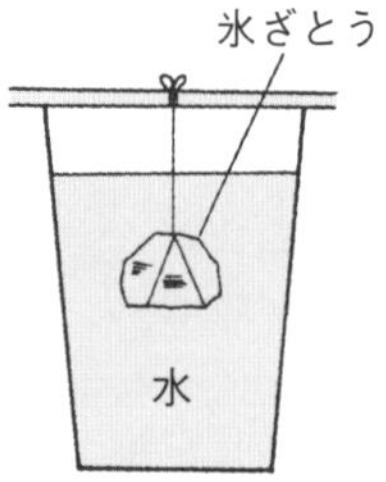

① （　　） 水に入れた氷ざとうのつぶは、しだいに小さくなって、やがて見えなくなってしまいます。

② （　　） 水に入れた氷ざとうのつぶは、しだいに小さくなりますが、なくなることはありません。

③ （　　） 2～3時間後、コップの水をなめてみると、上の方はあまくないですが、下の方はあまくなっています。

④ （　　） 水にとけた氷ざとうは、すぐに水全体に広がります。

ミョウバンは、皮なめし、製紙《せいし》などに使われています。

3 ミョウバンの水よう液《えき》をビーカーに入れ、図のようにして氷を入れた水で冷やすと、液の中にミョウバンが出てきました。後の問いに答えましょう。

（6点×7問）

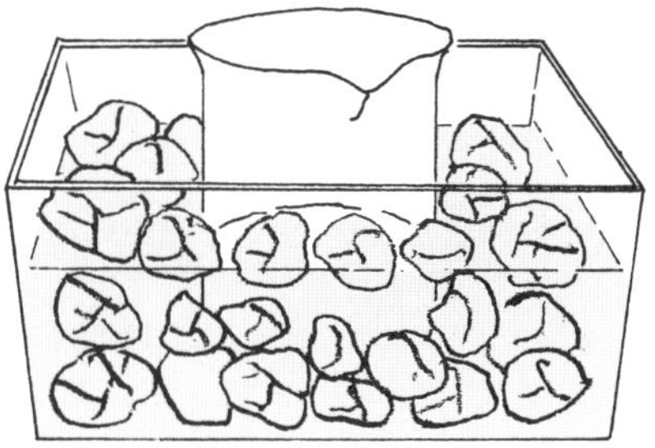

(1) 図のようにミョウバンの水よう液を冷やすと、液の中にミョウバンが出てくるのはどうしてですか。理由を㋐㋑から選びましょう。

㋐ 水の量が変わると、水にとけるミョウバンの量も変わるから。

㋑ 水の温度が変わると、水にとけるミョウバンの量も変わるから。

（　　）

(2) 液の中に出てきたミョウバンだけを図のようにしてとり出しました。

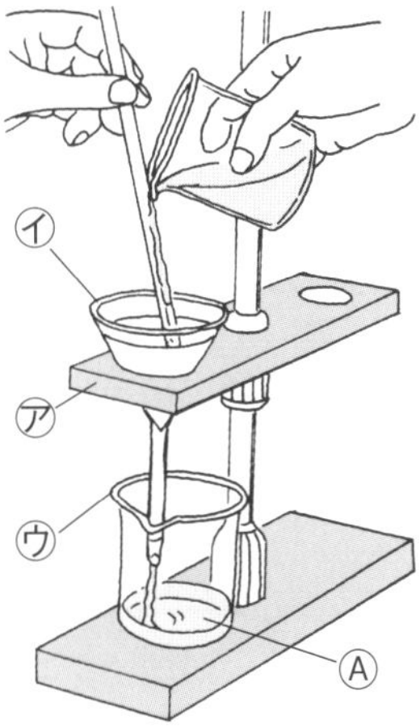

① ㋐、㋑、㋒の用具の名を書きましょう。

㋐（　　　　）㋑（　　　　）

㋒（　　　　）

② この方法を何といいますか。

（　　　　）

③ 下にたまった液はとうめいですが、ミョウバンはとけていますか。

（　　　　）

④ Ⓐの液をさらに冷やしました。どうなりますか。

（　　　　　　　　）

理科

月　日　　　得点　／100

8 もののとけ方 (2)

1 お茶を入れる紙ぶくろに、コーヒーシュガーをつめて、水の中に入れました。次の文で正しいものには○、まちがっているものには×をつけましょう。（6点×8問）

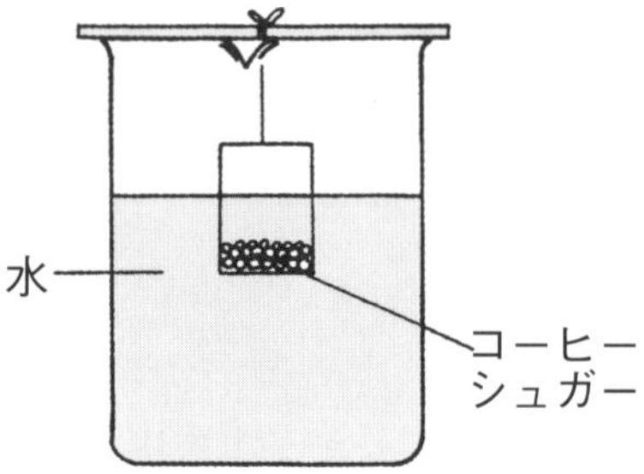

① （　　） ふくろの下の方から、もやもやしたものが下へ流れます。

② （　　） ふくろの下の方から、さとうの白のつぶが落ちていきます。

③ （　　） しばらくすると、上の方の水があまくなっていきます。

④ （　　） しばらくすると、下の方の水があまくなっていきます。

⑤ （　　） コーヒーシュガーのつぶの大きさは変わりません。

⑥ （　　） コーヒーシュガーのつぶの大きさがだんだん小さくなっていきます。

⑦ （　　） 次の日の朝、下の方だけ、色がこくなっています。

⑧ （　　） 次の日の朝、水全体が同じ色になっています。

2 3つのビーカーに、それぞれ10℃、30℃、50℃の水が同じ量ずつ入っています。これらに同じ量のミョウバンを入れ、かきまぜると、2つのビーカーでとけ残りが出ました。（7点×3問）

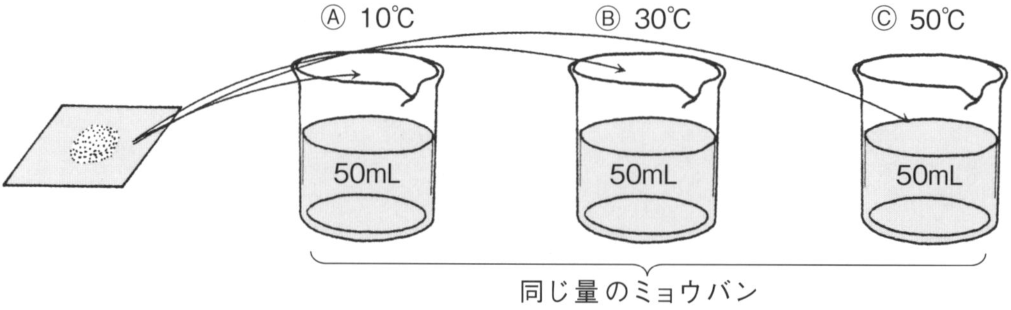

ヒント

0℃の水100gに、食塩は約36gとけます。食塩を50g入れると、約14gはとけずに下にたまります。

(1)　全部がとけてしまったのは、Ⓐ～Ⓒのどれですか。　(　　)

(2)　ミョウバンのとけ残りが一番多かったのはどれですか。　(　　)

(3)　これらのとけ残りのミョウバンを水の温度を上げずに、全部とかすにはどうすればよいですか。

(　　　　　　)

3　水・とけたもの・水よう液《えき》の重さについて、後の問いに答えましょう。

（7点×3問）

(1)　50gの水を容器《ようき》に入れ、7gの食塩を入れてよくかきまぜたら、全部とけました。できた食塩の水よう液の重さは何gですか。

(　　　)

(2)　重さ50gのコップに60gの水を入れ、さとうを入れてよくかきまぜたら、全部とけました。全体の重さをはかったら128gでした。とかしたさとうは何gですか。

(　　　)

(3)　重さのわからない水に食塩をとかしたら、18gとけました。できた水よう液の重さを調べたら、78gでした。何gの水にとかしましたか。

(　　　)

4　次のうち、水よう液には○、そうでないものには×をつけましょう。

（5点×2問）

①　(　　)石けん水　　②　(　　)さとう水

理科　　月　日　　得点

9　電《でん》磁《じ》石《しゃく》の性《せい》質《しつ》(1)

／100

1 次の図を見て、後の問いに答えましょう。

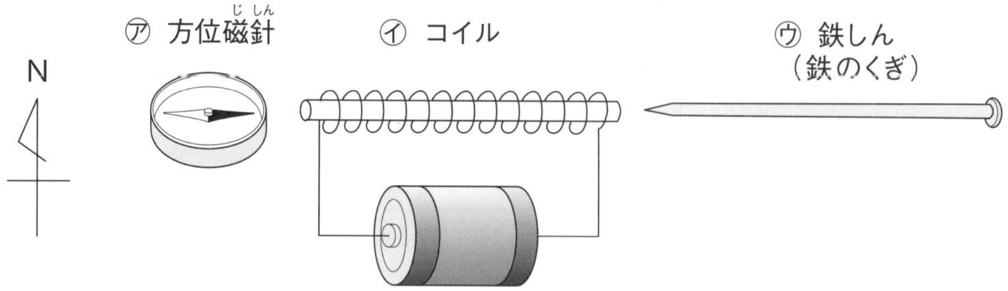

(1) 図のようにコイルから鉄しんをぬきました。次の文で正しいものには○、まちがっているものには×をつけましょう。　（5点×4問）

① （　　） 方位磁針㋐は、南北を指して止まる。

② （　　） コイル㋑の磁石のはたらきをする力は強くなる。

③ （　　） ぬいた鉄しん㋒は、磁石でなくなる。

④ （　　） 方位磁針㋐は、少しゆれるが、コイルに引きつけられている。

(2) 次の（　　）にあてはまる言葉を［　　］から選んでかきましょう。　（5点×3問）

電磁石の（①　　　　　　　）は、電流を流したときに発生する（②　　　　　　　）を（③　　　　）ます。

コイル	鉄しん	磁石の力	強め	弱め

2 次の製品《せいひん》のうち、電磁石を使っているものに○、そうでないものに×をつけましょう。　（5点×6問）

① モーター（　　）　② トースター（　　）

③ せんたく機（　　）　④ 電球（　　）

⑤ スピーカー（　　）　⑥ アイロン（　　）

電磁石《でんじしゃく》は、ベル・スピーカー・発電機・電動機・リニアモーターカーなどに使われています。

3 電磁石をつくって、その性質《せいしつ》や働きを調べました。後の問いに答えましょう。

(1) 次の（　　）にあてはまる言葉を[　　]から選んでかきましょう。（5点×2問）

ア
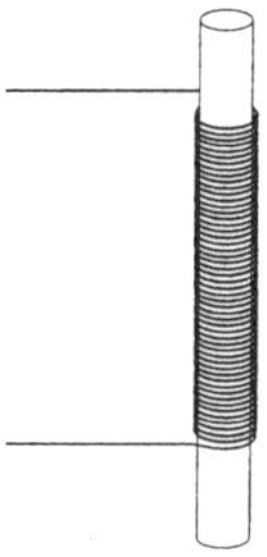

イ

図㋐のように導線《どうせん》を何回も同じ向きにまいたものを（①　　　　）といいます。

図㋑のように、図㋐の中に鉄のくぎを入れて電流を流すと、磁石のはたらきをします。このような磁石を（②　　　　　　）といいます。

コイル	コイン	電流計	電磁石

(2) 次の中から、鉄のくぎの代わりになるものに○、ならないものに×をつけましょう。（5点×3問）

① アルミぼう（　　）　② ガラスぼう（　　）　③ はり金《がね》（　　）

4 次の図を見て、後の問いに答えましょう。（5点×2問）

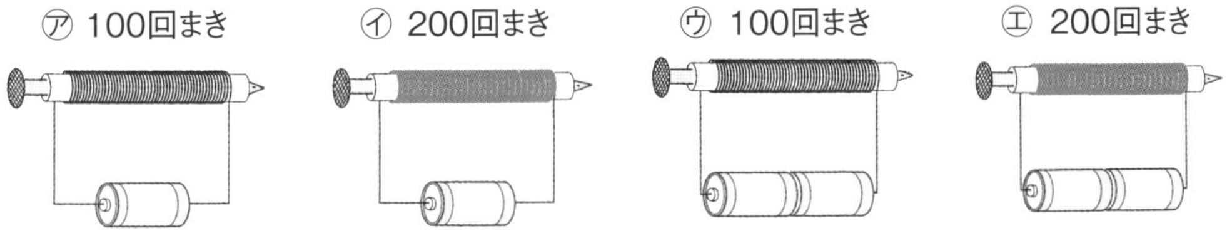

(1) ㋐～㋓の電磁石のうち、磁石の働きが一番強いものはどれですか。

（　　　　）

(2) ㋐～㋓の電磁石のうち、磁石の働きが一番弱いものはどれですか。

（　　　　）

理科　月　日　得点　／100

10 電磁石《でんじしゃく》の性質《せいしつ》 (2)

1 次の(　　)にあてはまる言葉を[　　]から選んでかきましょう。

(5点×8問)

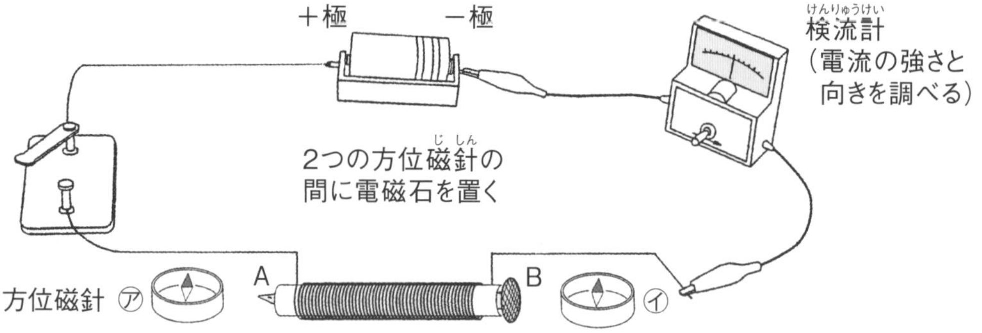

スイッチを入れて電流を流すと、㋐の方位磁針《じしん》のN極が右の方にふれました。このことから、電磁石《でんじしゃく》のはしAが(①　　)極になっていることがわかります。また、㋑の方位磁針のN極も右の方にふれました。電磁石のはしBは(②　　)極になっています。

次に、かん電池の(③　　　)を変え、電流の向きを(④　　)にすると、Aが(⑤　　)極、Bが(⑥　　)極になりました。これにより、電流の向きが(⑦　　)になると、電磁石の極も(⑧　　)になることがわかります。

N　　S　　向き　　逆《ぎゃく》　　◉何度も使う言葉もあります。

2 次の図を見て、後の問いに答えましょう。

(6点×2問)

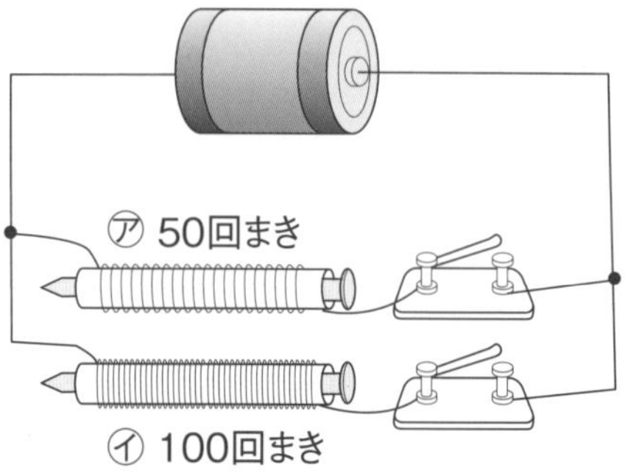

(1) 図のような電磁石のつなぎ方を何といいますか。(　　　　)

(2) 電磁石㋐、㋑の磁石の働きをする力は、どちらが大きいですか。

(　　　　)

ヒント

電池の＋、－を入れかえると、モーターで回すプロペラの回る向きも変わります。

3 次の文の――部分が、正しければ○、まちがっていれば正しい言葉を（　　）にかきましょう。（4点×12問）

(1) 電磁石の極は、電池の極を反対につなぐと、反対になります。（　　　　）

コイルのまき方を反対にしても、電磁石の極は反対になりません。（　　　　）

(2) ２個《こ》のかん電池を直列（　　　　）につないだら、１個のときより導線《どうせん》に強い電流が流れ、電流が強いほど電磁石の力は強くなります。（　　　　）

(3) 電磁石も両はしに、＋極・－極（　　　　）ができ、鉄を引きつける力は、この部分が最も弱くなります。（　　　　）

(4) 導線に電流を流すと、１本の直線のときは、磁石の働きをする力は強いですが（　　　　）、コイルにすると弱くなります。（　　　　）

(5) モーターは、電磁石（　　　　）の極を自由に変えられることを利用して、永久《えいきゅう》磁石（　　　　）と電磁石の引きあう力や反発する力で回転します。

(6) 道具を使って手動でモーターを回すと、電流を発生させることができます。（　　　　）

これは、流れる水の力でモーターを回す水力発電（　　　　）の原理と同じです。

社会　　月　日

1 日本の国土 (1)

得点　／100

1 地球上の位置の表し方について、答えましょう。

(1) 地球儀《ちきゅうぎ》や地図に引かれているたての線、横の線のことを何といいますか。（4点×2問）

① たての線（　　　　　）

② 横の線（　　　　　）

(2) 次の（　　）にあてはまる言葉をかきましょう。（4点×7問）

経線は、（①　　　）と南極を結ぶ線で、イギリスの旧《きゅう》グリニッジ天文台を通る線を（②　　　）度として、東と西にそれぞれ（③　　　）度ずつになっています。東側を（④　　　）、西側を西経といいます。

緯線は、（⑤　　　）を０度として、南と北にそれぞれ（⑥　　　）度ずつになっています。北側を（⑦　　　）、南側を南緯といいます。

(3) 日本の時こくは、兵庫県明石《あかし》市を通る経線をもとにして、決められています。それは何度の経線ですか。次の㋐～㋒から選んでかきましょう。（4点）

（　　　）

㋐ 西経45度　　㋑ 東経35度　　㋒ 東経135度

ヒント

地球上には、ユーラシア・オーストラリア・アフリカ・南アメリカ・北アメリカ・南極の六大陸があります。

2 地図を見て、㋐～㋔の国名を［　　］から選んで番号をかきましょう。

（4点×5問）

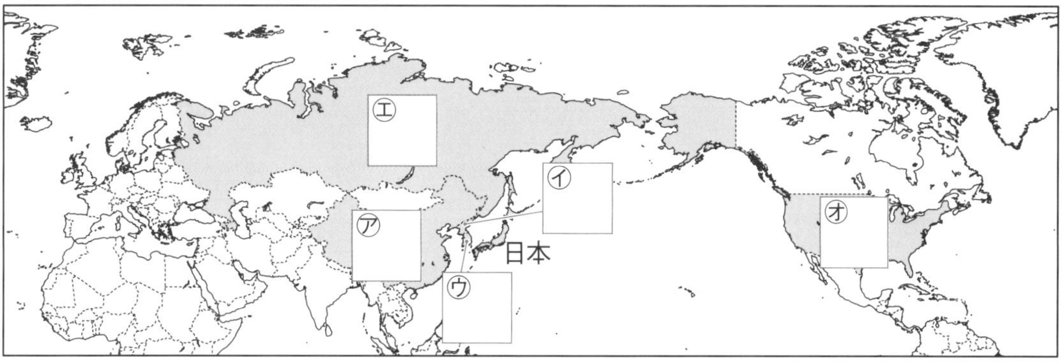

① 朝鮮民主主義人民共和国《ちょうせんみんしゅしゅぎじんみんきょうわこく》　② アメリカ合衆国《がっしゅうこく》
③ ロシア連邦《れんぽう》　④ 中華人民共和国《ちゅうかじんみんきょうわこく》　⑤ 大韓民国《だいかんみんこく》

3 次の（　　）にあてはまる言葉を［　　］から選んでかきましょう。

（4点×10問）

日本は、ユーラシア大陸の（①　　　）側にあって、北東から（②　　　）に細長い島国です。その長さは、だいたい（③　　　）kmあります。日本の広さは、約（④　　　）km^2あって、本州をはじめ、（⑤　　　）、（⑥　　　）、（⑦　　　）の4つの大きな島とおよそ（⑧　　　）の小さな島からできています。人口は、およそ（⑨　　　）人です。

日本は、世界でも山地のわりあいの高い国で、国土の約（⑩　　　）は山地です。

4分の3　1億3000万　7000　3000　38万
東　南西　九州　四国　北海道

社会　　月　日

2 日本の国土 (2)

得点　／100

1 地図を見て、後の問いに答えましょう。

(1) 次の平野を見つけ、(　　)に記号でかきましょう。　(5点×6問)

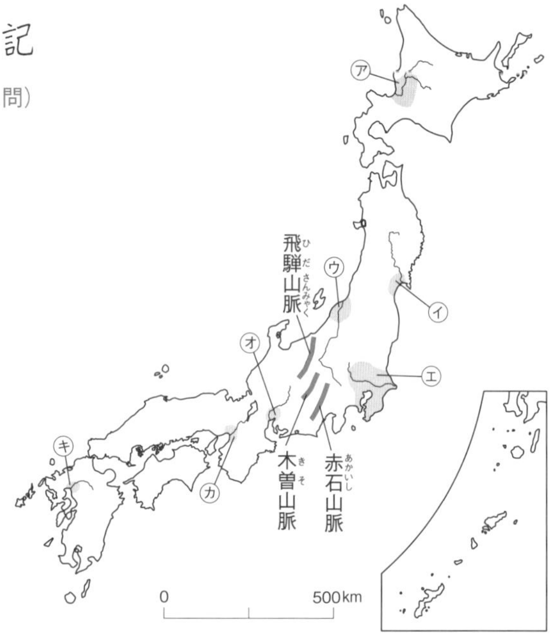

① 関東平野 (　　)

② 濃尾《のうび》平野 (　　)

③ 越後《えちご》平野 (　　)

④ 石狩《いしかり》平野 (　　)

⑤ 仙台《せんだい》平野 (　　)

⑥ 大阪平野 (　　)

⑦ 筑紫《つくし》平野 (㋖)

(2) 地図の㋐～㋖の平野を流れる川の名前を[　　]から選んで番号でかきましょう。　(5点×6問)

㋐		㋑		㋒		㋓		㋔		㋕		㋖	④

① 北上《きたかみ》川　② 淀《よど》川　③ 木曽《きそ》川　④ 筑後《ちくご》川
⑤ 石狩《いしかり》川　⑥ 信濃《しなの》川　⑦ 利根《とね》川

(3) 本州の中央部にそびえる、高さ3000m以上の飛騨山脈、木曽山脈、赤石山脈は、建物の一部になぞらえて「日本の○○」といいます。

○○に入る言葉をかきましょう。　(5点)

日本の[　　|　　]

日本の国土面積は、37万7974km²です。約38万km²とおぼえましょう。（2018年）

2 次の文のうち正しいもの３つに○をつけましょう。（５点×３問）

①（　　）日本は約４分の３が山地であるが、その山地に住む人は、人口の約５分の１で、さらに減少《げんしょう》している。

②（　　）日本には火山が１つもない。

③（　　）多くの山が続いて長くのびている地形を山脈という。

④（　　）平野では、交通が発達していて、都市が集まっている。

3 日本の川、外国の川について、後の問いに答えましょう。（５点×４問）

(1) 図は、日本の川として安倍《あべ》川、利根川、信濃川を表し、外国の川としてフランスのセーヌ川、ベトナムのメコン川、アメリカのコロラド川を表しています。

図の①②の川の名前をかきましょう。

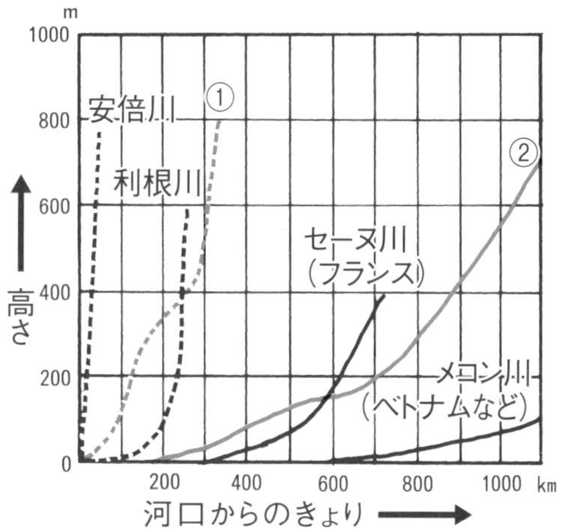

①（　　　　　　）②（　　　　　　）

(2) 図を見て、日本の川の特ちょうを２つかきましょう。

（　　　　　　　　　　）

（　　　　　　　　　　）

社会　　月　　日　　得点

3　日本の気候

／100

1　Bの図は、Aの地図を ―― で切ったところを表しています。後の問いに答えましょう。　（5点×8問）

A

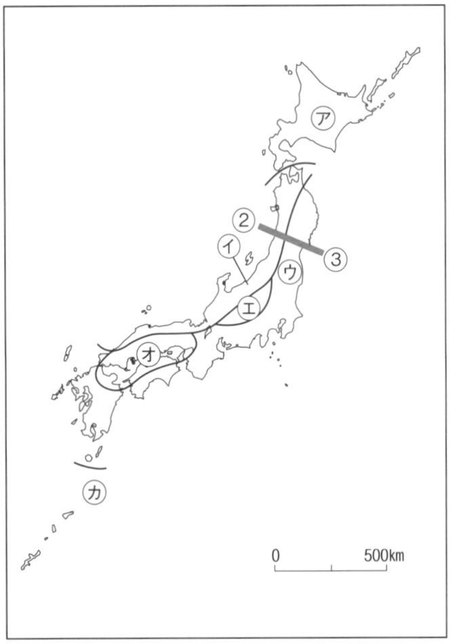

B

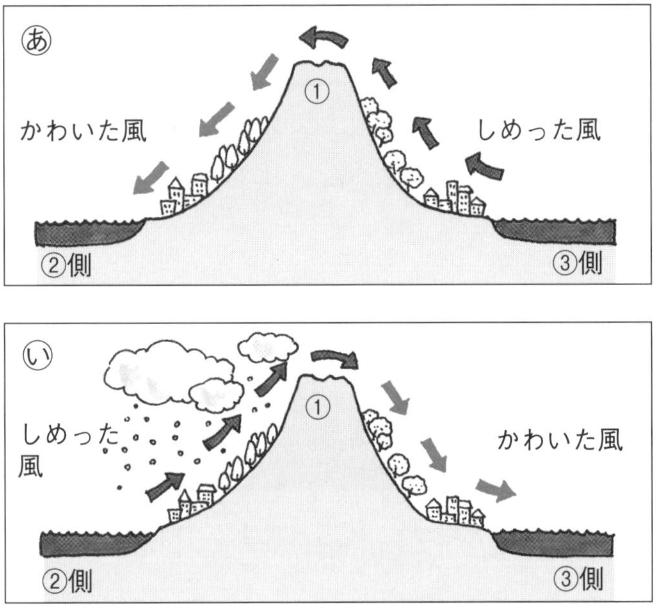

(1)　Bの図のあ、いは夏と冬のどちらですか。

あ（　　　　　）　い（　　　　　）

(2)　Bの図の①の山脈《さんみゃく》名、②と③の海の名前をかきましょう。

①（　　　　　）②（　　　　　）③（　　　　　）

(3)　Bの図のあは、風が③側から②側にふいています。
③、②を方位（東・西・南・北）で表すと、どうなりますか。

（③　　　　側から）（②　　　　側にふく）

(4)　つゆがない地域《ちいき》を、Aの地図のア～カから選んでかきましょう。

（　　　　）

ヒント

日本列島は南北に長いため、地域によってさまざまな気候があります。また高い山脈があるので日本海側は雪や雨が多く、太平洋側は晴れの日が多くなります。

2 日本の気候について答えましょう。

(1) 夏と冬で、ふく方向が変わる風を何といいますか。（6点）

（　　　　　）

(2) 日本の気候の特ちょうを次の㋐～㋓から2つ選びましょう。（6点×2問）

（　　　　　）（　　　　　）

㋐ 冬になると強い台風がよくくる。

㋑ 本州では南に行くほど、つゆ明けが早い。

㋒ 日本中、どの場所でも気候は同じである。

㋓ 四季に分かれている。

(3) 次の文は、地図のⓐ～ⓚの地域の気候について説明しています。あてはまる地域をⓐ～ⓚから選んで（　　）に記号でかきましょう。（7点×6問）

① （　　） 1年中雨が少なく、夏と冬の気温の差がはげしい。

② （　　） 夏は長く雨が多い。台風も多い。

③ （　　） 冬に雪が多く、夏は晴れる日が多い。

④ （　　） 太平洋側の気候と似《に》ているが、やや雨が少ない。

⑤ （　　） 冬が長く、寒さがきびしい。

⑥ （　　） 夏に雨が多く、つゆや秋の長雨がはっきりしている。

社会　月　日　得点

4 米づくり

／100

1 地図の1～3は、米の生産量の1位から3位を表しています。(2018年)
後の問いに答えましょう。

(1) 米の生産量1位から3位の都道府県名をかきましょう。(5点×3問)

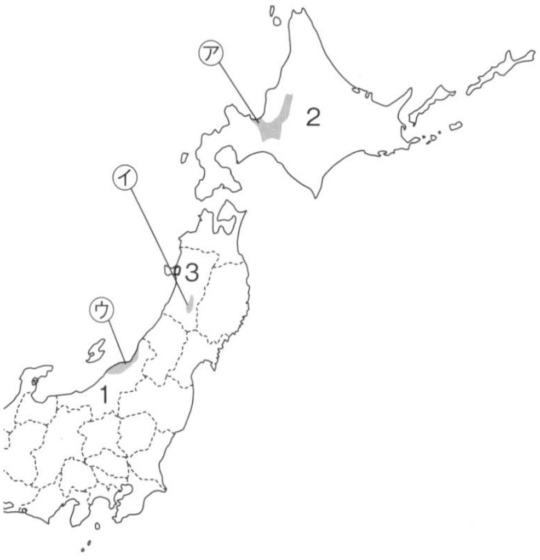

1位（　　　　　　）

2位（　　　　　　）

3位（　　　　　　）

(2) 地図の㋐～㋒は米づくりのさかんな平野や盆地《ぼんち》です。

㋐～㋒にあてはまる平野名、盆地名を書きましょう。(5点×3問)

㋐（　　　　）平野　㋑（　　　　）盆地　㋒（　　　　）平野

(3) 次の川が流れているのは地図の㋐～㋒のどこですか。（　　）に記号でかきましょう。(5点×3問)

①（　　）雄物《おもの》川　②（　　）信濃《しなの》川　③（　　）石狩《いしかり》川

(4) 米の生産量が1位の地方名をかきましょう。(5点)

（　　　　　　　　）

(5) 寒い地域《ちいき》でも米がたくさんとれるように、いろいろな品種を組み合わせて新しい品種をつくり出すことを何といいますか。(10点)

（　　　　　　　　）

ヒント

2018年の農家は約120万戸です。2010年は約160万、1990年は約300万戸でした。

2 米づくりの仕事について、後の問いに答えましょう。 （5点×8問）

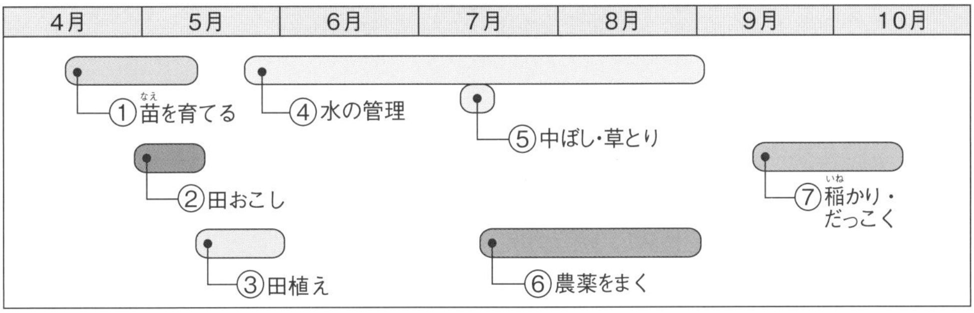

(1) 次の絵㋐～㋒を見て、表の①～⑦のどのようすか、あてはまる番号をかきましょう。

㋐

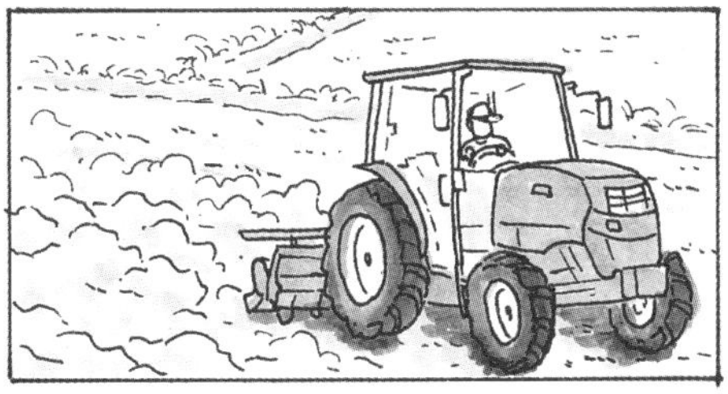

㋑

㋒

㋓

㋐		㋑		㋒		㋓	

(2) 次の文は①～⑦のどの説明か、記号でかきましょう。

A（　　）ビニールハウスの中で温度調節をしながら育てる。

B（　　）田を耕《たがや》して、稲の根がのびやすいようにする。

C（　　）根が育つようにするため、田の水を全部ぬく。

D（　　）病気や害虫から稲を守るため、薬を使う。

社会　　月　日

5 野菜・くだもの・畜《ちく》産《さん》

得点　／100

1 図は、くだもののさいばいがさかんな都道府県を表しています。（４点×13問）

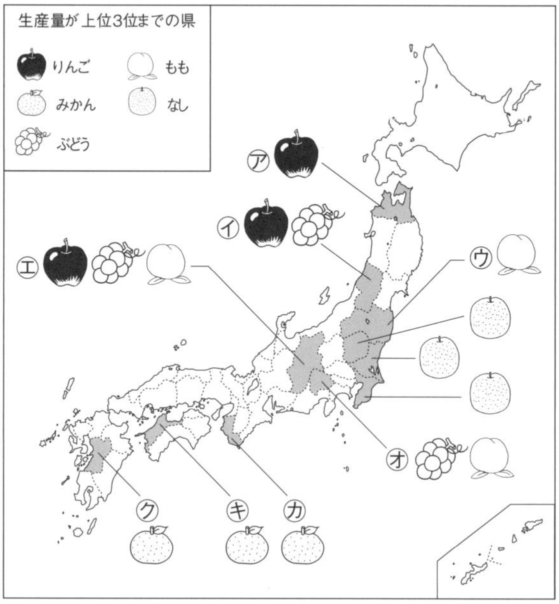

(1) 次の表のア〜クにあてはまる都道府県名をかきましょう。

（地図のア〜クと表のア〜クは同じ都道府県を指しています。）

りんごの生産量（2017年）

1位	ア
2位	エ
3位	イ

みかんの生産量（2017年）

1位	カ
2位	キ
3位	ク

ぶどうの生産量（2017年）

1位	オ
2位	エ
3位	イ

ももの生産量（2017年）

1位	オ
2位	ウ
3位	エ

(2) 生産量上位３位が、千葉県、茨城県、栃木県のくだものは何ですか。（2017年）

（　　　　　）

ヒント

主なくだものの生産量は、りんご約74万t・みかん約74万t・なし約25万t・ぶどう約18万t・もも約12万tです。(2017年)

2 次の(　　)にあてはまる言葉を［　　］から選んでかきましょう。

(4点×9問)

(1) 牛・ぶた・にわとりなどを飼《か》って、牛《ぎゅう》乳《にゅう》・肉・たまごなどを生産することを(①　　　　)といい、その中でも特に乳牛を飼育《しいく》して、牛乳やバターなどをつくることを(②　　　　)といいます。

乳牛を育てるには、夏でも(③　　　　)気候の地域《ちいき》でなければなりません。北海道の中では特に(④　　　　)は、牧草のさいばいもさかんです。(①)は、作物にむかない(⑤　　　　)土地で行われることが多いです。

［ すずしい　らく農　根釧《こんせん》台地　畜産《ちくさん》　広い　あたたかい ］

(2) 野菜も気候や地域《ちいき》をうまく利用してさいばいしています。レタスは、夏でもすずしい(①　　　　)県の八《やつ》ケ《が》岳《たけ》山ろくで、キャベツは(②　　　　)県の嬬恋《つまごい》高原で多くつくられています。白菜は、大都市に近い(③　　　　)農業として(④　　　　)県がさかんです。

［ 近郊　茨城　長野　群馬 ］

3 次の文が説明していることを線で結びましょう。　(6点×2問)

(1) ビニールやポリエチレンなどを利用した温室で作物をつくること。　・

(2) ビニールなどのおおいのない畑で、自然の気候や地形を利用して作物をつくること。　・

・ろ地さいばい

・ハウスさいばい

・有機農法

社会　　月　　日

6 日本の水産業

得点　　／100

1 次の（　　）にあてはまる言葉を［　　］から選んでかきましょう。

（10点×6問）

(1) 日本のまわりには、深さが200mくらいまでの、魚介類や海そうが育ちやすい（　　　　　　　　）が広がっている。

(2) 寒流と暖流《だんりゅう》のぶつかるところを（　　　　　　　　）といい、魚のえさになるプランクトンが豊富《ほうふ》である。

(3) 魚や貝、海そうなどを、いけすなどの人工的なしせつで育て、大きくしてから出荷《しゅっか》する漁業を（　　　　　　　　）という。

(4) 魚や貝などのたまごを人工的にかえし、稚魚《ちぎょ》や稚貝《ちがい》まで育ててから、海や川に放流して、それらが大きくなってからとる漁業を（　　　　　　　　）という。

(5) 計画的に魚を育て、出荷することができる(3)や(4)のような漁業をまとめて（　　　　　　　　）という。

(6) 海や湖のよごれによって、プランクトンが大量発生し、海や湖の水が赤くそまることを（　　　　　　　　）という。

赤潮《あかしお》	さいばい漁業	養しょく漁業
大陸だな	つくり育てる漁業	潮目

ヒント

日本は、まわりに４つの海流が流れています。さまざまな海から魚やプランクトンなどが集まるため、豊富な水産資源にめぐまれています。

2 次のグラフを見て、後の問いに答えましょう。　（8点×5問）

〈漁業別の漁かく量の変化〉

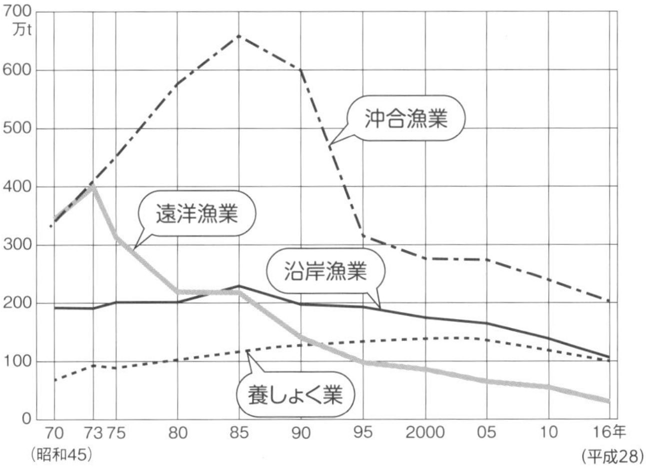

(農林水産省資料より作成)

(1) 1973年に漁かく量が多いのは、何漁業ですか。

（　　　　　　）漁業

（　　　　　　）漁業

(2) 1973年から、漁かく量が急に減ったのは何漁業ですか。

（　　　　　　）漁業

(3) (2)の後、減った分をおぎなおうとして漁かく量が急に増えたのは、何漁業ですか。

（　　　　　　）漁業

(4) あまり漁かく量に変化がないのは、養しょく業と何漁業ですか。

（　　　　　　）漁業

7 日本の工業

1 日本の工業について、後の問いに答えましょう。（6点×10問）

(1) 次の製品《せいひん》は、何工業で生産されますか。□から選んで記号でかきましょう。

①　②　③　④　⑤

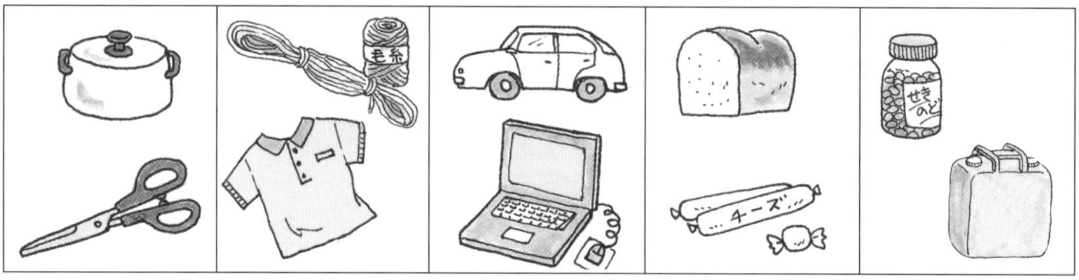

(　　)　(　　)　(　　)　(　　)　(　　)

㋐ 機械工業　㋑ 金属《きんぞく》工業　㋒ 化学工業
㋓ 食料品工業　㋔ せんい工業

(2) 次の文は、日本の工業の種類と移《うつ》り変わりについてかいてあります。(　　)にあてはまる言葉を□から選んでかきましょう。

工業の種類は、大きく軽工業と(①　　　)工業とに分けることができます。軽工業は、(②　　　)工業、(③　　　)工業、木材・紙・印刷工業などです。(①)工業は、(④　　　)工業、機械工業などの(⑤　　　)工業と化学工業をあわせたものです。

金属　重　重化学　軽　せんい　食料品

2017年の工業別の従業者数《じゅうぎょう》の割合《わりあい》(%)　機械（40.7）・金属《きんぞく》（12.7）・
化学（3.7）・食料品（16）・せんい（3.8）・その他（23.1）

ヒント

2 次の地図を見て、後の問いに答えましょう。　（5点×8問）

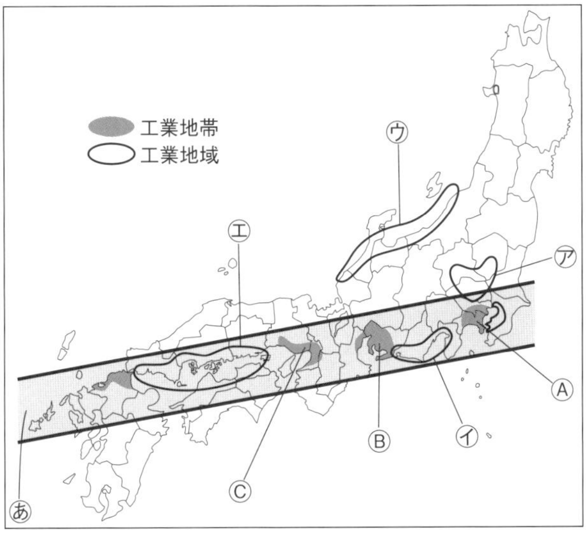

(1) 次の工業地帯の名前を □ から選んでかきましょう。

Ⓐ（　　　　　　）工業地帯

Ⓑ（　　　　　　）工業地帯

Ⓒ（　　　　　　）工業地帯

阪神	京浜	中京

(2) 次の工業地域《ちいき》の名前を □ から選んでかきましょう。

㋐（　　　　　　）工業地域

㋑（　　　　　　）工業地域

㋒（　　　　　　）工業地域

㋓（　　　　　　）工業地域

北陸	瀬戸内	関東内陸	東海

(3) ㋐の名前をかきましょう。

（　　　　　　　　　　　　　　）

社会　　月　　日

8 大工場と中小工場

得点　／100

1 次のグラフを見て、後の問いに答えましょう。

Ⓐ 〈大工場と中小工場のちがい〉

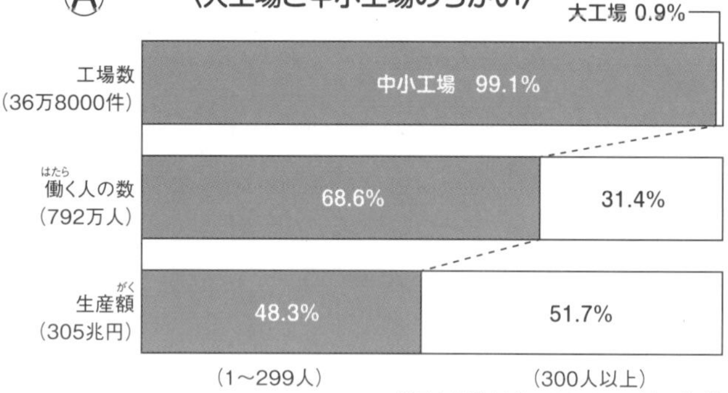

（『日本国勢図会　2019/20』より作成）

Ⓑ 〈1人あたりの年間生産額〉

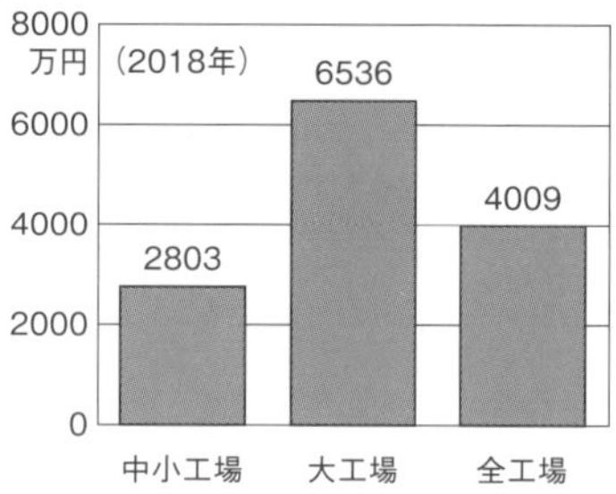

（経済産業省資料より作成）

(1) 次の①～⑤の文で、グラフを見てわかる正しいものに○、まちがっているものに×をつけましょう。（7点×5問）

① （　　） 中小工場は、一人あたりの生産額が少ないが、中小工場全体の生産額は大工場よりも多い。

② （　　） 中小工場の工場数は、全体の90％以上をしめているが、生産額は全体の40％以下である。

③ （　　） 工場数も働く人の数も、大工場より中小工場の方が多い。

④ （　　） 大工場の工場数は、全体の１％以下であるが、生産額は、全体の半分近くをしめる。

⑤ （　　） 中小工場の働く人の数は、大工場の２倍以上である。

(2) 大工場の働く人１人あたりの生産額は、中小工場の約何倍でしょう。（5点）

（　　　　　　）

ヒント

働く人の数が７人以下の工場は全体の70.8％で、働く人の数が1000人以上の工場は、全体のわずか0.1％です。

(3)　次の（　　）にあてはまる言葉を［　　］から選んで答えましょう。　（10点×４問）

大工場は、働く人の数が少なくても、工場の（①　　　　）が進んでいるので、（②　　　　）生産ができます。

（③　　　　）工場は、独自《どくじ》のすぐれた技術《ぎじゅつ》をもっていても、手作業にたよっていることが多く、大量にはつくれません。

だから、生産額は（④　　　　）工場の方が高くなります。

大量	機械化	大	中小

2　次のグラフを見て、正しい文２つに○をつけましょう。　（20点）

〈工場数の変化〉

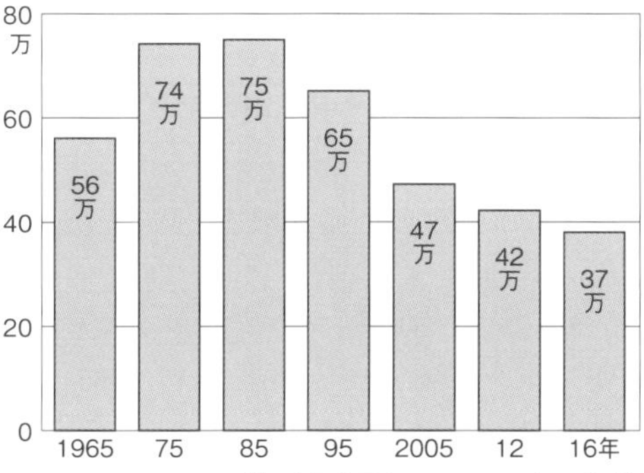

（『日本国勢図会　2019/20』より作成）

〈海外生産比率《ひりつ》〉

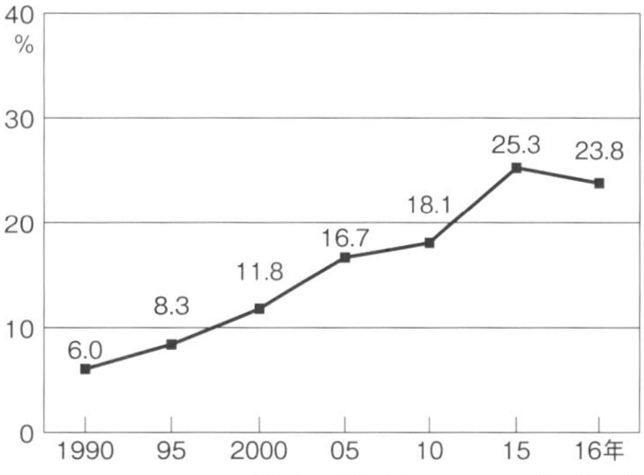

（『日本国勢図会　2019/20』より作成）

①（　　）工場数は、1965年から2016年まで増《ふ》えている。

②（　　）海外生産比率は、1990年から2016年で増えている。

③（　　）工場数は、1985年にくらべて2016年は約半分である。

④（　　）海外生産比率は、2016年は1990年の約４倍である。

社会　　月　日　　得点　／100

9　運《うん》輸《ゆ》と貿《ぼう》易《えき》

1 日本の貿易《ぼうえき》について、後の問いに答えましょう。

(1) 次のグラフは、日本の輸出入品の内わけを表しています。このグラフからわかることで正しいものを2つに○をつけましょう。（20点）

輸《ゆ》出《しゅつ》

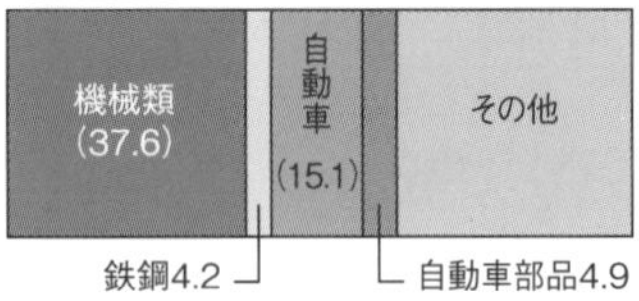

輸入

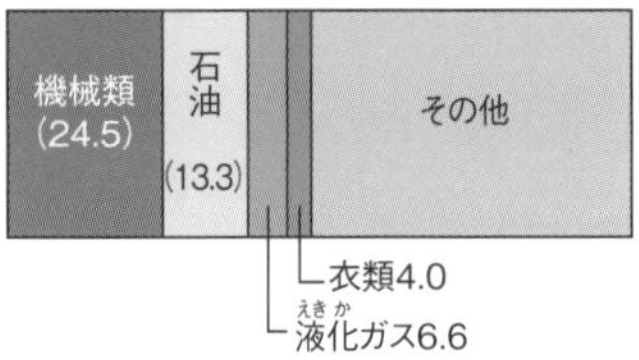

あ（　　）日本の輸出額《がく》は、輸入額の2倍以上ある。

い（　　）日本の輸出額は、最近10年間減《へ》り続けている。

う（　　）輸出品の中心は、機械、自動車などの工業製品《せいひん》である。

え（　　）輸入品の中心は、石油などのエネルギー資源《しげん》である。

お（　　）日本の貿易の第1位は、輸出・輸入とも機械類である。

(2) 日本が工業生産を支《ささ》える石油を多く輸入している国の、上位2つに○をつけましょう。（20点）

国別原油輸入比率《ひりつ》

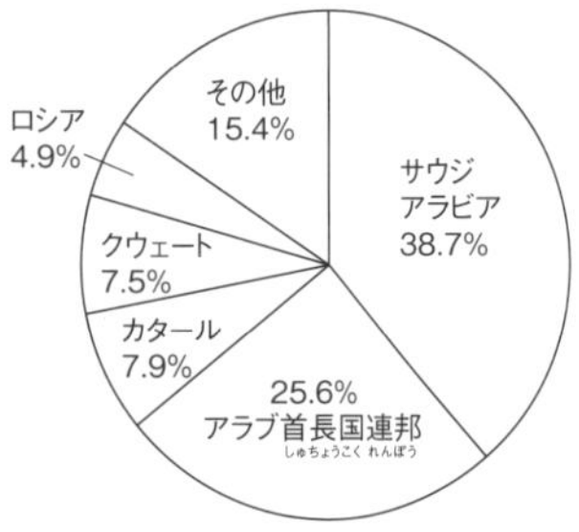

（日本国勢図会 2019/20）

ア（　　）インドネシア

イ（　　）オーストラリア

ウ（　　）サウジアラビア

エ（　　）アラブ首長国連邦

オ（　　）ロシア

ヒント

日本の輸出相手国の１位と２位はアメリカと中国で、全体の４割近くをしめています。(2019年)

2 次の文の（　　）にあてはまる言葉を［　　］から選んでかきましょう。

（５点×12問）

(1) 工業原料や石油などのエネルギー資源《しげん》は、主に（①　　　　　）や貨物船で、さまざまな国から（②　　　　　）されます。そうして日本に（②）された原料は、鉄道や船などで工場まで運ばれます。工場でできあがった製品は、日本国内へは主にトラックで、外国へは貨物船などで運ばれます。最近では、（③　　　　　）など、小さくて軽く、高価《こうか》な製品は（④　　　　　）でも輸出されるようになりました。

(2) 日本との貿易額の多い国は、（①　　　　　）、中国、（②　　　　　）などです。（③　　　　　）や（④　　　　　）との貿易では、輸入額が輸出額を上回っています。これは、（⑤　　　　　）などを多く買うからです。

(3) 神戸港《こうべこう》などの大きな貿易港には（①　　　　　）基地《きち》があります。そして、（②　　　　　）やフェリー、または高速道路を使った（③　　　　　）輸送などで、日本各地と結ばれています。

輸入	輸出	タンカー	コンテナ	鉄道
トラック	飛行機	電子部品	石油	韓国《かんこく》
アメリカ	サウジアラビア	アラブ首長国連邦《しゅちょうこくれんぽう》		

社会　　　月　　日

10 くらしと情《じょう》報《ほう》

得点　／100

1 次の（　　）にあてはまる言葉を［　　］から選んでかきましょう。（5点×4問）

わたしたちは、必要な（①　　　　）を、（②　　　　）や新聞から手に入れることができます。最近では、パソコンやスマートフォンを使った（③　　　　）も利用されています。これからは、天気予《よ》報《ほう》以外にも、その日のできごとを伝える（④　　　　）やスポーツ、くらしに役立つアイデアなど、さまざまな（①）を伝えています。

また、災害などでは、ラジオも必要な（①）を得るためにかつやくします。

情報	ニュース	テレビ	インターネット

2 テレビの仕事について書かれた文です。㋐放送記者、㋑編集《へんしゅう》者、㋒アナウンサーのうち、だれの仕事か選んで記号を書きましょう。（5点×6問）

① （　　） 原稿《げんこう》をまちがわずに読み、聞き取りやすい声で話す。

② （　　） できるだけわかりやすい言葉で話す。

③ （　　） 映像《えいぞう》や原稿で、そのニュースで何が大事なのかをわかりやすく編集することに気をつけている。

④ （　　） 取材をして情報を集め、報道局《ほうどうきょく》に送る。

⑤ （　　） 事件《じけん》や事故《じこ》は、いつ、どこで、おこるかわからないので、月に2回は会社にとまり、何かおきたら、すぐに取材に行けるように準備《じゅんび》している。

⑥ （　　） 取材先から送られてきた映像を編集したり、記者がメールで送ってくる原稿をもとに、アナウンサーが読む原稿を書いたりする。

ヒント

何気なく見ているテレビやインターネット。便利ですが、そこにある情報がすべて本物かそれともにせものかを見分ける力も、身につけたいですね。

3 次の絵を見て、後の問いに答えましょう。（5点×7問）

(1) インターネットの問題点を［　　］から選んで記号で答えましょう。

① 
② 
③ 
④ 

［　　］の流出　［　　］なメール　人や店の［　　］　［　　］な請求《せいきゅう》

㋐ めいわく	㋑ 悪口	㋒ 個人情報	㋓ 高額《こうがく》

(2) 情報について気をつけることで（　　）の中の正しい言葉に○をつけましょう。

情報を発信するときは、（① 不正確《ふせいかく》・正確）な情報を、（② 受け取る・流す）側の立場に立って伝える。

情報を受け取るときは、最初に出てきた情報だけを（③ 信じない・信じる）。

4 次の①～③の気象《きしょう》情報は、どの仕事の人が役立てていますか。文とあう仕事を線で結びましょう。（5点×3問）

① 明日は風が強いから船を出さないでおこう。 •　　• ㋐ スーパーマーケット

② 明日は、暑いからアイスクリームを多めに入荷しよう。 •　　• ㋑ 農業

③ 気温がかなり低くなりそうだ。田んぼの水深を上げて備《そな》えよう。 •　　• ㋒ 漁業

社会　　月　日　　得点

11 くらしと環境《かんきょう》

／100

1 地球の環境《かんきょう》を守るためにわたしたちができることとしてふさわしいものには○、ふさわしくないものには×をかきましょう。（5点×6問）

① (　　) 有害な物質《ぶっしつ》をなくすために、製鉄所《せいてつじょ》などはなくす。

② (　　) 毎日のくらしの中で、できるだけゴミを出さない努力をする。

③ (　　) リサイクルして利用できるようにくふうする。

④ (　　) 環境問題は大きくて、１人では取り組めないので、国や県に任《まか》せる。

⑤ (　　) ふだんから環境のことを考えて、ものを買ったり、使ったりする。

⑥ (　　) 工場や家庭などのごみは、そのまま、人が住んでいない山や海にすてる。

2 次の(　　)にあてはまる言葉を［　　］から選んでかきましょう。

（10点×３問）

国などでは、自然災害《さいがい》を防《ふせ》ぐために、いろいろ取り組んでいます。たとえば、土石流がおきやすい場所に(①　　　　)を設置《せっち》します。大雨に備《そな》えて、地下に大きな(②　　　　)をつくります。地震《じしん》のときに(③　　　　)を出します。

放水路　　きん急地震速報《そくほう》　　砂防《さぼう》ダム

ヒント
地球温暖《おんだん》化の主な原因《げんいん》は、温室効果《おんしつこうか》ガス（人間が燃料《ねんりょう》を使用するなどして、増加《ぞうか》させた二酸化炭素《にさんかたんそ》など）であるといわれています。

3 次の図は、さまざまな環境問題を示《しめ》したものです。図を見て、後の問いに答えましょう。

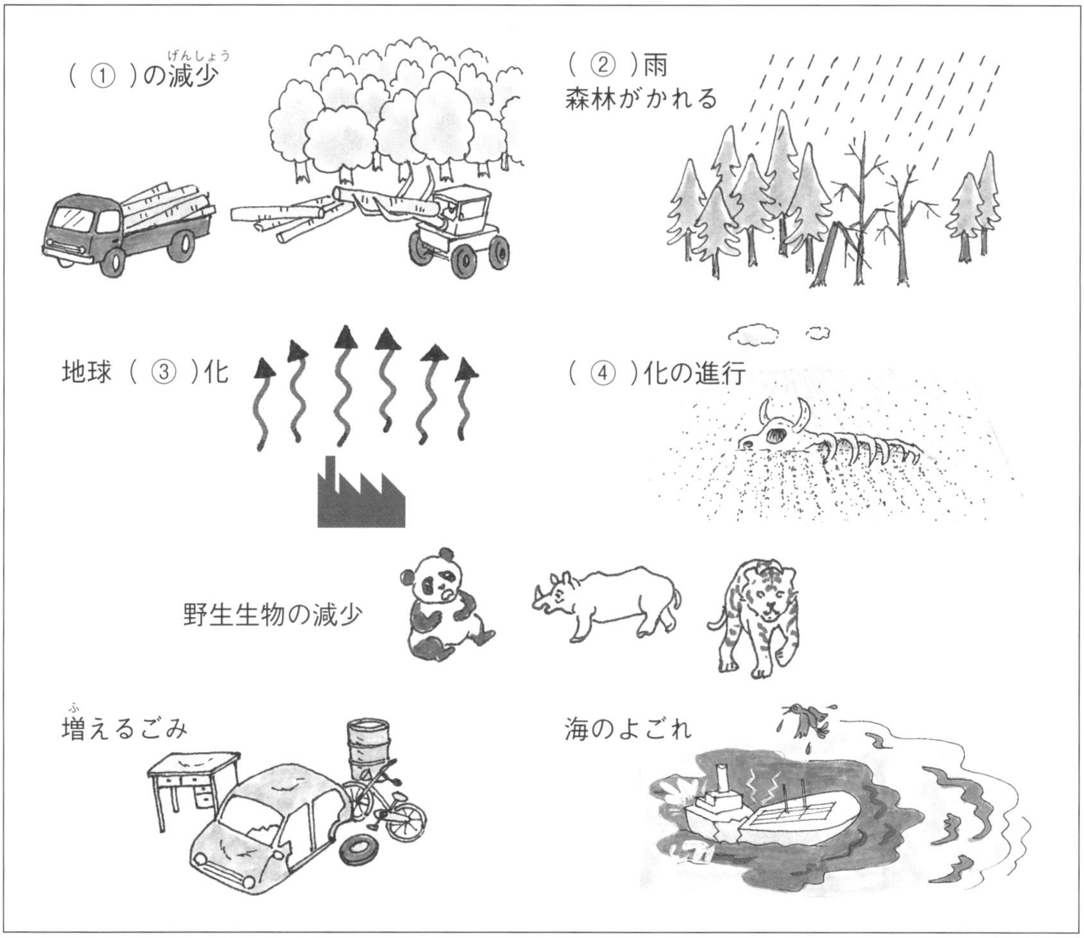

図の①～④にあてはまる言葉を［　　］から選んでかきましょう。（10点×４問）

① （　　　　　　）の減少　　② （　　　　　　）雨

③ 地球（　　　　　　）化　　④ （　　　　　　）化の進行

温だん	砂《さ》ばく	酸《さん》性	森林

英語

月　日

1 アルファベット ①

得点

／100

1 アルファベットの練習をしましょう。（3点×26問）

大文字

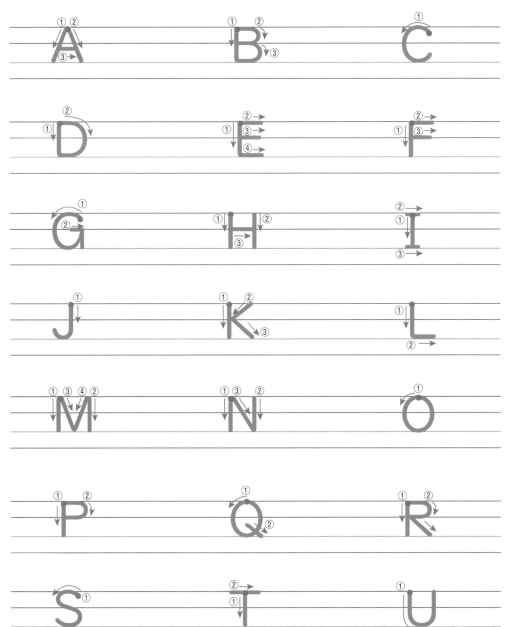

A	B	C
D	E	F
G	H	I
J	K	L
M	N	O
P	Q	R
S	T	U

ヒント

日本語がそのまま英語として使われている言葉はたくさんあります。「月見」もそうです。ほかにも「かわいい（kawaii）」「焼き鳥（yakitori）」などもあります。

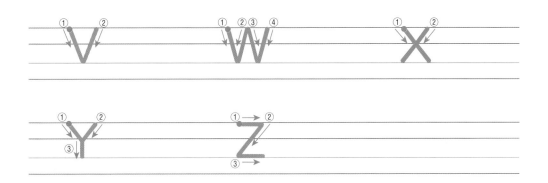

V　W　X

Y　Z

2 自分の名前を伝える文をかきましょう。英語はなぞり、□に、自分の名前を英語の大文字でかきましょう。（10点）

I'm □.

わたしは～です。

3 「はじめまして」のあいさつをなぞりましょう。（6点×2問）

① Nice to meet you.

はじめまして。

② Nice to meet you,too.

こちらこそ、はじめまして。

英語　　月　日

2 アルファベット ②

得点　／100

1 アルファベットの練習をしましょう。 (3点×26問)

小文字

a　　b　　c

d　　e　　f

g　　h　　i

j　　k　　l

m　　n　　o

p　　q　　r

s　　t　　u

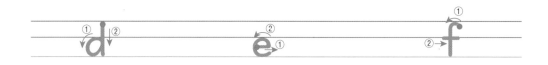

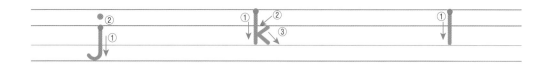

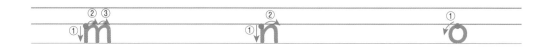

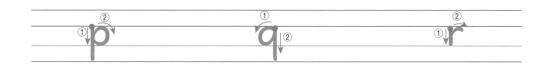

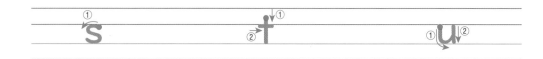

ヒント

英語ので名前をかくときは、姓→名の順番でかきます。

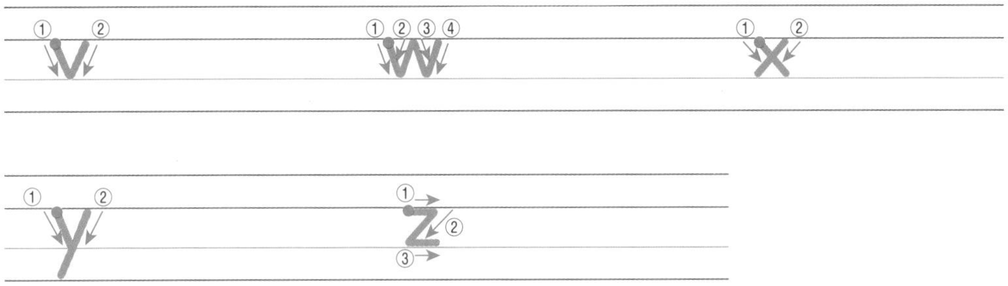

2 線で結んで、アルファベットの大文字を完成させましょう。
次に、できた大文字と同じアルファベットを表す小文字を選んで、線でつなぎましょう。 （4点×3問）

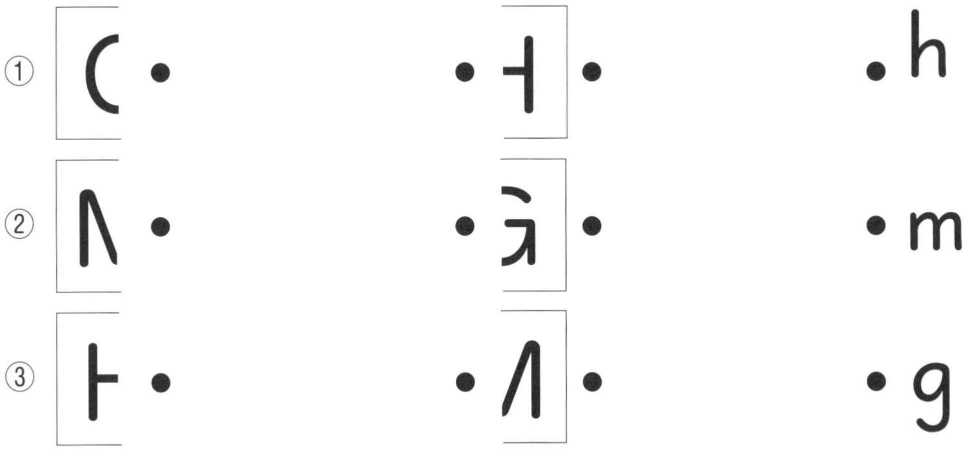

3 自分の名前のつづりを伝える文をかきましょう。 （10点）

How do you spell your name?

あなたの名前はどうつづりますか。

例 K-o-s-e-i

英語　　月　日

得点

3 自分のことを話そう！

／100

1 月の名前をなぞりましょう。　（4点×12問）

1月	January	7月	July
2月	February	8月	August
3月	March	9月	September
4月	April	10月	October
5月	May	11月	November
6月	June	12月	December

2 自分の生まれた日に、○をつけましょう。　（6点）

1st	2nd	3rd	4th	5th	6th	7th	8th	9th
10th	11th	12th	13th	14th	15th	16th	17th	18th
19th	20th	21st	22nd	23rd	24th	25th	26th	27th
28th	29th	30th	31st					

3 あなたのたん生日をかきましょう。　（10点）

My birthday is ＿＿＿＿＿＿＿＿＿＿＿＿＿＿.

ヒント

「I like tomatoes.（わたしはトマトが好きです）」のように野菜はｓ（es）がついた形で表します。「pizza（ピザ）」のように調理されているものは、そのままの形で表します。

4 英文をなぞりましょう。（8点×2問）

① I like ice cream.

わたしはアイスクリームが好きです。

② I don't like cucumbers.

わたしはきゅうりが好きではありません。

5 自分の好きな食べ物と、好きでない食べ物を次から選んでかきましょう。（10点×2問）

① I like ＿＿＿＿＿＿＿＿.

② I don't like

＿＿＿＿＿＿＿＿.

ramen
ラーメン

pizza
ピザ

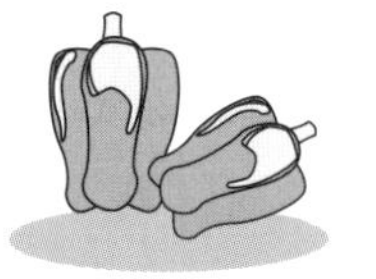

green peppers
ピーマン

celeries
セロリ

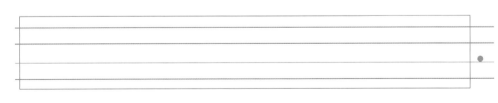

英語　　月　　日

4 持っているもの好きなもの

得点　／100

1 英文をなぞりましょう。（15点）

Do you have a pencil?

あなたはえんぴつを持っていますか。

No, I don't.

いいえ、持っていません。

I have a ruler.

わたしは定規を持っています。

2 絵を見て、英文を完成させましょう。（20点×2問）

Do you have a notebook?

あなたはノートを持っていますか。

①

No, ＿＿＿＿＿＿＿＿.

Do you have a ball?

あなたはボールを持っていますか。

②

Yes, I do.

はい、持っています。

I have a ＿＿＿＿＿＿＿＿.

わたしは、ボールを持っています。

ヒント

「I have～」は「わたしは～をもっています」という意味ですが、他にもいろいろな使い方があり、「I have math.（算数があります）」のように時間割を伝えるときにも使います。

3 英文をなぞりましょう。（15点）

What color do you like?

あなたは何色が好きですか。

I like red.

わたしは赤が好きです。

4 自分の好きな色を次から選んでかきましょう。（20点）

What color do you like?

あなたは何色が好きですか。

I like ＿＿＿＿＿＿＿＿.

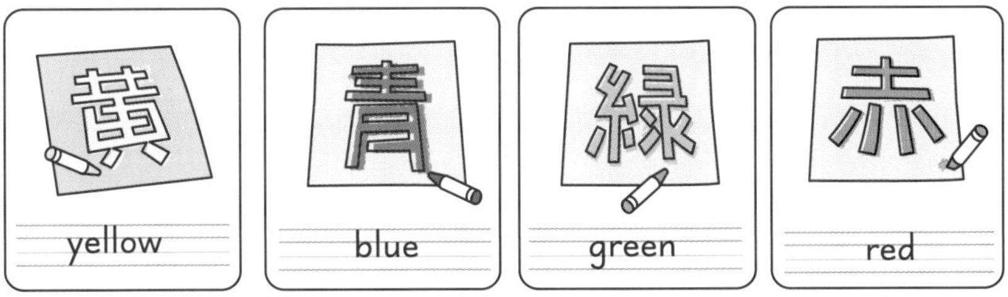

5 言葉に合う道を選んで、スタートからゴールまで線を引きましょう。（10点）

What animal do you like?

あなたはどんな動物が好きですか。

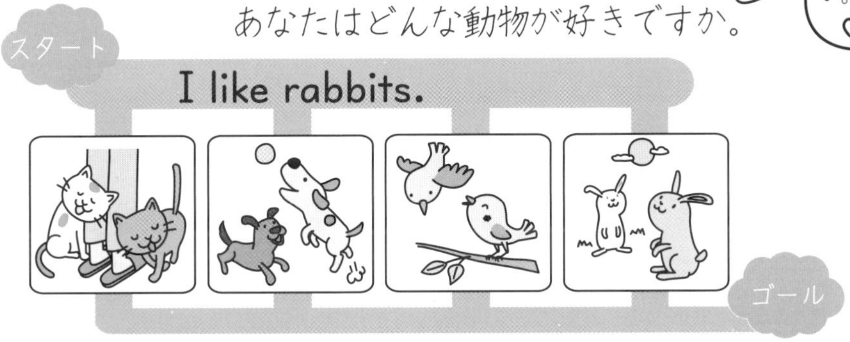

1 俳句はリズムがあるので、読みやすく覚えやすいですね。すらすら読んで、五句は覚えましょう。また、[　　]より言葉を選んで（　）の中に入れましょう。――の言葉は季語です。（20点×5問）

雪とけて　村いっぱいの　子どもかな　小林一茶《こばやしいっさ》

しずかさや　岩にしみいる　せみの声　松尾芭蕉《まつおばしょう》

菜の花や　月は東に　（①　　）は西に　与謝蕪村《よさぶそん》

かきくえば　（②　　）が鳴るなり　法隆寺《ほうりゅうじ》　正岡子規《まさおかしき》

たたかれて　昼の蚊《か》をはく　（③　　）かな　夏目漱石《なつめそうせき》

蝶《ちょう》の（④　　）ゼンマイに似《に》る　暑さかな　芥川龍之介《あくたがわりゅうのすけ》

（⑤　　）椿《つばき》　白い椿と　落ちにけり　河東碧梧桐《かわひがしへきごとう》

舌　鐘《かね》　赤い　日　木魚《もくぎょ》

18

俳句《はいく》

ヒント

「くさの名《な》はしらずめずらし花《はな》のさく」「わが衣《ころも》ぬらして知《し》らぬもろこ川《がわ》」は、下から読んでも同じになります。

得点

／100

月　日

俳句《はいく》——四季おりおりの変化に富んだ、日本の自然の中で生まれてきた日本独特《どくとく》の詩です。五・七・五の十七音でよむ、世界一短い詩です。

季語——俳句には、季節をあらわす季語がよみこまれていて、春夏秋冬の季節が味わえます。

春の季語……七草《ななくさ》　ひな祭り　風船　菜の花　ひばり　など
夏の季語……夕立　花火　ゆかた　竹の子　キャンプ　ふうりん　など
秋の季語……かき　こおろぎ　天《あま》の川　流れ星　赤とんぼ　月見　など
冬の季語……北風　つる　たきび　こたつ　大根　など

1 副詞に——を引きましょう。（10点×6問）

① 庭の ばらが、たいへん 美しく さいた。

② 米ぶくろを 持つと、ずしりと 重い。

③ 山の 緑が、ずいぶん こくなった。

④ テストの 結果は、かなり 悪かった。

⑤ ロケットは、ぐんぐん のぼって いった。

⑥ すももの 花が、さらさらと 散った。

---

2 □にあう副詞を□から選んで書きましょう。（10点×4問）

① 星が □ 光る。

② もう □ 食べたい。

③ 母は □ 作り始めた。

④ 犬が □ ねこむ。

ぐっすり　きらりと
さっそく　ちょっと

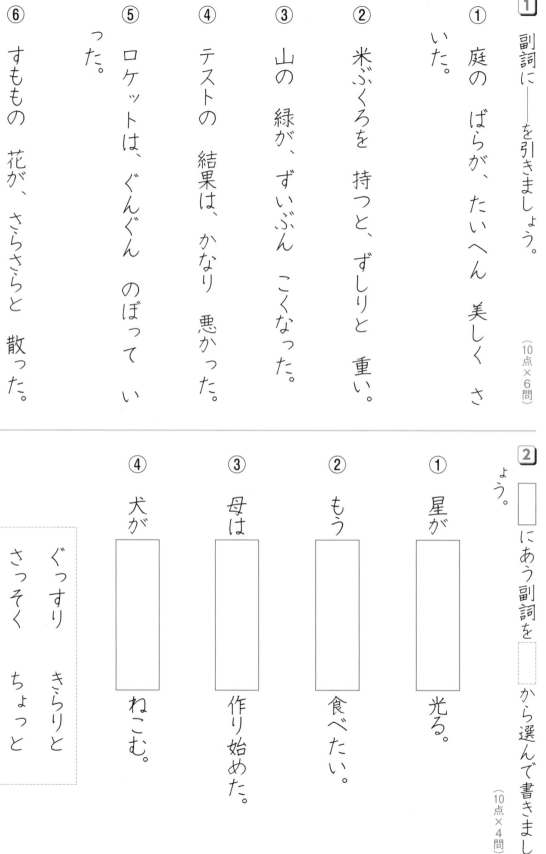

国語

17 修飾語《しゅうしょくご》（副詞《ふくし》）

副詞《ふくし》――ものごとの動き・状態《じょうたい》・程度《ていど》をくわしく説明する言葉です。

① 動詞をくわしく説明します。

・わたしは、ごはんを　ゆっくり　食べた。

② 形容詞《けいようし》をくわしく説明します。

・今年は、雪が　とても　多い。

③ 音をまねた言葉、ようすをまねた言葉があります。

・雪が　しんしんと　ふりしきる。

・とびは　ピーヒョロロと　鳴く。

ヒント

あっさりした味。しっかりした土台。すっきりした文章。星がきらりと光る。戸をがらりとあける。これらも副詞です。

得点　／100

月　日

1 形容動詞に——を引きましょう。（10点×5問）

〈例〉 雪が　かすかに　残って　いる。

① 中川さんは、とても　親切です。

② これは　大切な　仕事です。

③ ていねいな　あいさつですね。

④ 大変　りっぱな　作品です。

⑤ この　ばらは　見事だ。

---

2 □にあてはまる形容動詞を□から選んで書きましょう。（10点×5問）

① 昨日《きのう》は　□　た。

② 明日《あす》も　□　う。

あたたかでしょ　あたたかだっ

③ 時間に　□　人です。

④ 字は　□　書きなさい。

⑤ その時計は　□　うな。

正確《せいかく》だろ　正確な　正確に

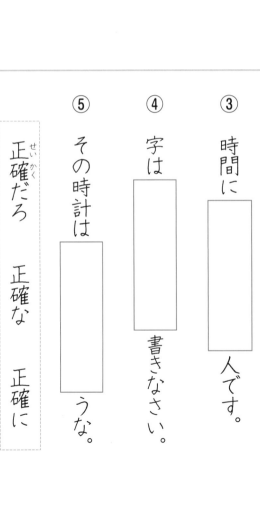

国語

16 修飾語《しゅうしょくご》（形容動詞《けいようどうし》）

形容動詞《けいようどうし》――形容詞と同じように、ものごとの性質《せいしつ》や状態《じょうたい》を説明します。

① 言い切りの形は「だ」で終わります。

・赤ちゃんは　元気だ。　・元気な　赤ちゃんだ。

・部屋は　きれいだ。　・きれいな　部屋だ。

② 形容動詞は、言葉の終わりの部分が、その使い方によって変わります。

（活用するといいます。）

・元気だろう　・元気になる　・元気ならば　・元気だ（言い切りの形）

・静かだろう　・静かになる　・静かならば　・静かだ

③ 「世界だ」は**名詞＋だ**です。なをつけるとおかしい言葉になります。　×世界な

「必要だ」は**形容動詞**です。なをつけることができます。　○必要な

ヒント

あざやかな新緑だ。　新緑が目にあざやかだ。

すてきなデザインです。　デザインがすてきだ。

得点

／100

月　日

1 形容詞を選んで□に書きましょう。（5点×10問）

弱い　すてき　高い

教室　流れる　細い

祭り　明るい　良い

近い　美しい　使い

古い　冷たい　若《わか》い

2 形容詞に——を引きましょう。（5点×10問）

① 黒い　毛の　うさぎが　いる。

② うすい　もも色の　紙が　ある。

③ あの　山までは　遠く　ない。

④ 夕方から　すずしく　なったね。

⑤ 早ければ　間に　合います。

⑥ にがした　魚は　大きい。

⑦ 苦しい　時の　神だのみ。

⑧ 苦い　薬を　飲みほす。

⑨ この　井戸は　深い　そうだ。

⑩ 美しければ　見に　行きたい。

15 修飾語《しゅうしょくご》（形容詞《けいようし》）

形容詞《けいようし》――ものごとの性質《せいしつ》や状態《じょうたい》を説明します。

① 言い切りの形は、「い」か「しい」で終わります。

・白い　花も　赤い　花も　美しい。

・早く　ねて、早く　起きよう。（「早い」が形を変えて「早く」となる。）

・大きい　木の　下は、すずしい。

② 形容詞は、ことばの終わりの部分が、その使い方によって変わります。

（活用するといいます。）

・遠くなる　・遠ければ　・遠かろう　・遠い（言い切りの形）

・暑くなる　・暑ければ　・暑かろう　・暑い

ヒント

「白い雪」「白い歯」「赤い風船」「赤い夕日」「青い空」「青い夜ぎり」など、色の形容詞のつく言葉をさがしましょう。

得点　／100

月　日

⑤ メダカが すいすい 泳ぐ。

⑥ 電車は ゆっくり 走り出した。

⑦ 赤ちゃんが とつぜん 泣いた。

⑧ ピューマは とても 速い。

⑨ 弟は ふろ場で 転んだ。

⑩ 白い 犬が、とつぜん ほえた。

⑪ まんがの 本が たくさん ある。

⑫ 十五夜の 月が、東に 見える。

⑬ 赤い 夕日が、ゆっくり しずむ。

⑭ たくさんの 星が、空に かがやく。

⑮ 静かな 小さい 部屋で 休む。

⑯ 大きな 白い 花が さいた。

⑰ 黒い 大きな バッグを 買う。

⑱ わたしは、ねぎを 畑から ぬいた。

⑲ ぼくは、山で きのこを とった。

⑳ 姉さんは、つり橋を そろそろと わたる。

14 修飾語《しゅうしょくご》

修飾語《しゅうしょくご》――あとにくる言葉を、くわしく説明します。

・赤い 花が さく。

・妹が 手を ふった。

・となり町の 学校は 新しい。

・山が はっきり 見える。

◆ 赤い　となり町の　手を　はっきり　が修飾語です。

ヒント

「水」にもいろいろあります。
冷たい水、ぬるい水、きれいな水。

得点

／100

月　日

1 ――の言葉を修飾する言葉を□で囲《かこ》みましょう。（5点×20問）

① 黒い ねこが とびだす。

② すずしい 風が ふく。

③ 冷たい 麦茶を 飲みたい。

④ たくさんの カモメが います。

1 かなづかいの正しい方に○をしましょう。（10点×10問）

①
ア　ちぢこまる
イ　ちじこまる

②
ア　こづつみゆうびん
イ　こずつみゆうびん

③
ア　ちりぢりになる
イ　ちりじりになる

④
ア　ぢしんが起きる
イ　じしんが起きる

⑤
ア　近づいていく
イ　近ずいていく

⑥
ア　けつまづく
イ　けつまずく

⑦
ア　そこぢからを出す
イ　そこじからを出す

⑧
ア　湯のみぢゃわん
イ　湯のみじゃわん

⑨
ア　こくりとうなづく
イ　こくりとうなずく

⑩
ア　ねばりづよい
イ　ねばりずよい

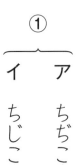

国語

13 「じ」と「ぢ」、「ず」と「づ」

「じ」と「ぢ」――「ジ」の音《おん》は、ふつう「じ」と書きます。

「ず」と「づ」――「ズ」の音は、ふつう「ず」と書きます。

① 同じ音が続いて、下がにごるときは「ぢ」「づ」です。

ちぢれる　ちぢれ毛　のびちぢみ

腹《はら》つづみ　つづき物　書類をつづる

② 二語が結びついて、下の語の「ち」「つ」がにごるときは「ぢ」「づ」です。

はなぢ（鼻＋血《ち》）　まぢか（間＋近《ちか》い）

てづくり（手＋作《つく》る）　かんづめ（かん＋つめる）

※「ぢ」「づ」が、言葉の一番上にくることはありません。

ぢめん× → じめん○　づこうしつ× → ずこうしつ○

ヒント

・県知事は「ちじ」です。

・「金を力ずくでうばう」は「力づく」ではありません。

得点　／100

月　日

4

	好	
書		価
	判	

5

	開	
増		置
	備	

6

	統	
規		度
	服	

7

	構	
改		成
	園	

4 ①（　　） ②（　　） ③（　　） ④（　　）

5 ①（　　） ②（　　） ③（　　） ④（　　）

6 ①（　　） ②（　　） ③（　　） ④（　　）

7 ①（　　） ②（　　） ③（　　） ④（　　）

4〜**7**の漢字

造　快

評　制

晴　設

◎残りの二字で二字熟語を作りましょう。（8点）

（　　）

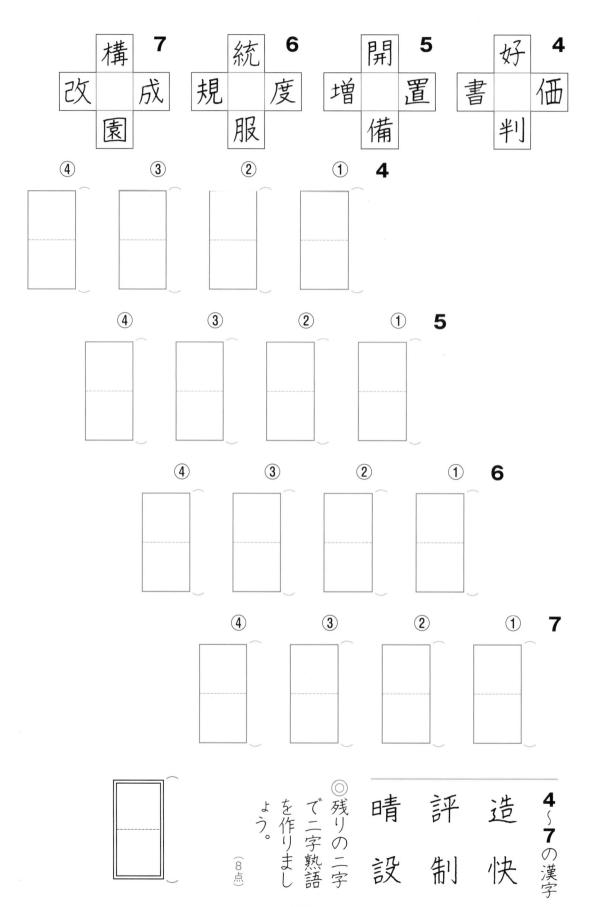

12 熟語《じゅくご》の読み・書き（三）

ヒント
けんかをやめて和解する。
音楽会は好評でした。
よく統制のとれたチームですね。

1 □に漢字を入れ、矢印の方へ読むと二字熟語《じゅくご》が四つできます。□に入れる漢字は下から選びましょう。

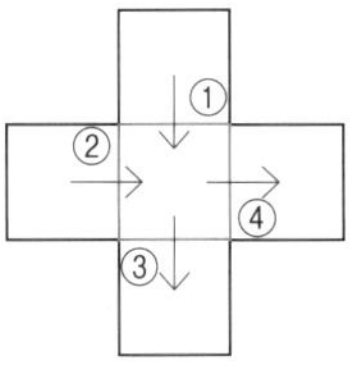

① 肉眼（にくがん）
② 複眼（ふくがん）
③ 眼球（がんきゅう）
④ 眼光（がんこう）

（上）肉　（左）複　（右）光　（下）球　（中央）眼

1　（上）初　（左）実　（右）説　（下）技

2　（上）理　（左）和　（右）説　（下）決

3　（上）答　（左）熱　（右）当　（下）護

1　①（　）　②（　）　③（　）　④（　）

2　①（　）　②（　）　③（　）　④（　）

3　①（　）　②（　）　③（　）　④（　）

（12点×7問）

1～3の漢字
規　則　弁
解　演

◎残りの二字で二字熟語を作りましょう。（8点）

（　）

得点　／100

月　日

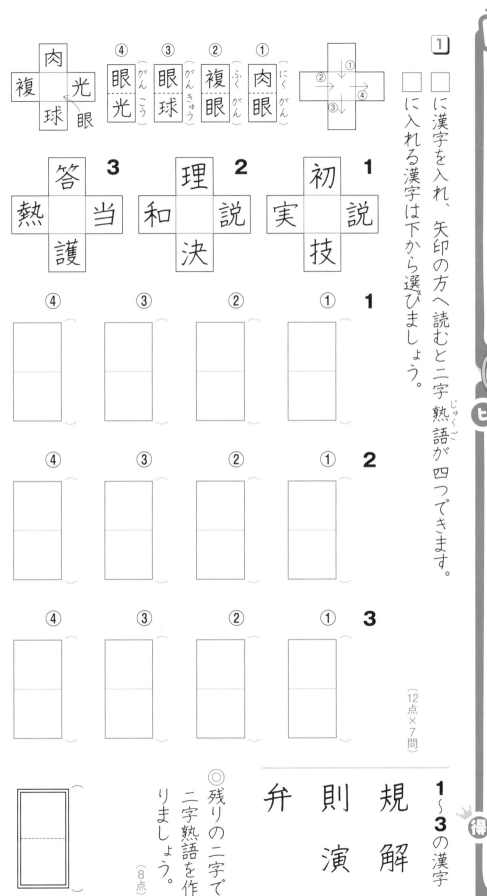

4

酸
炭　　元
塩

5

友
愛　　感
表

6

医
技　　教
講

7

常
知　　意
博

4　①　②　③　④

5　①　②　③　④

6　①　②　③　④

7　①　②　③　④

4〜7の漢字

情　興
素　復
識　師

◎残りの二字で二字熟語を作りましょう。

（8点）

国語

11 熟語《じゅくご》の読み・書き(二)

ヒント

文章のどこかを省くときに、前略・中略・後略。
日本の義務教育は九年間です。
酸《さん》素も炭素も塩素も元素の一つです。

得点

／100

月　日

1 □に漢字を入れ、矢印の方へ読むと二字熟語《じゅくご》が四つできます。□に入れる漢字は下から選びましょう。

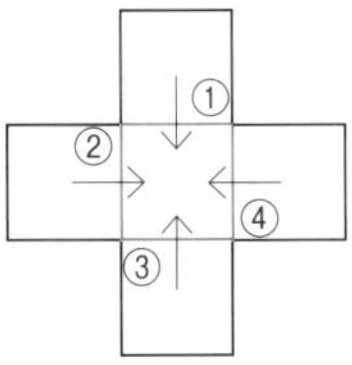

① 演技(えんぎ)
② 競技(きょうぎ)
③ 球技(きゅうぎ)
④ 特技(とくぎ)

演（上）　競（左）　特（右）　球（下）　技

1　省（上）　中（左）　戦（右）　計（下）

2　気（上）　電（左）　水（右）　血（下）

3　任（上）　義（左）　実（右）　事（下）

1　①（　　）　②（　　）　③（　　）　④（　　）

2　①（　　）　②（　　）　③（　　）　④（　　）

3　①（　　）　②（　　）　③（　　）　④（　　）

(12点×7問)

1～3の漢字

務　圧　新
築　略

◎残りの二字で二字熟語を作りましょう。(8点)

（　　）

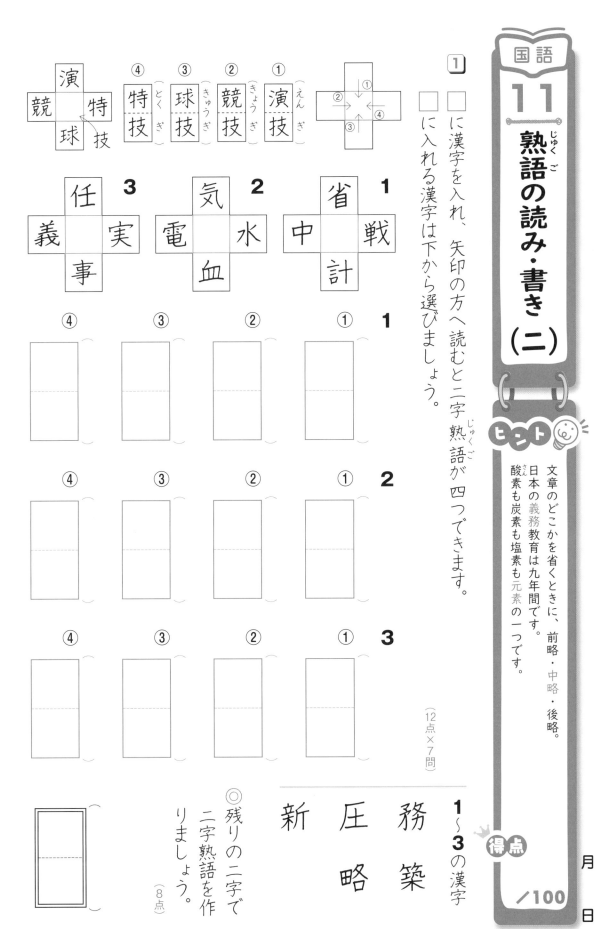

4

	格	
金		材
	産	

5

	立	
学		力
	唱	

6

	集	
決		用
	算	

7

	分	
白		生
	波	

4 ①（　　） ②（　　） ③（　　） ④（　　）

5 ①（　　） ②（　　） ③（　　） ④（　　）

6 ①（　　） ②（　　） ③（　　） ④（　　）

7 ①（　　） ②（　　） ③（　　） ④（　　）

4〜7の漢字

余　停　採　独　留　資

◎残りの二字で二字熟語を作りましょう。（8点）

（　　）

所

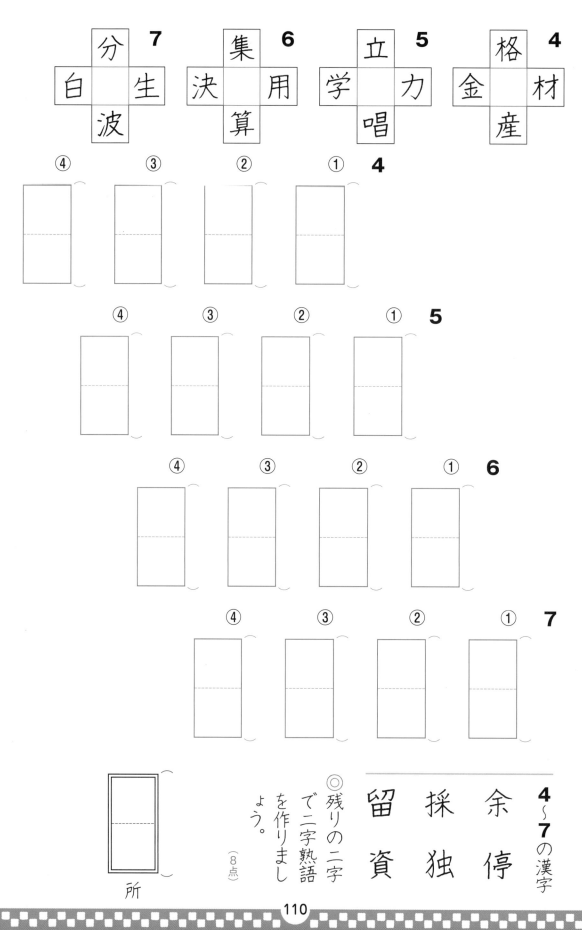

国語

10

熟語《じゅくご》の読み・書き(一)

1 □に漢字を入れ、矢印の方へ読むと二字熟語《じゅくご》が四つできます。□に入れる漢字は下から選びましょう。(12点×7問)

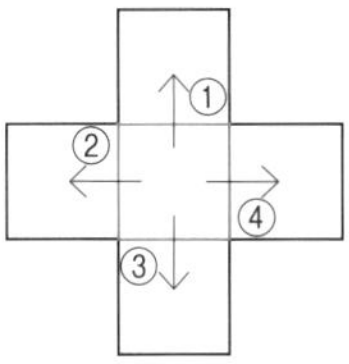

① 逆算(ぎゃくさん)
② 逆数(ぎゃくすう)
③ 逆風(ぎゃくふう)
④ 逆流(ぎゃくりゅう)

算
数　　流
風
逆

1
久
遠　　続
住

2
査
定　　挙
便

3
去
大　　熱
信

1 ① ② ③ ④

2 ① ② ③ ④

3 ① ② ③ ④

1〜3の漢字

講　演　検
過　永

◎残りの二字で二字熟語を作りましょう。(8点)

ヒント
永久に戦争をやめて平和を守る。
自動車のエンジンが過熱する。
ノートの余白にメモをとる。

得点　／100

月　日

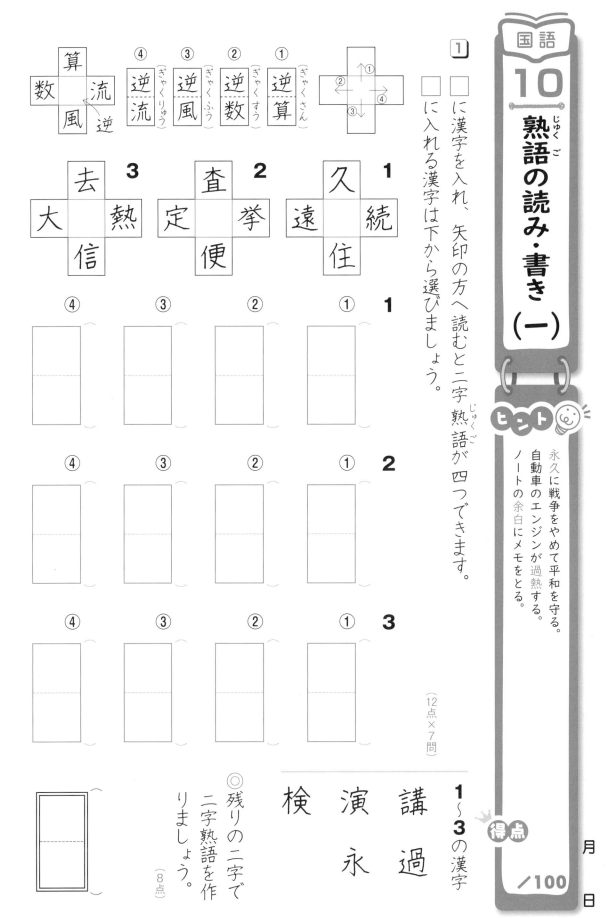

訓練　証明　貯金　委員　観測　条約　電車　演習　面積　教育　団地　技術

⑨ 不在

⑩ 飼育

⑪ 防災

⑫ 講和

⑬ 快速

⑭ 定額

⑮ 気象

⑯ 工業

⑰ 予行

⑱ 耕地

⑲ 運転

⑳ 義務

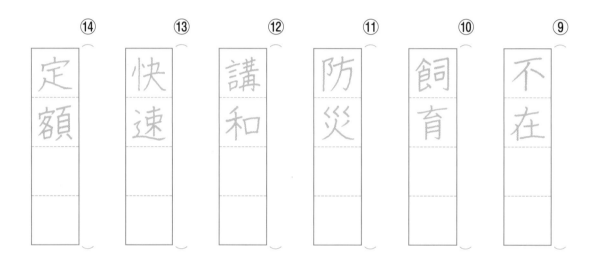

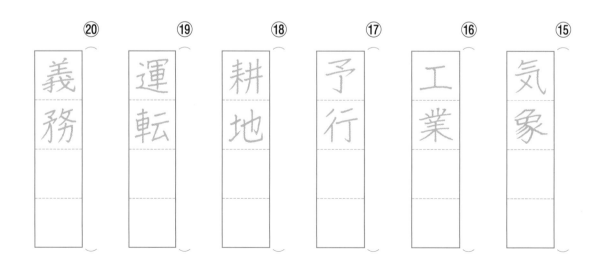

国語

9 四字熟語《じゅくご》(二)

ヒント

「不在証明」とは「現場《げんば》不在証明」の略《りゃく》です。「アリバイ」も「不在証明」のことです。

得点　／100

月　日

1 あてはまる言葉を□から選び、四字熟語《じゅくご》にしましょう。読みがなも書きましょう。(5点×20問)

保険	加工	旅行	予報	採集	燃料	接種	統一

① 防水

② 天気

③ 健康

④ 植物

⑤ 修学

⑥ 予防

⑦ 天下

⑧ 液体

左往 一転 自在 来歴 期限 放送 手当 余命 証書 芸能 連合 検査

⑨ 自由

⑩ 右往

⑪ 故事

⑫ 心機

⑬ 衛星

⑭ 応急

⑮ 平均

⑯ 伝統

⑰ 賞味

⑱ 血液

⑲ 卒業

⑳ 国際

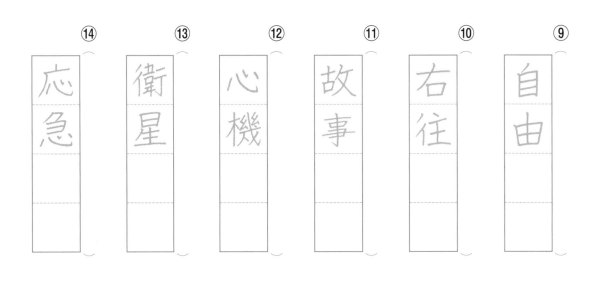

国語

8 四字熟語《じゅくご》（一）

ヒント

「暴飲暴食」と「牛飲馬食」はよくにています。「牛飲馬食」は大いに飲み食いすることです。

得点　　／100

月　　日

1 あてはまる言葉を□から選び、四字熟語《じゅくご》にしましょう。読みがなも書きましょう。

道断　絶命　全能　再四　自賛　暴食　独歩　適所

① 全知□□（　　）

② 言語□□（　　）

③ 自画□□（　　）

④ 絶体□□（　　）

⑤ 適材□□（　　）

⑥ 独立□□（　　）

⑦ 再三□□（　　）

⑧ 暴飲□□（　　）

（5点×20問）

2 □に漢字を書きましょう。

（2点×25問）

① □《じ》□《えい》業《ぎょう》

② □《か》□《のう》性《せい》

③ □《てい》□《りゅう》所《じょ》

④ □《ごう》□《かく》品《ひん》

⑤ □《き》□《ふ》金《きん》

⑥ □《じ》□《きゅう》走《そう》

⑦ □《きゅう》□《がた》車《しゃ》

⑧ □《きょ》□《じゅう》地《ち》

⑨ □《けん》□《もん》所《じょ》

⑩ □《こう》□《だん》師《し》

⑪ □《ざい》□《あく》感《かん》

⑫ □《たん》□《さん》水《すい》

⑬ □《えん》□《しゅつ》家《か》

⑭ □《けん》□《さつ》官《かん》

⑮ □《げん》□《ど》額《がく》

⑯ □《こう》□《か》音《おん》

⑰ □《とく》□《てん》王《おう》

⑱ □《しん》□《けい》質《しつ》

⑲ □《し》□《いく》係《がかり》

⑳ □《じ》□《だん》金《きん》

㉑ □《や》□《せい》的《てき》

㉒ □《けん》□《せつ》的《てき》

㉓ □《どく》□《だん》的《てき》

㉔ □《のう》□《りつ》的《てき》

㉕ □《こ》□《せい》的《てき》

国語

7 漢字の書き（二）

1 □に漢字を書きましょう。（2点×25問）

① □《ぜっ》不《ふ》調《ちょう》

② □《そう》動《どう》員《いん》

③ □《ふ》女《じょ》子《し》

④ □《さくら》前《ぜん》線《せん》

⑤ □《か》不《ふ》足《そく》

⑥ □《ざい》学《がく》生《せい》

⑦ □《さい》開《かい》発《はつ》

⑧ □《かん》用《よう》句《く》

⑨ □《ぎ》兄《きょう》弟《だい》

⑩ □《ざっ》記《き》帳《ちょう》

⑪ □《ひ》常《じょう》口《ぐち》

⑫ □《しょく》員《いん》室《しつ》

⑬ □《どく》演《えん》会《かい》

⑭ □《しょう》待《たい》券《けん》

⑮ □《しょう》明《めい》書《しょ》

⑯ □《ちょう》本《ほん》人《にん》

⑰ □《せい》造《ぞう》業《ぎょう》

⑱ □《ふく》写《しゃ》機《き》

⑲ □《てい》出《しゅつ》日《び》

⑳ □《めん》織《おり》物《もの》

㉑ □《せい》治《じ》家《か》

㉒ □《し》配《はい》人《にん》

㉓ □《き》本《ほん》給《きゅう》

㉔ □《じゅん》急《きゅう》行《こう》

㉕ □《げん》時《じ》点《てん》

ヒント

過不足　あまることとたりないこと。

慣用句　二つ以上の語がむすびついて、個別《こべつ》の意味になる言いまわし。

示談金　あらそいごとを話しあいで解決したときのお金。

得点　／100

月　日

2 □に漢字を書きましょう。

（2点×25問）

① □□《にっかん》紙《し》

② □□《がんか》医《い》

③ □□《きせい》虫《ちゅう》

④ □□《きかく》品《ひん》

⑤ □□《えんぎ》力《りょく》

⑥ □□《きょうかい》線《せん》

⑦ □□《へいきん》点《てん》

⑧ □□《いし》会《かい》

⑨ □□《しほん》家《か》

⑩ □□《さんせい》雨《う》

⑪ □□《どくりつ》国《こく》

⑫ □□《どうか》線《せん》

⑬ □□《せきにん》者《しゃ》

⑭ □□《よび》費《ひ》

⑮ □□《ひまん》体《たい》

⑯ □□《そうむ》省《しょう》

⑰ □□《もくぞう》船《せん》

⑱ □□《そっこう》所《じょ》

⑲ □□《けんちく》物《ぶつ》

⑳ □□《せっきん》中《ちゅう》

㉑ □□《ぎじゅつ》者《しゃ》

㉒ □□《かいせつ》者《しゃ》

㉓ □□《ほご》者《しゃ》

㉔ □□《しどう》者《しゃ》

㉕ □□《へんしゅう》者《しゃ》

国語

6 漢字の書き（一）

ヒント

圧力計　気体や液体《えきたい》の圧力をはかる道具。
過去帳　死者の名前や死んだ日をかいておくお寺の帳面。
寄生虫　ほかの動物に寄生して生活する動物。

得点　　／100

月　　日

1 □に漢字を書きましょう。（2点×25問）

① □《い》民船《みんせん》
② □《あつ》力計《りょくけい》
③ □《えい》久歯《きゅうし》
④ □《えい》業部《ぎょうぶ》
⑤ □《ぼう》易港《えきこう》
⑥ □《きゅう》急車《きゅうしゃ》
⑦ □《かん》行物《こうぶつ》
⑧ □《か》去帳《こちょう》
⑨ □《ぎゃく》効果《こうか》
⑩ □《い》場所《ばしょ》
⑪ □《けい》理課《りか》
⑫ □《ちょ》金箱《きんばこ》
⑬ □《こう》産物《さんぶつ》
⑭ □《こ》人差《じんさ》
⑮ □《こう》作地《さくち》
⑯ □《さい》点者《てんしゃ》
⑰ □《さん》成票《せいひょう》
⑱ □《てき》任者《にんしゃ》
⑲ □《に》顔絵《がおえ》
⑳ □《じゅ》賞式《しょうしき》
㉑ □《じゅん》決勝《けっしょう》
㉒ □《しょう》集日《しゅうび》
㉓ □《ぞう》船所《せんじょ》
㉔ □《せい》神科《しんか》
㉕ □《せい》材所《ざいじょ》

⑥ 持続

⑦ 決意

⑧ 義理

⑨ 格安

⑩ 悪態

国語

5 漢字の書き・意味（三）

ヒント

持続　外国と友好な関係を持続する。
義理　義理がたく、ぼんくれのあいさつをする。
格安　格安の品物がたくさんある。

1 □に漢字を書きましょう。また、二字熟語《じゅくご》の意味を調べましょう。

（10点×10問）

① 支□《しじ》 → 持□《じぞく》 → 続□《ぞくへん》 → 編□《へんしゅう》 → 集団《しゅうだん》

② 決□《けつい》 → 意□《いぎ》 → 義□《ぎり》 → 理□《りそう》 → 想像《そうぞう》

③ 感□《かんじょう》 → 情□《じょうほう》 → 報□《ほうどう》 → 道□《どうり》 → 理解《りかい》

④ 定□《じょうぎ》 → 規□《きかく》 → 格□《かくやす》 → 安□《あんか》 → 価格《かかく》

⑤ 防□《ぼうさい》 → 災□《さいがい》 → 害□《がいあく》 → 悪□《あくたい》 → 態度《たいど》

得点 ／100

月　日

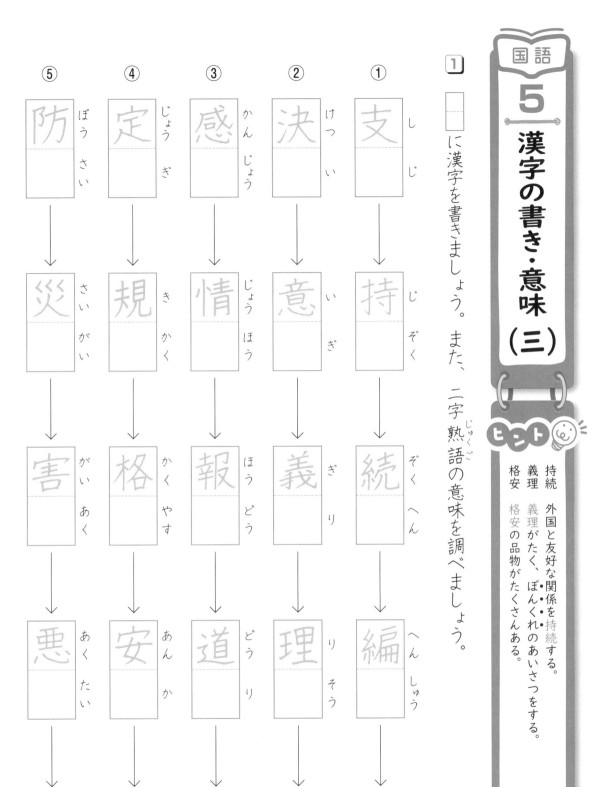

⑥ 仮設

⑦ 品格

⑧ 演出

⑨ 際限

⑩ 定評

国語

4 漢字の書き・意味(二)

ヒント

仮設　災害地に仮設の集会所をつくる。
品格　品格のある老婦人に出会った。
際限　山川さんは話し出すと際限がない。

月　日

得点　／100

1 □に漢字を書きましょう。また、二字熟語《じゅくご》の意味を調べましょう。（10点×10問）

① 仮設《かせつ》 → □備《せつび》 → □品《びひん》 → □格《ひんかく》 → □別《かくべつ》

② 演出《えんしゅつ》 → □現《しゅつげん》 → □在《げんざい》 → □校《ざいこう》 → □舎《こうしゃ》

③ 炭酸《たんさん》 → □素《さんそ》 → □材《そざい》 → □質《ざいしつ》 → □問《しつもん》

④ 絶交《ぜっこう》 → □際《こうさい》 → □限《さいげん》 → □定《げんてい》 → □評《ていひょう》

⑤ 鉄鉱《てっこう》 → □物《こうぶつ》 → □資《ぶっし》 → □金《しきん》 → □額《きんがく》

⑥ 因果

⑦ 応接

⑧ 刊行

⑨ 能弁

⑩ 経過

国語

3 漢字の書き・意味（一）

ヒント

因果　因果をふくめる。因果応報《おうほう》。
果報　果報はねて待て。
応接　相手をすること。応接間。

得点　／100

月　日

1 □に漢字を書きましょう。また、二字熟《じゅく》語《ご》の意味を調べましょう。（10点×10問）

① 圧勝《あっしょう》 → □□《しょういん》 → 因果《いんが》 → □□《かほう》 → 報告《ほうこく》

② 応接《おうせつ》 → □□《せっきん》 → 近刊《きんかん》 → □□《かんこう》 → 行司《ぎょうじ》

③ 可能《かのう》 → □□《のうべん》 → 弁護《べんご》 → □□《ごしん》 → 身軽《みがる》

④ 経過《けいか》 → □□《かしつ》 → 失神《しっしん》 → □□《しんけい》 → 経験《けいけん》

⑤ 教授《きょうじゅ》 → □□《じゅしょう》 → 賞状《しょうじょう》 → □□《じょうたい》 → 態度《たいど》

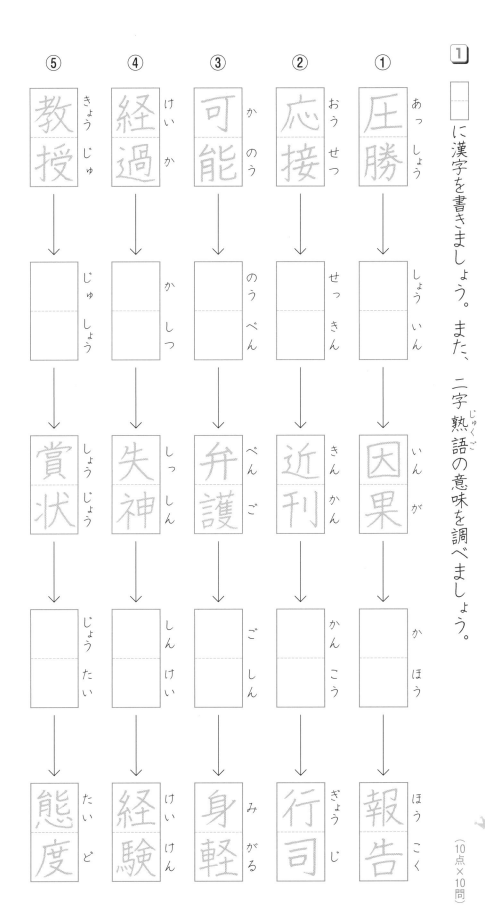

㉑ 個性的《てき》

㉒ 再検査

㉓ 逆光《こう》線《せん》

㉔ 志望校《こう》

㉕ 雑記帳

㉖ 基本給《きゅう》

㉗ 自画像

㉘ 非常口

㉙ 先制点《てん》

㉚ 成績表

㉛ 領事館《かん》

㉜ 独立国《こく》

㉝ 出張所《じょ》

㉞ 接近中《ちゅう》

㉟ 救護係《がかり》

㊱ 製造業《ぎょう》

㊲ 常備薬《やく》

㊳ 木《もく》版画

㊴ 犯罪者《しゃ》

㊵ 国《こく》民《みん》性

㊶ 包容力《りょく》

㊷ 防寒具《ぐ》

㊸ 組織的《てき》

㊹ 婦人服《ふく》

㊺ 酸化物《ぶつ》

㊻ 常識的《てき》

㊼ 授業料《りょう》

㊽ 在来種《しゅ》

㊾ 水準器《き》

㊿ 直接税

国語

2 漢字の読み（二）

1 ――に漢字の読みがなを書きましょう。（2点×50問）

① 高《こう》気圧

② 自営業《ぎょう》

③ 応接間《ま》

④ 快速船《せん》

⑤ 解説者《しゃ》

⑥ 合格品《ひん》

⑦ 寄付金《きん》

⑧ 許容量《りょう》

⑨ 検問所《じょ》

⑩ 競技会《かい》

⑪ 大《だい》資本

⑫ 保護者《しゃ》

⑬ 通行《つうこう》証

⑭ 災害地《ち》

⑮ 政治力《りょく》

⑯ 精神力《りょく》

⑰ 複写機《き》

⑱ 高《こう》性能

⑲ 副《ふく》総理

⑳ 建築家《か》

ヒント

許容量　有害物質などが人体にき険《けん》がない最大量。
基本給　手当をのぞいた基本的なちん金部分。
在来種　その地方で長く育てられている動植物。

得点　／100

月　日

㉑ 綿織物

㉒ 輸入品《ひん》

㉓ 予備校《こう》

㉔ 提出日《び》

㉕ 常習犯

㉖ 居留地《ち》

㉗ 大統領

㉘ 個人的《てき》

㉙ 弁護士《し》

㉚ 罪悪感

㉛ 国際色《しょく》

㉜ 文化《ぶんか》財

㉝ 前《まえ》評判

㉞ 消費《しょうひ》税

㉟ 招集日《び》

㊱ 責任感《かん》

㊲ 測候所《じょ》

㊳ 貿易風《ふう》

㊴ 理容師

㊵ 葉緑素

㊶ 成績表《ひょう》

㊷ 暴風雨

㊸ 絶好調

㊹ 指導者《しゃ》

㊺ 消防士《し》

㊻ 神経質

㊼ 財務省《しょう》

㊽ 張本人

㊾ 婦女子

㊿ 円周率

国語

1 漢字の読み（一）

ヒント

句読点　文のくぎりにつける句点「。」と、文の切れめにつける読点「、」。
居留地　その国が特別に決めた外国人の住む地いき。
文化財　昔からの文化としてねうちのある物。

得点　　／100

月　　日

1 ——に漢字の読みがなを書きましょう。（2点×50問）

① 消毒液
② 年《ねん》賀状
③ 増刊号《ごう》
④ 新《しん》幹線
⑤ 慣用句
⑥ 平均点《てん》
⑦ 国境線《せん》
⑧ 句読点
⑨ 無《む》条件
⑩ 政治家《か》
⑪ 製鉄所《じょ》
⑫ 歴史的《てき》
⑬ 復活祭《さい》
⑭ 編集部《ぶ》
⑮ 武芸者《しゃ》
⑯ 肥満児《じ》
⑰ 守護神
⑱ 準決勝《けっしょう》
⑲ 似顔絵《え》
⑳ 雑木林《ばやし》

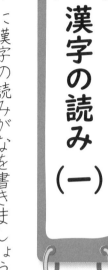

5年 答 え

算　数

1 整数の見方（P. 4・5）

1 ①A

A	1	3	5	7	9	11	13	15	17	19
B	2	4	6	8	10	12	14	16	18	20

② 1あまり1，7あまり1

③ 2，8

2 偶数　0，36，48，304

奇数　19，53，407，661

3 ① 偶数　② 偶数　③ 偶数

④ 奇数　⑤ 偶数　⑥ 奇数

⑦ 奇数　⑧ 偶数

4 ① 3 (6) 9 (12) 15 (18) 21 (24) 27

② 7 (14) 21 (28) 35 (42) 49 (56) 63

③ (6) (12) (18) (24) (30) (36) (42) (48) (54)

④ 偶数

2 倍数と約数（P. 6・7）

1 ① 12　24　36

② 8　16　24

③ 20　40　60

2 ① 20　② 28　③ 10　④ 12

⑤ 18　⑥ 30

3

6	①②③ 4 5 ⑥
7	① 2 3 4 5 6 ⑦
8	①② 3 ④ 5 6 7 ⑧
9	① 2 ③ 4 5 6 7 8 ⑨
10	①② 3 4 ⑤ 6 7 8 9 ⑩
11	① 2 3 4 5 6 7 8 9 10 ⑪
12	①②③④ 5 ⑥ 7 8 9 10 11 ⑫
13	① 2 3 4 5 6 7 8 9 10 11 12 ⑬

4 ① 12の約数

①②③④ 5 ⑥ 7 8 9 10 11 ⑫

② 18の約数

①②③ 4 5 ⑥ 7 8 ⑨ 10 11 12 13 14 15 16 17 ⑱

③ 1，2，3，6

5 ① 1　② 1，2，4，8

③ 1，2，4　④ 1，5

6 ① 4　② 5　③ 6　④ 7

⑤ 5　⑥ 3

3 速　さ（P. 8・9）

1 ① 105÷15＝7　秒速7m

② 24÷6＝4　分速4km

③ 36÷8＝4.5　時速4.5km

④ 448÷14＝32　時速32km

2 32×7＝224　224m

3 12×240＝2880　2880m

4 105÷7＝15　15秒

5 2.5÷0.2＝12.5　12.5分

4 等しい分数（P. 10・11）

1 ① $\frac{12}{24}=\frac{6}{12}=\frac{4}{8}=\frac{3}{6}=\frac{1}{2}$

② $\frac{18}{24}=\frac{9}{12}=\frac{6}{8}=\frac{3}{4}$

2 ① $\frac{2}{5}$　② $\frac{2}{5}$　③ $\frac{2}{5}$

④ $\frac{3}{4}$　⑤ $\frac{3}{5}$　⑥ $\frac{2}{7}$

⑦ $\frac{3}{5}$　⑧ $\frac{2}{5}$　⑨ $\frac{2}{3}$

⑩ $\frac{2}{3}$　⑪ $\frac{3}{4}$　⑫ $\frac{2}{5}$

⑬ $\frac{2}{5}$　⑭ $\frac{8}{9}$　⑮ $\frac{3}{7}$

3 ① $\frac{7}{14}$，$\frac{6}{14}$　② $\frac{25}{30}$，$\frac{24}{30}$

③ $\frac{36}{45}$，$\frac{35}{45}$　④ $\frac{8}{28}$，$\frac{7}{28}$

⑤ $\frac{3}{6}$，$\frac{5}{6}$　⑥ $\frac{16}{20}$，$\frac{17}{20}$

⑦ $\frac{35}{42}$，$\frac{37}{42}$　⑧ $\frac{12}{18}$，$\frac{13}{18}$

⑨ $\frac{20}{24}$，$\frac{3}{24}$　⑩ $\frac{9}{30}$，$\frac{8}{30}$

⑪ $\frac{14}{24}$，$\frac{3}{24}$　⑫ $\frac{4}{30}$，$\frac{5}{30}$

⑬ $\frac{6}{20}$，$\frac{5}{20}$　⑭ $\frac{18}{28}$，$\frac{7}{28}$

⑮ $\frac{10}{24}$，$\frac{9}{24}$

5 分数の計算 (P. 12・13)

1 ① $\frac{11}{18}$ ② $\frac{11}{24}$

③ $\frac{9}{40}$ ④ $\frac{7}{12}$

⑤ $1\frac{7}{12}$ ⑥ $1\frac{5}{24}$

⑦ $3\frac{7}{9}$ ⑧ $6\frac{37}{56}$

⑨ $2\frac{17}{20}$ ⑩ $3\frac{7}{12}$

2 ① $\frac{9}{35}$ ② $\frac{5}{36}$

③ $\frac{10}{21}$ ④ $\frac{2}{3}$

⑤ $1\frac{7}{15}$ ⑥ $1\frac{23}{56}$

⑦ $2\frac{1}{10}$ ⑧ $1\frac{7}{12}$

⑨ $4\frac{11}{12}$ ⑩ $1\frac{4}{15}$

6 小数のかけ算 (P. 14・15)

1 ① 32.43 ② 20.72 ③ 80.04

④ 87.42 ⑤ 20.52 ⑥ 21.09

⑦ 30.08 ⑧ 21.5 ⑨ 1.248

⑩ 3.441 ⑪ 6.552 ⑫ 6.432

⑬ 5.727

2 ① 12.663 ② 26.166

③ 56.163 ④ 26.226

⑤ 15.842 ⑥ 35.424

⑦ 15.573 ⑧ 37.344

⑨ 12.482 ⑩ 2.3121

⑪ 4.5741 ⑫ 6.045

7 小数のわり算 (1) (P. 16・17)

1 24÷0.6＝40 40g

2 200÷0.8＝250 250円

3 ○をつけるもの

①, ④

4 ○をつけるもの

②, ③

5 ① 0.8 ② 8 ③ 0.8

④ 0.7 ⑤ 6 ⑥ 0.7

⑦ 3.9 ⑧ 5.9 ⑨ 2.5

⑩ 1.6あまり0.18 ⑪ 2.3あまり0.17

⑫ 3.4あまり0.09

8 小数のわり算 (2) (P. 18・19)

1 ① 1.2 ② 2.5 ③ 3.5

④ 3.2 ⑤ 1.6 ⑥ 2.5

⑦ 1.75 ⑧ 2.25

2 ① 16.8 ② 25.2 ③ 21.5

④ 48.3

9 三角形・四角形の合同 (P. 20・21)

1 ① CDA ② CDB

2 省略

別解として次のようなものもあります。

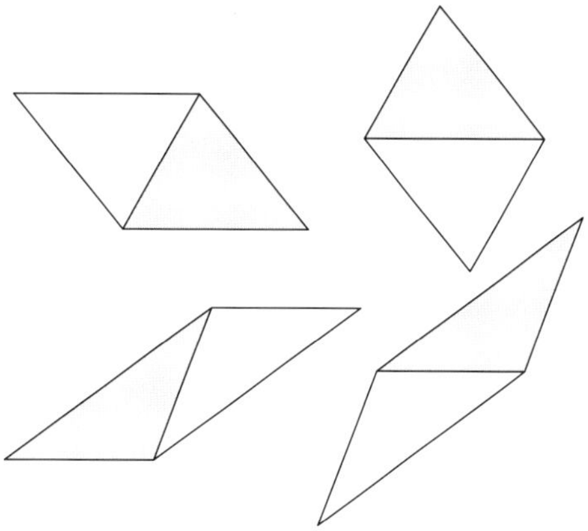

3 ① ②

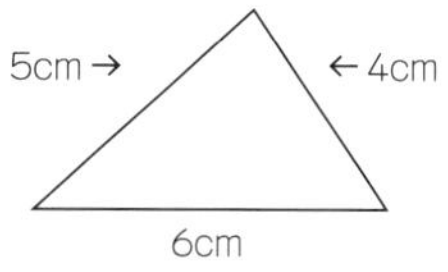

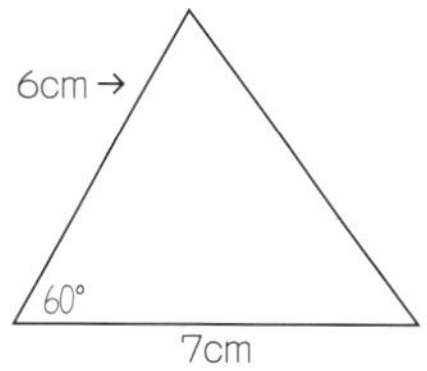

③

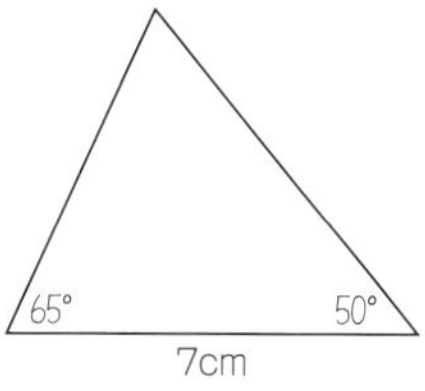

10 多角形の角 (P. 22・23)

1 ㋐ 180°−(70°+65°)=45° 45°

㋑ 180°−(50°+70°)=60° 60°

㋒ 180°−115°=65° 65°

㋓ 180°−(30°+65°)=85° 85°

㋔ 180°−(85°+35°)=60° 60°

㋕ 180°−60°=120° 120°

2 180°×3=540° 540°

3 ① 180°×4=720° 720°

② 180°×5=900° 900°

11 正多角形をかく (P. 24・25)

1 省略

2 ① 360°÷3=120° 120°

② 360°÷6=60° 60°

③ 360°÷8=45° 45°

3 省略

12 円 周 (P. 26・27)

1 ① 5×3.14=15.7 15.7cm

② 6.4×3.14=20.096 20.096cm

③ 1.8×2×3.14=11.304 11.304cm

2 ① 6×3.14÷2+6=15.42 15.42cm

② 6×3.14÷4×3+6=20.13 20.13cm

③ 6×3.14÷3×2+6=18.56 18.56cm

④ 6×3.14÷6×5+6=21.7 21.7cm

13 図形の面積 (1) (P. 28・29)

1 ① 9×4÷2=18 18cm^2

② 6×6÷2=18 18cm^2

③ 7×4÷2=14 14cm^2

④ 12×8÷2=48 48cm^2

2 ① 18×14÷2=126 126cm^2

② 27×24÷2=324 324cm^2

③ 36×28÷2=504 504cm^2

14 図形の面積 (2) (P. 30・31)

1 ① 16×8=128 128cm^2

② 12×12=144 144cm^2

③ 18×9=162 162cm^2

④ 14×18=252 252cm^2

2 ① (6+10)×6÷2=48 48cm^2

② (20+8)×12÷2=168 168cm^2

3 12×18÷2=108 108cm^2

15 角柱と円柱 (P. 32・33)

1 ① 正六角形 ② 六角柱

③ 面キクケコサシ ④ 6個

⑤ 長方形 ⑥ 4組

⑦ 6本 ⑧ 5本 ⑨ 3本

2 ① 円柱 ② 五角柱 ③ 三角柱

3 ① 四角柱 ② 円柱

③ 六角柱 ④ 三角柱

16 体 積 (P. 34・35)

1 ① 5×5×4=100 100m^3

② 5×5×5=125 125m^3

③ 0.7×0.8×0.6=0.336 0.336m^3

2 20×10×5=1000 1000cm^3, 1L

3 ① 〈例〉 10×6×2=120

6×4×2=48

120−48=72 72cm^3

② 〈例〉 7×8×3=168

4×5×3=60

168−60=108 108cm^3

③ 〈例〉 3×5×4=60

2×3×2=12

60−12=48 48cm^3

④ 〈例〉 4×4×4=64

4×4×2=32

4×2×5=40

64+32+40=136 136cm^3

17 平 均 (P. 36・37)

1 180+180+120+120+0+0=600

600÷6=100 100g

2 3.2+3.4+2.6+2.6+0+3.8=15.6

15.6÷6=2.6 2.6km

3 2.6×2+2.9+3.1=11.2

11.2÷4=2.8 2.8m

4 86×4＋96＝440
440÷5＝88　88点

5 43.5×3＝130.5,　34×2＝68
130.5－68＝62.5　62.5kg

18 単位量あたりの数 (P. 38・39)

1 7.2÷4.5＝1.6　1.6kg

2 460000÷50＝9200　(約)9200人

3 120×150＝18000　18000g

4 6.9×60＝414　414g

5 40.5÷9＝4.5　4.5a

6 2000÷8＝25　25分

19 比　例 (P. 40・41)

1

石だんのだん数(だん)	1	2	3	4	5	6	7	8
全体の高さ(cm)	12	24	36	48	60	72	84	96

2

くぎの本数(本)	1	2	3	4	5	6	7	8
全体の重さ(g)	6	12	18	24	30	36	42	48

3

本のさつ数(さつ)	1	2	3	4	5	6	7	8
全体の高さ(mm)	7	14	21	28	35	42	49	56

4 ① 50g　② 3倍
③ 350g　④ 3倍, 3倍
⑤ 5g　⑥ 75g

20 割合とグラフ (P. 42・43)

1 ① 41÷188＝0.218　22%
② 19÷188＝0.101　10%

2

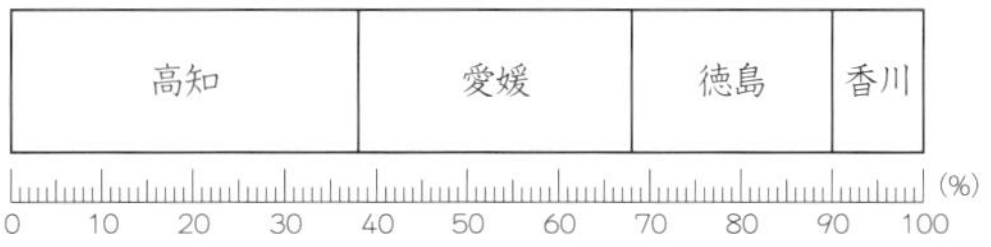

3

県　名	世帯数(万)	割　合	百分率(%)
宮　城	90	0.25	25
福　島	75	0.21	21
青　森	57	0.16	16
岩　手	50	0.14	14
秋　田	42	0.12	12
山　形	40	0.11	11
計	354	0.99	99

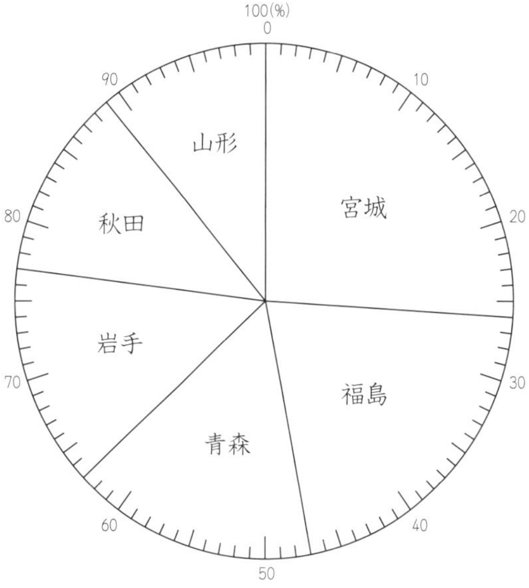

理　科

1 天気の変化・台風 (P. 44・45)

1 (③, ④は順不同)
① 災害　② 1300
③ 気温　④ 雨量
⑤ 自動的　⑥ 気象衛星
⑦ 雲　⑧ テレビ
⑨ 天気予報

2 ① 入道雲　② すじ雲
③ うす雲

3 (1) ㋐
(2) ㋑
(3) ㋐
(4) ㋑

(5) ㋐

2 植物の発芽と成長 (P. 46・47)

1 (1) ① 子葉（種子） ② でんぷん

③ ヨウ素液 ④ 茶かっ色

⑤ 青むらさき色 ⑥ 変化しない

(2) (④, ⑤は順不同)

① 変わります ② 変わりません

③ でんぷん ④ じゃがいも

⑤ 米

2 (1) ㋑

(2) ㋑

(3) ㋐

(4) ①、③、④

(5) 空気、水、適当な温度

3 動物のたんじょう (P. 48・49)

1 (1) ① 水中 ② 高く

(2) (④, ⑤は順不同、⑧, ⑨は順不同)

① 日光 ② 明るい

③ 水 ④ すな

⑤ 小石 ⑥ くみおき

⑦ 水草 ⑧ おす

⑨ めす ⑩ 食べ残し

2 ① △ ② × ③ ○ ④ ×

⑤ × ⑥ ○ ⑦ ○ ⑧ ○

3 ① ㋑ ② ㋔ ③ ㋐ ④ ㋒

⑤ ㋓

4 花から実へ (P. 50・51)

1 (1) ㋓

(2) ㋒

(3) ㋐

(4) 虫を引きつけとまらせる

おしべ・めしべを守る

(5) 花びらや中のおしべ・めしべを支える

2 ① × ② × ③ ○ ④ ×

⑤ ○

3 (1) Ⓐ おばな Ⓑ めばな

(2) ○をつけるもの…㋑、㋓

(3) べとべとしている

(4) 花粉がつきやすくするため

4 ① カボチャ ② マツ

5 流れる水のはたらき (P. 52・53)

1 ① ○ ② ○ ③ × ④ ○

⑤ ○ ⑥ ×

2 (1) ㋐

(2) ㋐

(3) ㋑

3 (1) ① V字谷 ② 急

③ 大きな

(2) ① ゆるやか ② 丸み

(3) ① ゆるやか ② 小さな

(4) (②, ③は順不同)

① 平野 ② すな

③ ねん土 ④ 中州

6 ふりこの運動 (P. 54・55)

1 (1) ① ㋐ ② ㋓

(2) ① ㋐ ② ㋑ ③ ㋓

④ ㋒ ⑤ ㋔ ⑥ ㋒

2 (1) 同じ

(2) ㋔

(3) ㋖

3 ㋐

7 もののとけ方 (1) (P. 56・57)

1 (1) メスシリンダー

(2) 水平なところ

(3) Ⓑ

(4) Ⓔ、47mL

(5) スポイト

2 ① ○ ② × ③ ○ ④ ×

3 (1) ㋑

(2) ① ㋐ ろうと台 ㋑ ろうと

㋒ ビーカー

② ろ過《か》

③ とけている

④ またミョウバンが出てくる

8 もののとけ方 (2) (P. 58・59)

1 ① ○　② ×　③ ×　④ ○
⑤ ×　⑥ ○　⑦ ×　⑧ ○

2 (1) Ⓒ
(2) Ⓐ
(3) 水の量をふやす

3 (1) 57g 〔50＋7＝57〕
(2) 18g 〔128－(50＋60)＝18〕
(3) 60g 〔78－18＝60〕

4 ① ×　② ○

9 電磁石の性質 (1) (P. 60・61)

1 (1) ① ×　② ×　③ ○
④ ○
(2) ① 鉄しん　② 磁石の力
③ 強め

2 ① ○　② ×　③ ○　④ ×
⑤ ○　⑥ ×

3 (1) ① コイル　② 電磁石
(2) ① ×　② ×　③ ○

4 (1) ㊁
(2) ㋐

10 電磁石の性質 (2) (P. 62・63)

1 ① S　② N
③ 向き　④ 逆
⑤ N　⑥ S
⑦ 逆　⑧ 逆

2 (1) へい列
(2) ㋑

3 (1) ○、反対になります
(2) ○、○
(3) N極・S極、強くなります
(4) 弱いですが、強くなります
(5) ○、○
(6) ○、○

社　会

1 日本の国土 (1) (P. 64・65)

1 (1) ① 経線　② 緯線
(2) ① 北極　② 0
③ 180　④ 東経
⑤ 赤道　⑥ 90
⑦ 北緯
(3) ㋒

2 ㋐ ④
㋑ ①
㋒ ⑤
㋓ ③
㋔ ②

3 (⑤, ⑥, ⑦は順不同)
① 東　② 南西
③ 3000　④ 38万
⑤ 北海道　⑥ 四国
⑦ 九州　⑧ 7000
⑨ 1億3000万　⑩ 4分の3

2 日本の国土 (2) (P. 66・67)

1 (1) ① ㋓　② ㋔　③ ㋒
④ ㋐　⑤ ㋑　⑥ ㋕
(2) ㋐ ⑤　㋑ ①　㋒ ⑥
㋓ ⑦　㋔ ③　㋕ ②
(3) 屋根

2 ○をつけるもの…①、③、④

3 (1) ① 信濃川　② コロラド川
(2) 川の長さが短い。流れが急である。

3 日本の気候 (P. 68・69)

1 (1) ㋐ 夏　㋑ 冬
(2) ① 奥羽《おうう》山脈　② 日本海
③ 太平洋
(3) ③ 東　② 西
(4) ㋐

2 (1) 季節風
(2) ㋑ ㋓

(3)　①　お　　②　か　　③　い
④　う　　⑤　あ　　⑥　え

4 米づくり (P. 70・71)

1 (1)　1位　新潟県《にいがたけん》
2位　北海道
3位　秋田県

(2)　㋐　石狩《いしかり》　　㋑　横手
㋒　越後《えちご》

(3)　①　㋑　　②　㋒　　③　㋐

(4)　1位　東北地方（2018年産）

(5)　品種改良

2 (1)　㋐　②　　㋑　⑥
㋒　⑦　　㋓　③

(2)　A　①　　B　②
C　⑤　　D　⑥

5 野菜・くだもの・畜産 (P. 72・73)

1 (1)　りんご　㋐　青森県
㋓　長野県
㋑　山形県
みかん　㋕　和歌山県
㋖　愛媛県《えひめけん》
㋗　熊本県
ぶどう　㋔　山梨県《やまなしけん》
㋓　長野県
㋑　山形県
もも　㋔　山梨県《やまなしけん》
㋒　福島県《ふくしまけん》
㋓　長野県

(2)　なし

2 (1)　①　畜産　　②　らく農
③　すずしい　　④　根釧台地
⑤　広い

(2)　①　長野　　②　群馬
③　近郊　　④　茨城

3 (1)・　　・ろ地さいばい
(2)・　　・ハウスさいばい
・有機農業

6 日本の水産業 (P. 74・75)

1 (1)　大陸だな
(2)　潮目
(3)　養しょく漁業
(4)　さいばい漁業
(5)　つくり・育てる漁業
(6)　赤潮

2 (1)　沖合
遠洋
(2)　遠洋
(3)　沖合
(4)　沿岸

7 日本の工業 (P. 76・77)

1 (1)　①　㋑　　②　㋔　　③　㋐
④　㋓　　⑤　㋒

(2)　（②，③は順不同）
①　重化学　　②　せんい
③　食料品　　④　金属
⑤　重

2 (1)　Ⓐ　京浜《けいひん》　　Ⓑ　中京
Ⓒ　阪神《はんしん》

(2)　㋐　関東内陸　　㋑　東海
㋒　北陸　　㋓　瀬戸内《せとうち》

(3)　あ　太平洋ベルト

8 大工場と中小工場 (P. 78・79)

1 (1)　①　×　　②　×　　③　○
④　○　　⑤　○

(2)　約2.3倍

(3)　①　機械化　　②　大量
③　中小　　④　大

2 ○がつくもの
③、④

9 運輸と貿易 (P. 80・81)

1 (1) ○をつけるもの…㋒、㋔

(2) ○をつけるもの…㋒、㋓

2 (1) ① タンカー ② 輸入

③ 電子部品 ④ 飛行機

(2) (①, ②は順不同、③, ④は順不同)

① アメリカ ② 韓国

③ サウジアラビア

④ アラブ首長国連邦

⑤ 石油

(3) ① コンテナ ② 鉄道

③ トラック

10 くらしと情報 (P. 82・83)

1 ① 情報 ② テレビ

③ インターネット ④ ニュース

2 ① ㋒

② ㋒

③ ㋑

④ ㋐

⑤ ㋐

⑥ ㋑

3 (1) ① ㋒ ② ㋐

③ ㋑ ④ ㋓

(2) ① 正確 ② 受け取る

③ 信じない

4 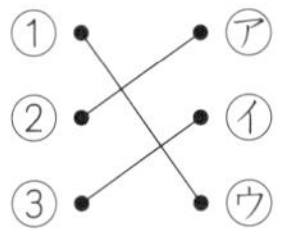

11 くらしと環境 (P. 84・85)

1 ① × ② ○ ③ ○ ④ ×

⑤ ○ ⑥ ×

2 ① 砂防ダム ② 放水路

③ きん急地震速報

3 ① 森林 ② 酸性

③ 温《おん》だん ④ 砂《さ》ばく

英　語

1 アルファベット ① (P. 86・87)

省略

2 アルファベット ② (P. 88・89)

1 省略

2 ①
②
③
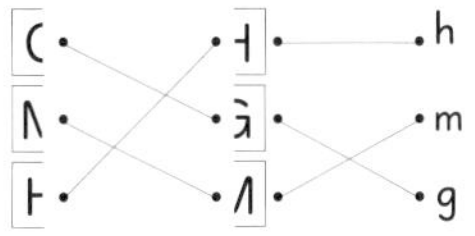

3 省略

3 自分のことを話そう！ (P. 90・91)

省略

4 持っているもの好きなもの (P. 92・93)

1 省略

2 ① No, I don't

② Yes, I do.

I have a ball

3 省略

4 省略

5 

国　語

1 漢字の読み (一) (P. 128・129)

1

① しょうどくえき　⑥ へいきんてん　⑪ せいてつじょ　⑯ ひまんじ　㉑ めんおりもの　㉖ きょりゅうち　㉛ こくさいしょく　㊱ せきにんかん　㊶ せいせきひょう　㊻ しんけいしつ

② ねんがじょう　⑦ こっきょうせん　⑫ れきしてき　⑰ しゅごしん　㉒ ゆにゅうひん　㉗ だいとうりょう　㉜ ぶんかざい　㊲ そっこうじょ　㊷ ぼうふうう　㊼ ざいむしょう

③ ぞうかんごう　⑧ くとうてん　⑬ ふっかつさい　⑱ じゅんけっしょう　㉓ よびこう　㉘ こじんてき　㉝ まえひょうばん　㊳ ぼうえきふう　㊸ ぜっこうちょう　㊽ ちょうほんにん

④ しんかんせん　⑨ むじょうけん　⑭ へんしゅうぶ　⑲ にがおえ　㉔ ていしゅつび　㉙ べんごし　㉞ しょうひぜい　㊴ りようし　㊹ しどうしゃ　㊾ ふじょし

⑤ かんようく　⑩ せいじか　⑮ ぶげいしゃ　⑳ ぞうきばやし　㉕ じょうしゅうはん　㉚ ざいあくかん　㉟ しょうしゅうび　㊵ ようりょくそ　㊺ しょうぼうし　㊿ えんしゅうりつ

2 漢字の読み (二) (P. 126・127)

1

① こうきあつ　⑥ ごうかくひん　⑪ だいしほん　⑯ せいしんりょく　㉑ こせいてき　㉖ きほんきゅう　㉛ りょうじかん　㊱ せいそうぎょう　㊶ ほうようりょく　㊻ じょうしきてき

② じえいぎょう　⑦ きふきん　⑫ ほごしゃ　⑰ ふくしゃき　㉒ さいけんさ　㉗ じがぞう　㉜ どくりつこく　㊲ じょうびやく　㊷ ぼうかんぐ　㊼ じゅぎょうりょう

③ おうせつま　⑧ きょようりょう　⑬ つうこうしょう　⑱ こうせいのう　㉓ ぎゃくこうせん　㉘ ひじょうぐち　㉝ しゅっちょうじょ　㊳ もくはんが　㊸ そしきてき　㊽ ざいらいしゅ

④ かいそくせん　⑨ けんもんじょ　⑭ さいがいち　⑲ ふくそうり　㉔ しぼうこう　㉙ せんせいてん　㉞ せっきんちゅう　㊴ はんざいしゃ　㊹ ふじんふく　㊾ すいじゅんき

⑤ かいせつしゃ　⑩ きょうぎかい　⑮ せいじりょく　⑳ けんちくか　㉕ ざっきちょう　㉚ せいせきひょう　㉟ きゅうごがかり　㊵ こくみんせい　㊺ さんかぶつ　㊿ ちょくせつぜい

3 漢字の書き・意味㈠ （P. 124・125）

1

① 圧勝→勝因→因果→果報→報告
② 応接→接近→近刊→刊行→行司
③ 可能→能弁→弁護→護身→身軽
④ 経過→過失→失神→神経→経験
⑤ 教授→授賞→賞状→状態→態度

〈例〉

⑥ 原因と結果　よいことや悪いことをした結果やむくい
⑦ 人の相手をすること
⑧ 本や新聞などを印刷して売りだすこと
⑨ しゃべることがたくみなこと
⑩ 時間がすぎること、ものごとのなりゆき

4 漢字の書き・意味㈡ （P. 122・123）

1

① 仮設→設備→備品→品格→格別
② 演出→出現→現在→在校→校舎
③ 炭酸→酸素→素材→材質→質問
④ 絶交→交際→際限→限定→定評
⑤ 鉄鉱→鉱物→物資→資金→金額

〈例〉

⑥ まにあわせにつくること
⑦ 人や物に感じられる上品さ
⑧ げきや映画でシナリオをもとにして演技や音楽のさしずをしたりすること
⑨ きり　はて　物事の終わり
⑩ 広く世にみとめられている評判《ひょうばん》

5 漢字の書き・意味㈢ （P. 120・121）

1

① 支持→持続→続編→編集→集団
② 決意→意義→義理→理想→想像
③ 感情→情報→報道→道理→理解
④ 定規→規格→格安→安価→価格
⑤ 防災→災害→害悪→悪態→態度

〈例〉

⑥ 同じ状態《じょうたい》が長く続くこと
⑦ 自分の考え（意志）をはっきりと決めること
⑧ 人とのつきあいで、しなければならないこと
⑨ 品物のわりにねだんが安いこと
⑩ にくまれ口　ひどい悪口

6 漢字の書き㈠ （P. 118・119）

1

① 移　② 圧　③ 永　④ 営　⑤ 貿
⑥ 救　⑦ 刊　⑧ 過　⑨ 逆　⑩ 居
⑪ 経　⑫ 貯　⑬ 鉱　⑭ 個　⑮ 耕
⑯ 採　⑰ 賛　⑱ 適　⑲ 似　⑳ 授
㉑ 準　㉒ 招　㉓ 造　㉔ 精　㉕ 製

2

① 日刊　② 眼科　③ 寄生　④ 規格
⑤ 演技　⑥ 境界　⑦ 平均　⑧ 医師
⑨ 資本　⑩ 酸性　⑪ 独立　⑫ 導火
⑬ 責任　⑭ 予備　⑮ 肥満　⑯ 総務
⑰ 木造　⑱ 測候　⑲ 建築　⑳ 接近
㉑ 技術　㉒ 解説　㉓ 保護　㉔ 指導
㉕ 編集

7 漢字の書き (二) (P. 116・117)

1

① 絶
② 総
③ 婦
④ 桜
⑤ 過
⑥ 在
⑦ 再
⑧ 慣
⑨ 義
⑩ 雑
⑪ 非
⑫ 職
⑬ 独
⑭ 招
⑮ 証
⑯ 張
⑰ 製
⑱ 複
⑲ 提
⑳ 綿
㉑ 政
㉒ 支
㉓ 基
㉔ 準
㉕ 現

2

① 自営
② 可能
③ 停留
④ 合格
⑤ 寄付
⑥ 持久
⑦ 旧型
⑧ 居住
⑨ 検問
⑩ 講談
⑪ 罪悪
⑫ 炭酸
⑬ 演出
⑭ 検察
⑮ 限度
⑯ 効果
⑰ 得点
⑱ 神経
⑲ 飼育
⑳ 示談
㉑ 野性
㉒ 建設
㉓ 独断
㉔ 能率
㉕ 個性

8 四字熟語 (一) (P. 114・115)

1

① 全《ぜん》知《ち》全《ぜん》能《のう》
② 言《ごん》語《ご》道《どう》断《だん》
③ 自《じ》画《が》自《じ》賛《さん》
④ 絶《ぜっ》体《たい》絶《ぜつ》命《めい》
⑤ 適《てき》材《ざい》適《てき》所《しょ》
⑥ 独《どく》立《りつ》独《どっ》歩《ぽ》
⑦ 再《さい》三《さん》再《さい》四《し》
⑧ 暴《ぼう》飲《いん》暴食《ぼうしょく》
⑨ 自《じ》由《ゆう》自《じ》在《ざい》
⑩ 右《う》往《おう》左《さ》往《おう》
⑪ 故《こ》事《じ》来《らい》歴《れき》
⑫ 心《しん》機《き》一《いっ》転《てん》
⑬ 衛《えい》星《せい》放《ほう》送《そう》
⑭ 応急《おうきゅう》手《て》当《あて》
⑮ 平《へい》均《きん》余《よ》命《めい》
⑯ 伝《でん》統《とう》芸《げい》能《のう》
⑰ 賞味《しょうみ》期《き》限《げん》
⑱ 血《けつ》液《えき》検《けん》査《さ》
⑲ 卒業《そつぎょう》証書《しょうしょ》
⑳ 国《こく》際《さい》連《れん》合《ごう》

9 四字熟語 (二) (P. 112・113)

1

① 防《ぼう》水《すい》加《か》工《こう》
② 天《てん》気《き》予《よ》報《ほう》
③ 健《けん》康《こう》保《ほ》険《けん》
④ 植物《しょくぶつ》採集《さいしゅう》
⑤ 修学《しゅうがく》旅《りょ》行《こう》
⑥ 予《よ》防《ぼう》接《せっ》種《しゅ》
⑦ 天《てん》下《か》統《とう》一《いっ》
⑧ 液《えき》体《たい》燃料《ねんりょう》
⑨ 不《ふ》在《ざい》証明《しょうめい》
⑩ 飼《し》育《いく》委《い》員《いん》
⑪ 防《ぼう》災《さい》訓《くん》練《れん》
⑫ 講《こう》和《わ》条約《じょうやく》
⑬ 快《かい》速《そく》電《でん》車《しゃ》
⑭ 定《てい》額《がく》貯《ちょ》金《きん》
⑮ 気《き》象観《しょうかん》測《そく》
⑯ 工業《こうぎょう》団《だん》地《ち》
⑰ 予《よ》行《こう》演習《えんしゅう》
⑱ 耕《こう》地《ち》面《めん》積《せき》
⑲ 運《うん》転《てん》技術《ぎじゅつ》
⑳ 義《ぎ》務《む》教育《きょういく》

10 熟語の読み・書き (一) (P. 110・111)

1 永

① 永《えい》久《きゅう》
② 永《えい》遠《えん》
③ 永《えい》住《じゅう》
④ 永《えい》続《ぞく》

2 検

① 検《けん》査《さ》
② 検《けん》定《てい》
③ 検《けん》便《べん》
④ 検《けん》挙《きょ》

3 過

① 過《か》去《こ》
② 過《か》大《だい》
③ 過《か》信《しん》
④ 過《か》熱《ねつ》

◎ 講《こう》演《えん》

資 4

① 資《し》格《かく》
② 資《し》金《きん》
③ 資《し》産《さん》
④ 資《し》材《ざい》

独 5

① 独《どく》立《りつ》
② 独《どく》学《がく》
③ 独《どく》唱《しょう》
④ 独《どく》力《りょく》

採 6

① 採《さい》集《しゅう》
② 採《さい》決《けつ》
③ 採《さい》算《さん》
④ 採《さい》用《よう》

余 7

① 余《よ》分《ぶん》
② 余《よ》白《はく》
③ 余《よ》波《は》
④ 余《よ》生《せい》

◎ 停《てい》留《りゅう》（所）

11 熟語の読み・書き（二）（P. 108・109）

略 1

① 省《しょう》略《りゃく》
② 中《ちゅう》略《りゃく》
③ 計《けい》略《りゃく》
④ 戦《せん》略《りゃく》

圧 2

① 気《き》圧《あつ》
② 電《でん》圧《あつ》
③ 血《けつ》圧《あつ》
④ 水《すい》圧《あつ》

務 3

① 任《にん》務《む》
② 義《ぎ》務《む》
③ 事《じ》務《む》
④ 実《じつ》務《む》

◎ 新《しん》築《ちく》

素 4

① 酸《さん》素《そ》
② 炭《たん》素《そ》
③ 塩《えん》素《そ》
④ 元《げん》素《そ》

情 5

① 友《ゆう》情《じょう》
② 愛《あい》情《じょう》
③ 表《ひょう》情《じょう》
④ 感《かん》情《じょう》

師 6

① 医《い》師《し》
② 技《ぎ》師《し》
③ 講《こう》師《し》
④ 教《きょう》師《し》

識 7

① 常《じょう》識《しき》
② 知《ち》識《しき》
③ 博《はく》識《しき》
④ 意《い》識《しき》

◎ 復《ふっ》興《こう》

12 熟語の読み・書き（三）（P. 106・107）

演 1

① 初《しょ》演《えん》
② 実《じつ》演《えん》
③ 演《えん》技《ぎ》
④ 演《えん》説《ぜつ》

解 2

① 理《り》解《かい》
② 和《わ》解《かい》
③ 解《かい》決《けつ》
④ 解《かい》説《せつ》

弁 3

① 答《とう》弁《べん》
② 熱《ねつ》弁《べん》
③ 弁《べん》護《ご》
④ 弁《べん》当《とう》

◎ 規《き》則《そく》

評 4

① 好《こう》評《ひょう》
② 書《しょ》評《ひょう》
③ 評《ひょう》判《ばん》
④ 評《ひょう》価《か》

設 5

① 開《かい》設《せつ》
② 増《ぞう》設《せつ》
③ 設《せつ》備《び》
④ 設《せつ》置《ち》

制 6

① 統《とう》制《せい》
② 規《き》制《せい》
③ 制《せい》服《ふく》
④ 制《せい》度《ど》

造 7

① 構《こう》造《ぞう》
② 改《かい》造《ぞう》
③ 造《ぞう》園《えん》
④ 造《ぞう》成《せい》

◎ 快《かい》晴《せい》

13 「じ」と「ぢ」、「ず」と「づ」 (P. 104・105)

1 ① ア　② ア　③ ア　④ イ
⑤ ア　⑥ イ　⑦ ア　⑧ ア
⑨ イ　⑩ ア

14 修飾語 (P. 102・103)

1 ① 黒い　② すずしい
③ 冷たい　④ たくさんの
⑤ すいすい　⑥ ゆっくり
⑦ とつぜん　⑧ とても
⑨ ふろ湯で　⑩ 白い
⑪ たくさん　⑫ 十五夜の
⑬ ゆっくり　⑭ たくさんの
⑮ 静かな、小さい　⑯ 大きな、白い
⑰ 黒い、大きな　⑱ ねぎを、畑から
⑲ 山で、きのこを
⑳ つり橋を、そろそろと

15 修飾語（形容詞） (P. 100・101)

1 弱い　高い　細い　明るい　良い
近い　美しい　古い　冷たい　若い

2 ① 黒い　② うすい
③ 遠く　④ すずしく
⑤ 早けれ(ば)　⑥ 大きい
⑦ 苦しい　⑧ 苦い
⑨ 深い　⑩ 美しけれ（ば）

16 修飾語（形容動詞） (P. 98・99)

1 ① 親切です　② 大切な
③ ていねいな　④ りっぱな
⑤ 見事だ

2 ① あたたかだっ　② あたたかでしょ
③ 正確な　④ 正確に
⑤ 正確だろ

17 修飾語（副詞） (P. 96・97)

1 ① たいへん　② ずしりと
③ ずいぶん　④ かなり
⑤ ぐんぐん　⑥ さらさらと

2 ① きらりと　② ちょっと
③ さっそく　④ ぐっすり

18 俳 句 (P. 94・95)

1 ① 日　② 鐘　③ 木魚
④ 舌　⑤ 赤い

らくらく全科プリント　小学５年生

2011年４月20日　初版発行
2021年１月20日　改訂版発行

監　修：陰《かげ》　山《やま》　英《ひで》　男《お》
著　者：三《み》　木《き》　俊《しゅん》　一《いち》
発行者：面《おも》　屋《や》　尚《たか》　志《し》

発行所：フォーラム・A

〒530-0056　大阪市北区兎我野町15-13
TEL：06-6365-5606
FAX：06-6365-5607
振替：00970-3-127184
HP：http：//foruma.co.jp/

制作担当編集：藤原　幸祐　★★3022

表紙デザイン：ウエナカデザイン事務所
印刷・製本：東洋紙業高速印刷株式会社

＊社会科について：社会科は、決められた項目を３・４年の２年間で学習する教科です。そのため、学校により扱う項目がちがう場合があります。本書では、４年で多く取り上げる項目を収録しました。

英　語

国　語

算数　　月　　日　　得点　　／100

1 大きい数

1 次の数直線の㋐～㋛の数をかきましょう。（5点×12問）

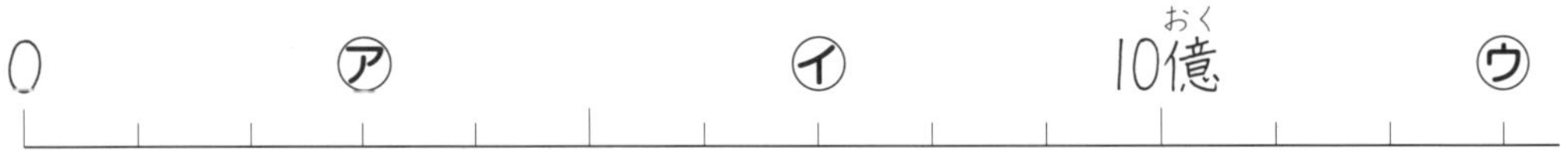

㋐ ＿＿＿＿＿　㋑ ＿＿＿＿＿　㋒ ＿＿＿＿＿

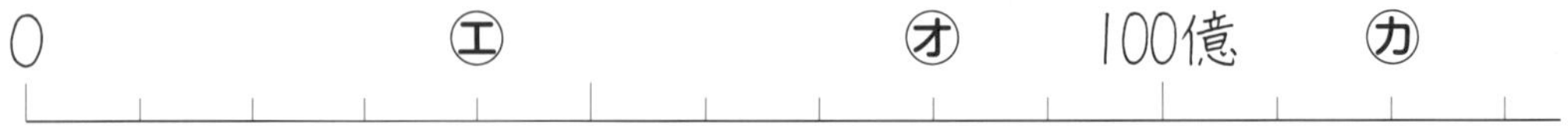

㋓ ＿＿＿＿＿　㋔ ＿＿＿＿＿　㋕ ＿＿＿＿＿

㋖ ＿＿＿＿＿　㋗ ＿＿＿＿＿　㋘ ＿＿＿＿＿

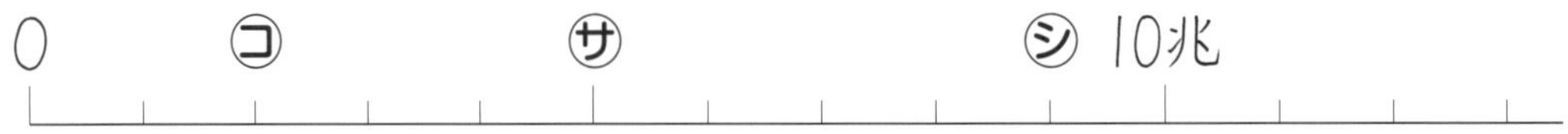

㋙ ＿＿＿＿＿　㋚ ＿＿＿＿＿　㋛ ＿＿＿＿＿

ヒント

1cm［1］1cm ←これを１とすると１万は１m×１m、100万は10m×10m、１億《おく》は100m×100mです。

2 大きい方の数に○をつけましょう。（5点×5問）

① 50億 と 49億　　② 23兆 と 27兆

③ 4000万 と １億　　④ 10億 と １兆

⑤ 72876940 と 7287694

3 ［0］［1］［2］［3］［4］［5］［6］［7］［8］の９まいのカードを全部使って、９けたの整数を作ります。

① 一番大きい数をかきましょう。（5点）

答え ＿＿＿＿＿＿＿＿

② 一番小さい数をかきましょう。（5点）

答え ＿＿＿＿＿＿＿＿

③ ２億に一番近い数をかきましょう。（5点）

答え ＿＿＿＿＿＿＿＿

算数　　月　日　　得点

2 角と角度

／100

1 三角じょうぎの角度をはかりましょう。また、3つの角の和を求《もと》めましょう。

(20点×2問)

①

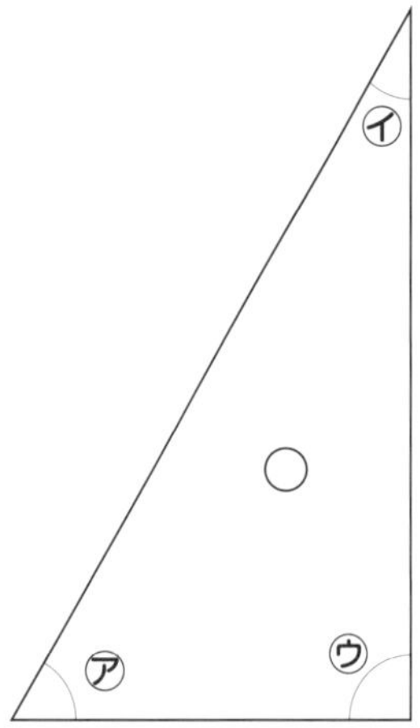

㋐ ＿＿＿＿＿＿

㋑ ＿＿＿＿＿＿

㋒ ＿＿＿＿＿＿

㋐＋㋑＋㋒ ＿＿＿＿＿＿

②

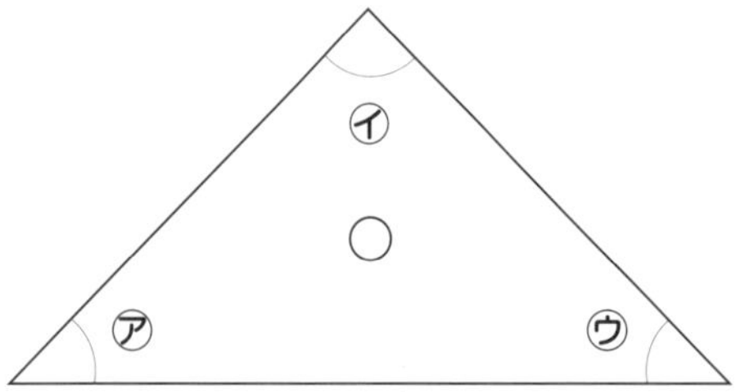

㋐ ＿＿＿＿＿＿

㋑ ＿＿＿＿＿＿

㋒ ＿＿＿＿＿＿

㋐＋㋑＋㋒ ＿＿＿＿＿＿

三角形の3つの角の角度をはかって、加《くわ》えると180度になります。
いろいろな形の角をはかって試《ため》してみましょう。

三角形はよく知っている形ですが、三角の形のものはあまりありません。身のまわりでさがしてみましょう。

2 分度器とじょうぎで、次の大きさの角をかきましょう。

(10点×２問)

① 40°

② 150°

3 次の角度を、分度器と計算で求めましょう。 (10点×２問)

①

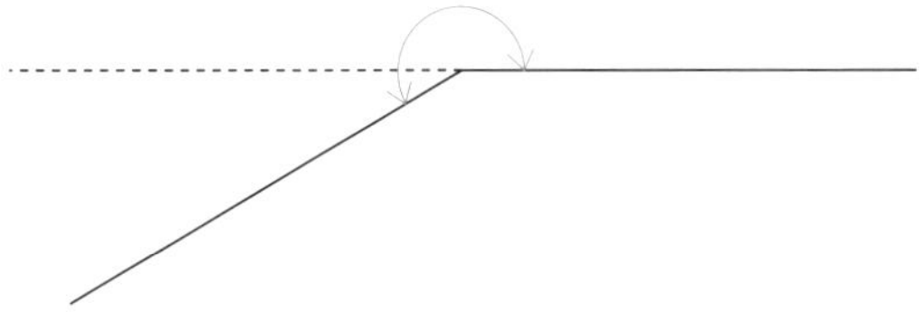

(　　　　　)

②

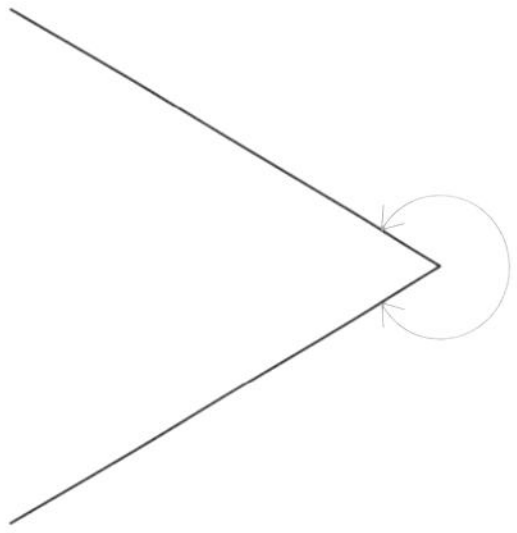

(　　　　　)

4 次の角度を計算で求《もと》めましょう。 (10点×２問)

①

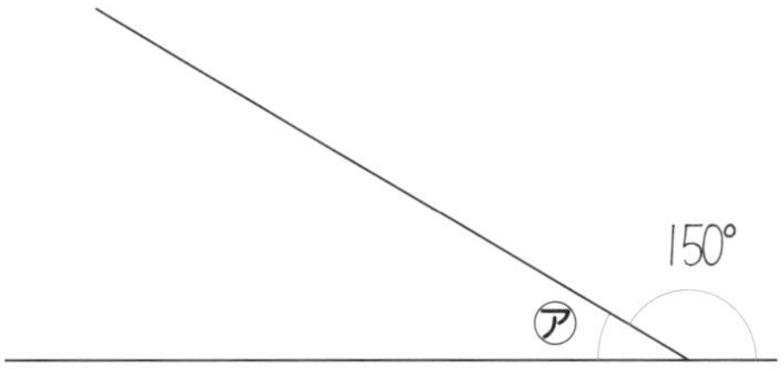

㋐の式

答え

②

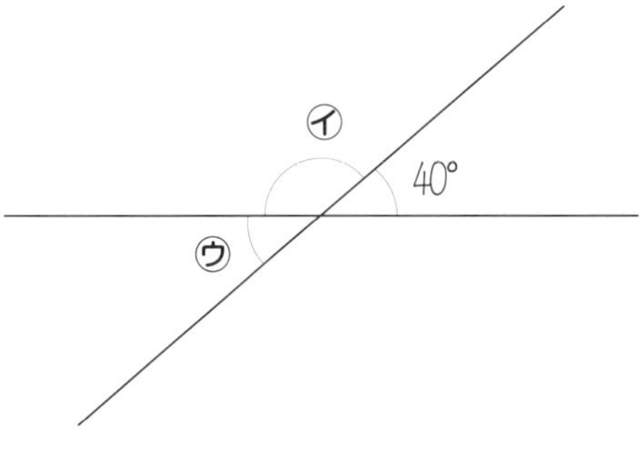

㋑の式

答え

㋒の式

答え

算数　　月　日　　得点

3 わり算（÷1けた）

／100

1 次の計算をしましょう。（10点×3問）

① $2\overline{)376}$（1 / 2 / 17）

② $3\overline{)774}$

③ $4\overline{)572}$

2 次の計算をしましょう。あまりも出しましょう。（10点×3問）

① $3\overline{)367}$

② $2\overline{)463}$

③ $4\overline{)449}$

ヒント

単位《たんい》のある問題は単位をそろえます。5cm×5mは、そのままでは計算できません。

3 96人の子どもが、2台のバスに同じ人数になるように乗ります。バス1台あたり何人になりますか。 (10点)

式

答え

4 折《お》り紙が600まいあります。1人に5まいずつ配ると何人の子どもに配ることができますか。 (10点)

式

答え

5 3m85cmのリボンがあります。1本の長さを7cmになるように切りました。何本のリボンになりますか。 (20点)

式

答え

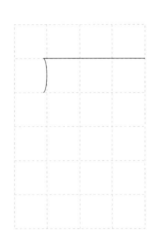

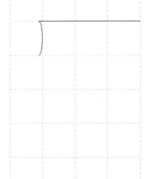

算数

　　月　　日

得点

4 わり算（÷2けた）

／100

1 次の計算をしましょう。あまりも出しましょう。（5点×9問）

① $38\overline{)799}$

② $21\overline{)864}$

③ $16\overline{)751}$

④ $57\overline{)984}$

⑤ $24\overline{)691}$

⑥ $48\overline{)697}$

⑦ $45\overline{)956}$

⑧ $36\overline{)578}$

⑨ $19\overline{)921}$

ヒント

「あまり」は、わる数より小さくなります。14÷３＝３あまり５ではありません。14÷３＝４あまり２です。

2 320cmのリボンがあります。26cmずつ切ると、何本のリボンがとれて、何cm残《のこ》りますか。（15点）

式

答え　　　　，

3 800まいの折《お》り紙を１人に19まいずつ配ると、何人に配れて、何まいあまりますか。（20点）

式

答え　　　　，

4 210この荷物があります。トラック１台には、この荷物を24こつんで運ぶことができます。すべての荷物を一度で運ぶには、何台のトラックが必要《ひつよう》ですか。（20点）

式

答え

算数　　月　日　　得点

5　式と計算

／100

1　次の計算をしましょう。　（4点×10問）

① $100-(36-24)=$

② $50-(23+17)=$

③ $90\div(14-5)=$

④ $30\times(26+1)=$

⑤ $150-3\times40=$

⑥ $180+50\times3=$

⑦ $210\div7+320\div8=$

⑧ $60\times3-20\times5=$

⑨ $35\times7-80\div4=$

⑩ $200\div5+6\times40=$

ヒント

100－100－30は４年生では計算できません。100－(100－30)なら計算できます。(　　)の中を先に計算して、答えは30です。

2 １本90円のえんぴつ６本と、１さつ130円のノートを５さつ買いました。代金はいくらになりますか。（20点）

１つの式で表して計算しましょう。

式

答え

3 折《お》り紙が150まいあります。25人の子どもに、１人４まいずつ配りました。残《のこ》りは何まいですか。（20点）

１つの式で表して計算しましょう。

式

答え

4 ６本で480円のえんぴつと、４さつで520円のノートを買いました。えんぴつ１本とノート１さつのねだんを合わせると何円ですか。（20点）

１つの式で表して計算しましょう。

式

答え

算数　　月　　日　　得点

6 垂《すい》直《ちょく》と平行

／100

1 図のたての直線に垂直《すいちょく》な直線は、どれですか。記号で答えましょう。

（25点）

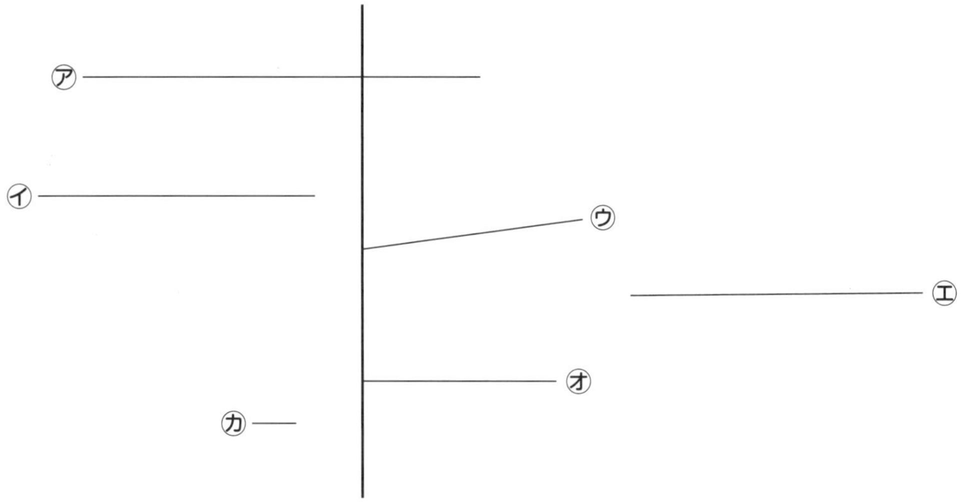

答え

2 次の図で、平行な直線はどれとどれですか。2つ1組にして、記号で答えましょう。

（15点）

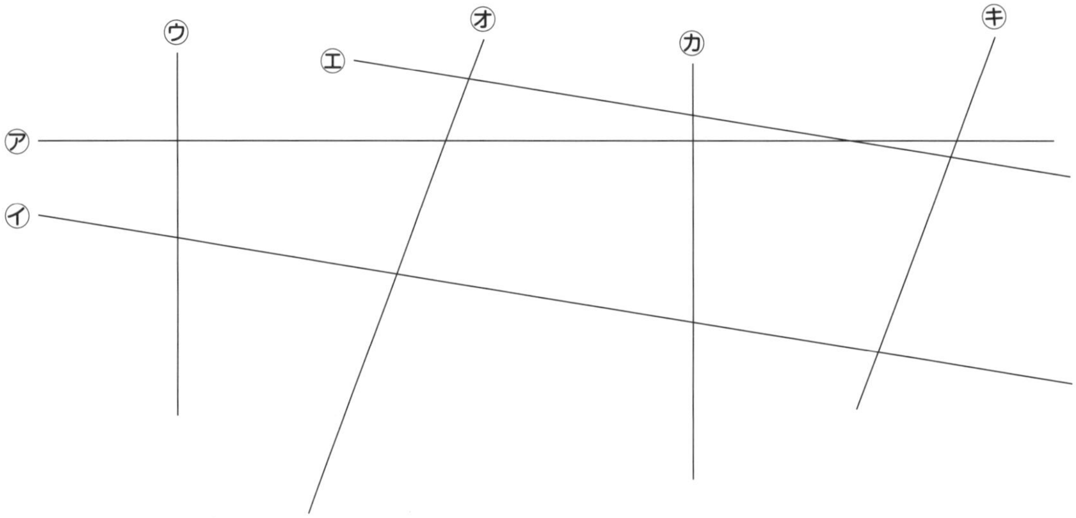

答え　　と　，　　と　，　　と

ヒント

学校の建物《たてもの》や、建物の中にある用具には、平行な線、垂直《すいちょく》な線がたくさんあります。さがしてみましょう。

3 右の図で、Ⓐあ、Ⓘい、Ⓤうの直線は平行です。

カ、**キ**、**ク**、**ケ**、**コ**の角度は何度ですか。 （20点）

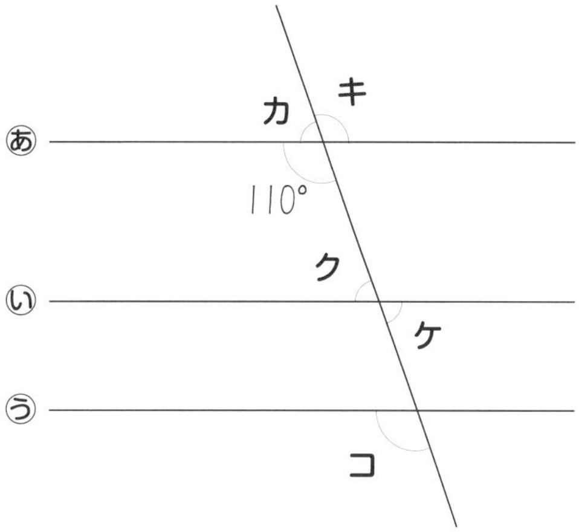

カ　　**キ**　　**ク**　　**ケ**　　**コ**

4 右の図で、あといの直線、うとえの直線は平行です。

ア、**イ**、**ウ**、**エ**は、直線と直線の交点です。

① **ウエ**の長さは何cmですか。 （10点）

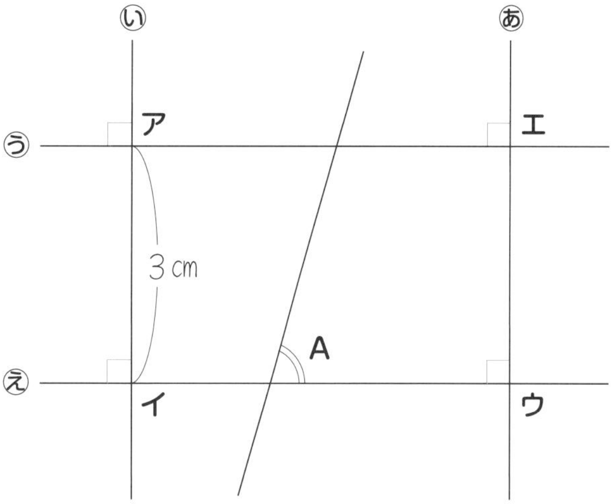

答え

② **アエ**の長さは5cmです。**イウ**の長さは何cmですか。 （10点）

答え

③ **アイウエ**の形の名前をかきましょう。 （10点）

答え

④ **A**と同じ角度のところにの印《しるし》を、全部かきましょう。 （10点）

算数　　月　日

7 四角形

得点　／100

1 3つの点（●）を頂点《ちょうてん》とする四角形をかきましょう。

① 正方形を1つと、平行四辺《へいこうしへん》形《けい》を2つかきましょう。（10点）

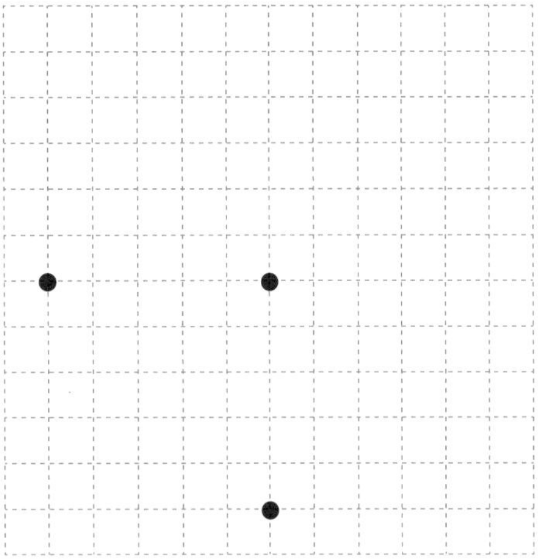

② 長方形を1つと、平行四辺形を2つかきましょう。（10点）

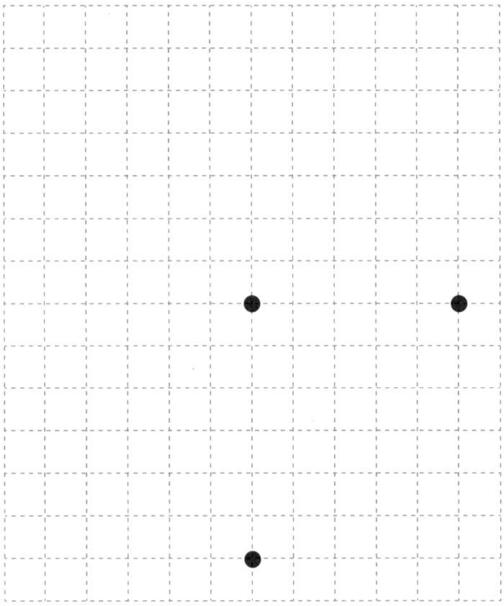

③ ひし形を1つと、平行四辺形を2つかきましょう。（12点）

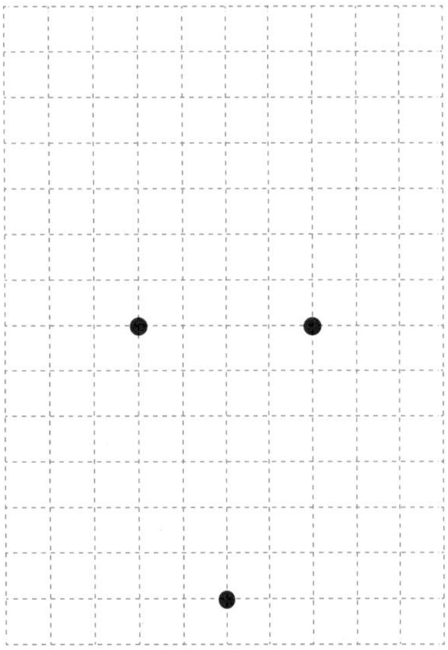

④ 平行四辺形を3つかきましょう。（12点）

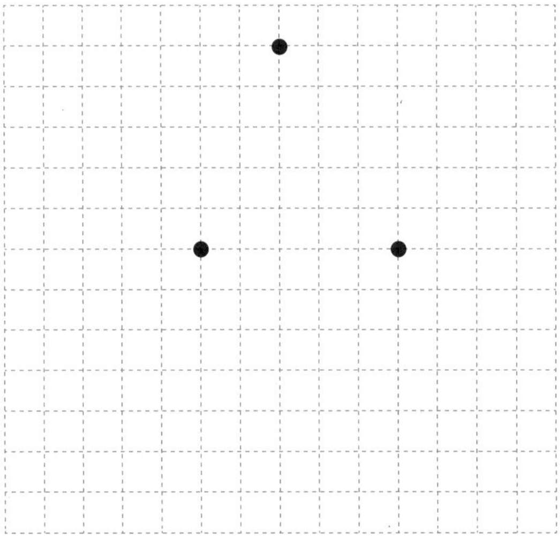

ヒント

四角形のことを四辺形《しへんけい》ともいいます。しかし、三角形や五角形を三辺形とか五辺形とはいいません。

2 次のせいしつを持っている四角形を選《えら》び、記号で答えましょう。

（8点×7問）

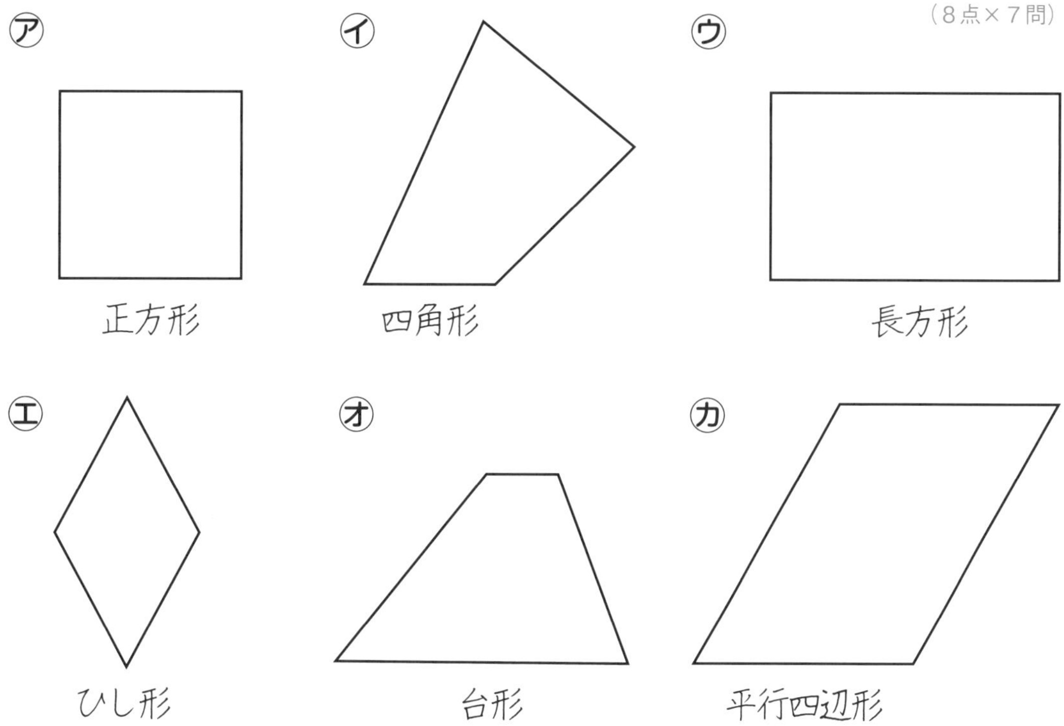

① 4つの角の大きさが等しいです。

答え

② 平行な辺が2組あります。

答え

③ 向かい合った角の大きさが等しいです。

答え

④ 1組も平行な辺がありません。

答え

⑤ 向かい合った辺の長さが等しいです。

答え

⑥ 対角線の長さが等しいです。

答え

⑦ 平行な辺が1組あります。

答え

算数　　月　　日　　得点

8 折《お》れ線《せん》グラフ

／100

1 次の折《お》れ線《せん》グラフは、夏の気温の変化《へんか》とプールの水温の変化を表したものです。

● 気温の変化とプールの水温の変化 ●

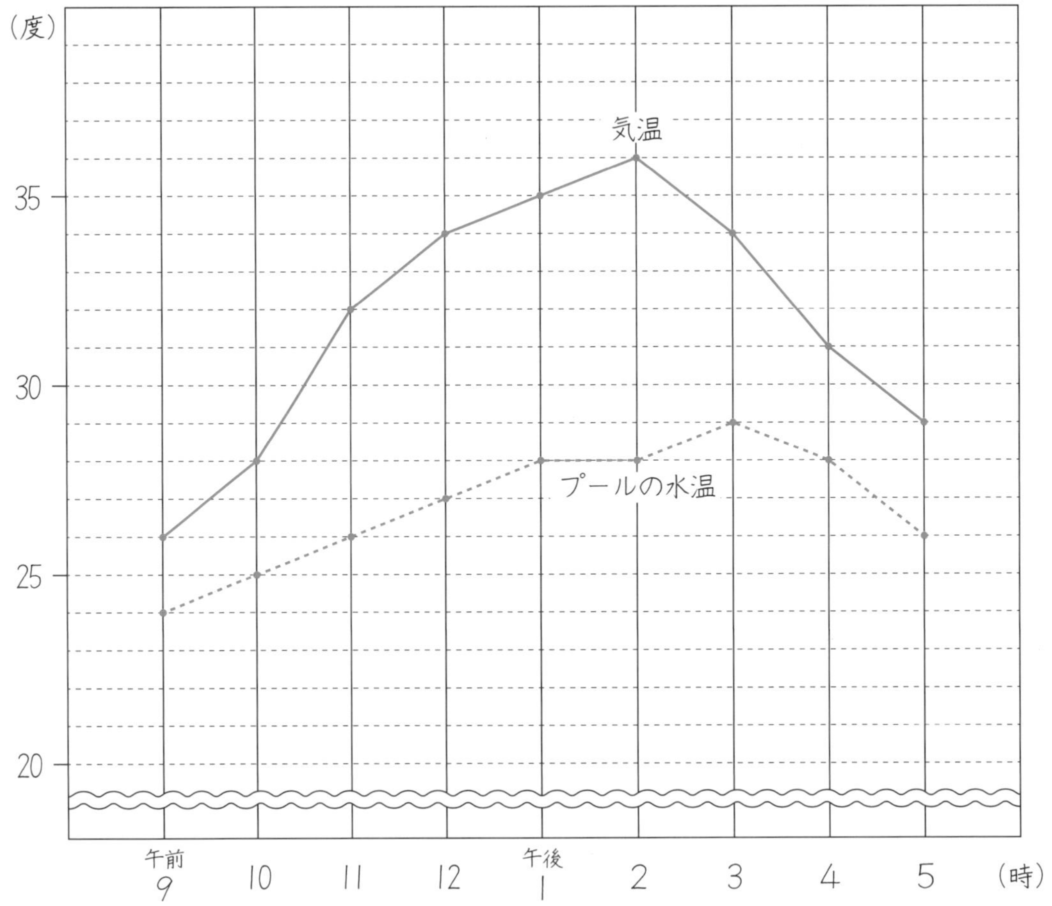

① このグラフの表題は何ですか。　（15点）

答え ＿＿＿＿＿＿＿＿＿＿

ヒント

井戸《いど》の水は、夏は冷《つめ》たく、冬は温かく感じますが、実は井戸水の水温は１年を通じて、ほぼ一定なのです。

② プールの水温が一番高かったのは、何時で何度ですか。 (15点)

答え　　　　　　，

③ 気温が一番高かったのは、何時で何度ですか。 (15点)

答え　　　　　　，

④ 午前９時から、午後２時までの間で、気温が急に上がったのは何時から何時まででですか。 (15点)

答え

⑤ 午前９時から、午後２時までの間で、気温の変化とプールの水温の変化は、どちらが大きいですか。 (20点)

答え

⑥ 気温とプールの水温の温度のちがいが一番大きかったのは、何時で、温度のちがいは何度ですか。 (20点)

答え　　　　　　，

算数　月　日

9 資《し》料《りょう》の整理

得点　／100

1　4年生20人にいちご、メロン、りんご、バナナ、みかんのうち一番好《す》きなくだものをカードにかいて出してもらいました。

メロン	りんご	みかん	バナナ
いちご	メロン	バナナ	メロン
りんご	いちご	りんご	みかん
いちご	バナナ	メロン	いちご
バナナ	メロン	いちご	メロン

①　表にまとめて、整理しましょう。　(30点)

くだもの	人数（人）	
いちご	正	5
メロン		
りんご		
バナナ		
みかん		
合計		

②　一番多いのは、どのくだものですか。　(20点)

答え

ヒント

「資料《しりょう》の整理」というとむずかしく聞こえますが、バス旅行などで「３分間にすれちがう車の色で一番多いのは？」という当てものも資料の整理です。

2 次の図形を形と色で分けて調べます。

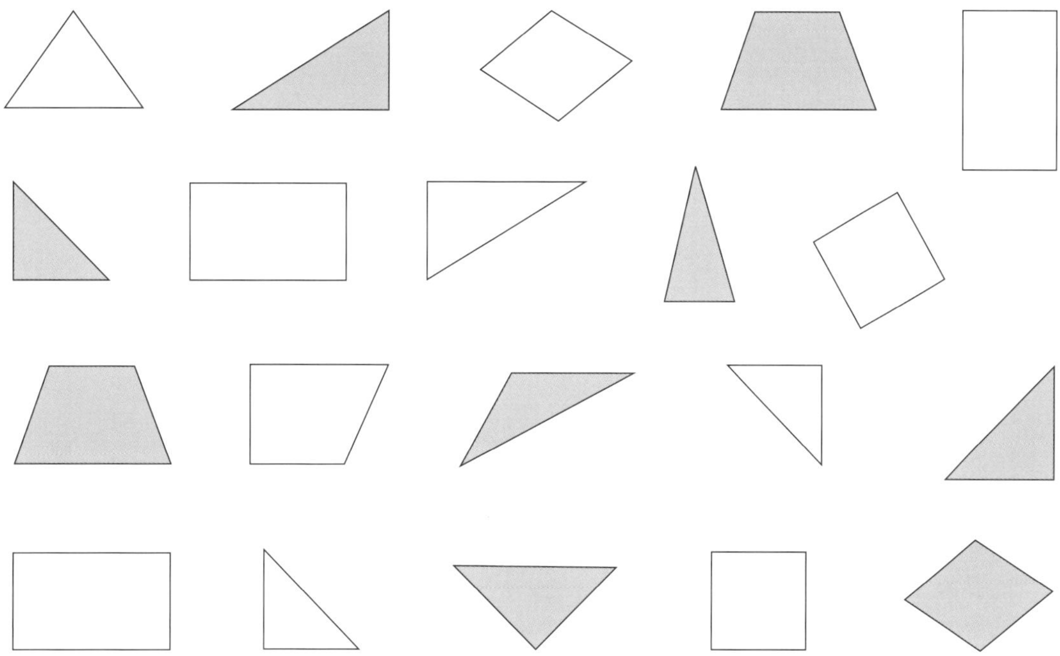

① 表にまとめて、整理しましょう。 (30点)

形＼色	白色		はい色	
三角形				
四角形				
合計				

② 一番多かったのは、どの色で、どんな形の図形ですか。 (20点)

答え

算数

月　日

得点

10 およその数（1）

／100

1 次の数を千の位《くらい》のがい数にします。千の位のがい数にするときは、百の位を四捨五入《ししゃごにゅう》します。四捨五入する位に点（•）を打ってから、がい数にしましょう。　（5点×5問）

① 1981

② 2156

③ 3963

④ 5482

⑤ 16480

2 次の数を一万の位のがい数にしましょう　（5点×5問）

① 43698

② 28581

③ 76208

④ 80573

⑤ 243865

ヒント

日本の人口は約127090000人です。（2015年10月）日本の人口を上から1けたのがい数にすると1億《おく》人、上から2けたのがい数にすると1億3千万人です。

3 上から1けたのがい数にするときには、上から2けた目を四捨五入します。次の数を上から1けたのがい数にしましょう。

（5点×5問）

① 458

② 947

③ 1392

④ 3648

⑤ 47609

4 次の数を上から2けたのがい数にしましょう。

（5点×5問）

① 7681

② 5627

③ 49635

④ 76479

⑤ 620527

算数

月　　日

得点

11 およその数 (2)

／100

1 61860円のエアコンと、25820円のデジタルカメラを買いました。代金は、およそ何万何千円ですか。

① 代金の合計を計算して、千の位《くらい》までのがい数で表しましょう。 (15点)

＋

式

答え

② それぞれのねだんを、千の位までのがい数にしてから計算しましょう。 (15点)

式

答え

2 26200円の電子《でんし》辞書《じしょ》と、31800円のうで時計を買いました。代金は、およそ何万何千円ですか。

千の位までのがい数にしてから計算しましょう。 (20点)

式

答え

ヒント

およその大きさを暗算でするときは、上から１けたのがい数にして、「２万円以上《いじょう》」とか「３万円以下」とおぼえます。

3 36本で7884円のジュースがあります。

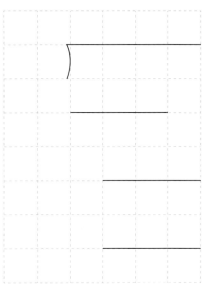

① ジュース１本のねだん（7884÷36）を計算して、上から１けたのがい数で表しましょう。（15点）

式

答え

② それぞれの数を上から１けたのがい数にしてから、計算しましょう。（15点）

式

答え

4 スーパーマーケットで１箱208円のビスケットがありました。6300円では、ビスケットをおよそ何箱買えますか。それぞれの数を上から１けたのがい数にしてから、計算しましょう。（20点）

式

答え

算数　月　日

12 面積《めんせき》 (1)

得点　／100

1 次の長方形や正方形の面積《めんせき》を求《もと》めましょう。 (15点×２問)

① たてが42cm、横が60cmの長方形のつくえの表面の面積

式

答え＿＿＿＿＿＿＿＿

② 1辺《ぺん》の長さが15ｃｍの正方形の折《お》り紙の面積

式

答え＿＿＿＿＿＿＿＿

2 次の長方形や正方形の面積を求めましょう。 (15点×２問)

① たてが２m、横が５mの長方形のかんばんの面積

式

答え＿＿＿＿＿＿＿＿

② 1辺の長さが10mの正方形の形をした、ドッジボールのかた方のコートの面積

式

答え＿＿＿＿＿＿＿＿

ヒント

折《お》り紙《がみ》は正方形です。よく使う折り紙は15cm×15cmです。ほかにも千羽づる用は7.5cm×7.5cmです。

3 次の長方形の□部分の面積を求めましょう。 (20点)

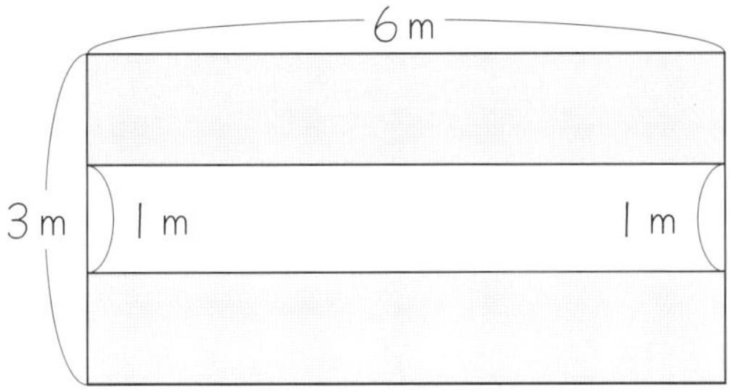

式

答え

4 次の長方形の土地の面積は何m^2ですか。 (20点)

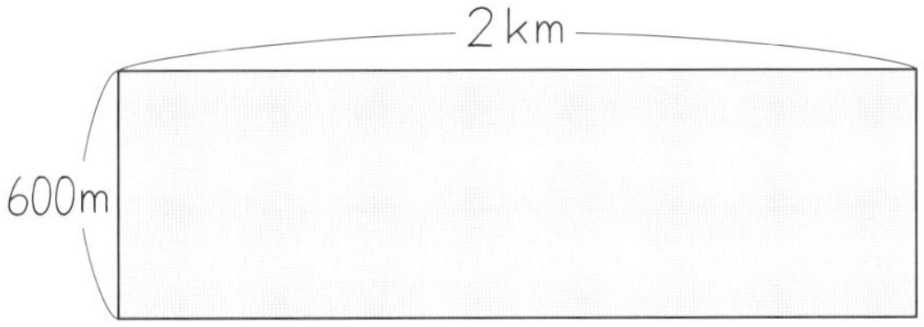

2km＝2000mだから

式

答え

面積の単位《たんい》には、cm^2, m^2, km^2の他に

1a（アール：1辺10mの正方形の面積）

1ha（ヘクタール：1辺100mの正方形の面積）

などもあります。

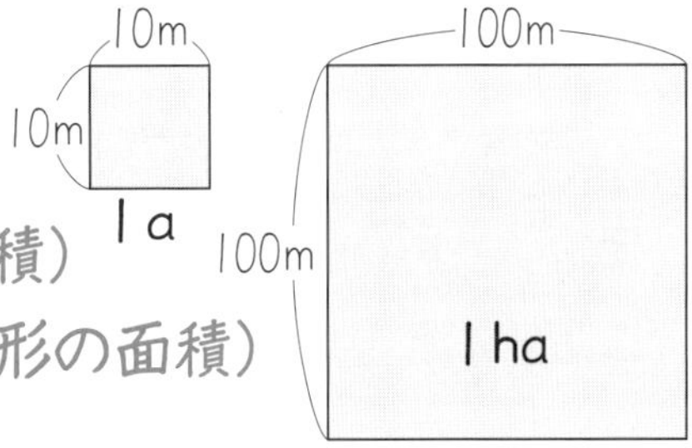

算数　　月　日　　得点

13 面《めん》積《せき》 (2)

／100

1 たて20m、横25mの長方形の畑があります。

① この畑の面積《めんせき》は、何m^2ですか。 (10点)

式

答え

② 1辺《ぺん》の長さが10mの正方形の面積を1a（アール）といいます。
1aは10×10＝100（m^2）です。
畑の面積は何aですか。 (10点)

答え

2 図のような形をしたぶどう畑があります。
この畑の面積は、何aですか。 (20点)

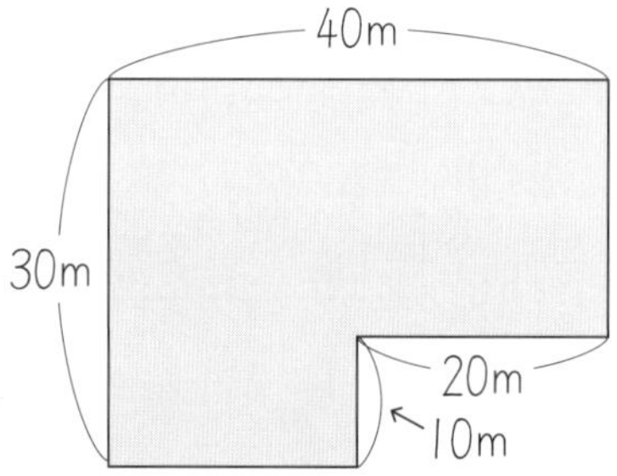

（どの角も直角）

式

答え

3 図のような、面積が8aで、たての長さが20mの長方形の公園があります。横の長さは何mですか。 (20点)

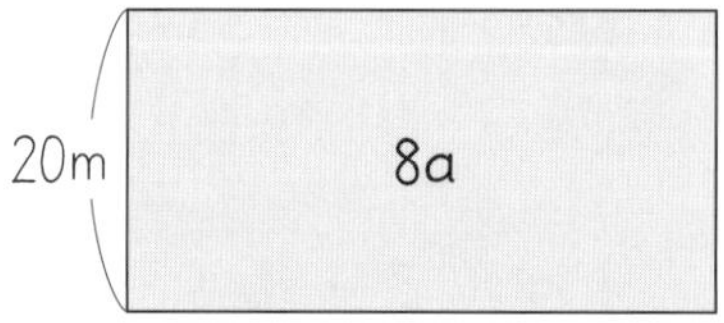

式

答え

ヒント

テストや宿題の紙はＡ４やＢ４がよく使われます。
Ａ４は、約《やく》21cm×30cmです。Ｂ４は約26cm×36cmです。

4 たて250m、横200mの長方形の植物園があります。

① この植物園の面積は、何m^2ですか。 （10点）

式

答え

② 1辺の長さが100mの正方形の面積を1ha（ヘクタール）といいます。1haは100×100＝10000（m^2）です。
植物園の面積は、何haですか。 （10点）

答え

5 1ha＝10000m^2で、1aは100m^2です。
1haは、何aですか。 （10点）

答え

6 1km^2は、何haですか。 （10点）

答え

算数　　月　日　　得点

14 小数のたし算・ひき算

／100

1 次の計算をしましょう。（3点×12問）

① 4.03 ＋ 2.51

② 3.54 ＋ 1.23

③ 7.34 ＋ 2.13

④ 4.53 ＋ 5.21

⑤ 4.83 ＋ 1.98

⑥ 3.74 ＋ 6.73

⑦ 2.78 ＋ 4.97

⑧ 0.08 ＋ 0.07

⑨ 0.18 ＋ 0.99

⑩ 7.43 ＋ 1.57

⑪ 0.06 ＋ 6.94

⑫ 0.74 ＋ 0.36

2 計算をしましょう。（7点×2問）

① 6.43 ＋ 0.752

② 0.354 ＋ 0.246

ヒント

小数のたし算・ひき算で、「筆算のときには小数点をそろえる」とは、位《くらい》をそろえるということです。

3 次の計算をしましょう。

（3点×12問）

① $7.45 - 3.24$

② $4.38 - 2.13$

③ $6.79 - 1.57$

④ $6.23 - 3.12$

⑤ $0.76 - 0.43$

⑥ $2.17 - 1.69$

⑦ $4.02 - 2.56$

⑧ $1.03 - 0.88$

⑨ $0.96 - 0.9$

⑩ $6 - 0.78$

⑪ $7 - 2.96$

⑫ $4.56 - 0.56$

4 計算をしましょう。

（7点×2問）

① $6.375 - 2.085$

② $0.6 - 0.283$

算数　　月　日　　得点

15 小数のかけ算・わり算

／100

1 次の計算をしましょう。　（①～④５点×４問・⑤～⑦６点×３問）

① 2.6×27

② 3.5×28

③ 2.3×87

④ 6.8×45

⑤ 46.8×73

⑥ 3.14×69

⑦ 8.06×75

2 次の計算をしましょう。　（６点×３問）

① 38)91.2

② 16)9.12

③ 27)9.18

ヒント

小数のかけ算の筆算は、計算がすんでから小数点をうって終わります。

3 次の計算をしましょう。
商は$\frac{1}{10}$の位《くらい》まで求《もと》め、あまりも出しましょう。（8点×3問）

①

18)85.4

②

24)87.7

③

46)80.1

4 次の計算をしましょう。
商は四捨五入《ししゃごにゅう》して、$\frac{1}{10}$の位まで求めましょう。（10点×2問）

①

16)61.5

②

37)90.9

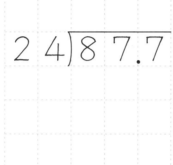

算数　　月　日　　得点

16 分数のたし算・ひき算

／100

1 次の計算をしましょう。整数になるものは整数に、仮分数《かぶんすう》は帯分数《たいぶんすう》に直しましょう。

（2点×7問）

① $\frac{3}{10}+\frac{7}{10}=$

② $\frac{2}{8}+\frac{6}{8}=$

③ $\frac{1}{6}+\frac{5}{6}=$

④ $\frac{3}{7}+\frac{4}{7}=$

⑤ $\frac{7}{9}+\frac{2}{9}=$

⑥ $\frac{9}{7}+\frac{3}{7}=$

⑦ $\frac{5}{6}+\frac{5}{6}=$

2 次の計算をしましょう。

（4点×9問）

① $2\frac{1}{5}+\frac{2}{5}=$

② $\frac{2}{6}+3\frac{2}{6}=$

③ $3\frac{1}{7}+\frac{3}{7}=$

④ $\frac{3}{8}+2\frac{2}{8}=$

⑤ $1\frac{4}{9}+2\frac{4}{9}=$

⑥ $2\frac{3}{7}+2\frac{1}{7}=$

⑦ $3\frac{1}{6}+2\frac{4}{6}=$

⑧ $2\frac{1}{5}+4\frac{2}{5}=$

⑨ $2\frac{5}{8}+1\frac{4}{8}=$

ヒント

整数 a を 0 でない整数 b でわった商が$\frac{a}{b}$。
1 を b 等分して a こ集めたものが$\frac{a}{b}$。

3 次の計算をしましょう。整数になるものは整数に、仮分数は帯分数に直しましょう。 （2点×7問）

① $\frac{12}{7}-\frac{5}{7}=$

② $\frac{13}{5}-\frac{3}{5}=$

③ $\frac{16}{6}-\frac{4}{6}=$

④ $\frac{16}{7}-\frac{9}{7}=$

⑤ $\frac{15}{6}-\frac{4}{6}=$

⑥ $\frac{15}{7}-\frac{4}{7}=$

⑦ $\frac{21}{10}-\frac{7}{10}=$

4 次の計算をしましょう。 （4点×9問）

① $2\frac{1}{4}-\frac{2}{4}=$

② $1\frac{3}{7}-\frac{4}{7}=$

③ $3\frac{1}{6}-\frac{3}{6}=$

④ $4\frac{3}{8}-\frac{5}{8}=$

⑤ $3\frac{3}{7}-1\frac{5}{7}=$

⑥ $4\frac{1}{6}-2\frac{3}{6}=$

⑦ $5\frac{1}{4}-2\frac{3}{4}=$

⑧ $6\frac{2}{7}-3\frac{4}{7}=$

⑨ $4\frac{3}{8}-\frac{7}{8}=$

算数

月　日

17 直方体と立方体

得点

／100

1　次の図は、直方体の展開《てんかい》図《ず》です。

この展開図を組み立てると直方体ができます。立体を思いうかべて答えましょう。

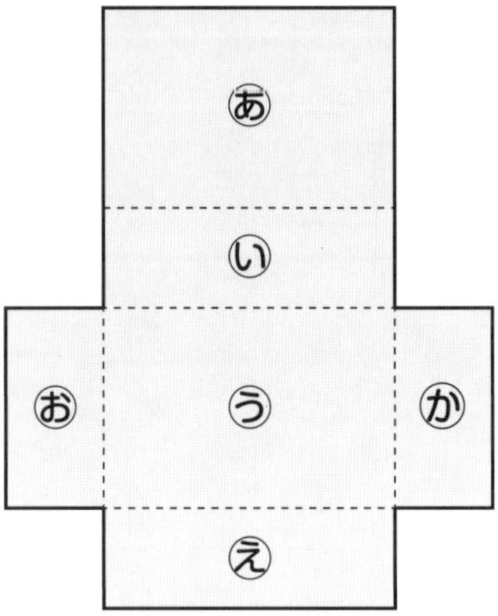

① 面あと平行な面はどれですか。（5点）

② 面おと平行な面はどれですか。（5点）

③ 面うに垂直《すいちょく》な面は4つあります。どれですか。（24点）

④ 直方体は、何この面で作られていますか。また、直方体の辺《へん》の数、頂点《ちょうてん》の数をかきましょう。（18点）

面：　　　辺：　　　頂点：

ヒント

サイコロ（立方体）の展開《てんかい》図《ず》は11通りあります。教科書にもかいてあったりしますが、自分で何回もかくと発見があります。

2 次の図は、立方体の展開図です。
この展開図を組み立てると立方体ができます。立体を思いうかべて答えましょう。

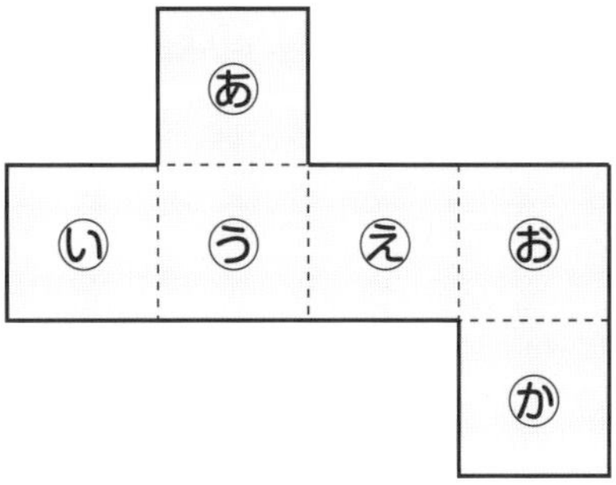

① 面㋐と平行な面はどれですか。（6点）

② 面㋑と平行な面はどれですか。（6点）

③ 面㋒に垂直な面は4つあります。どれですか。（24点）

3 サイコロ（立方体）の展開図です。向き合う面の目の数の和は7になります。になる面は、**ア～オ**のどの面ですか。（6点×2問）

①

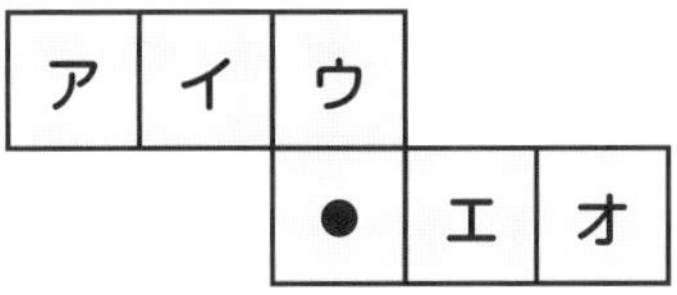

②

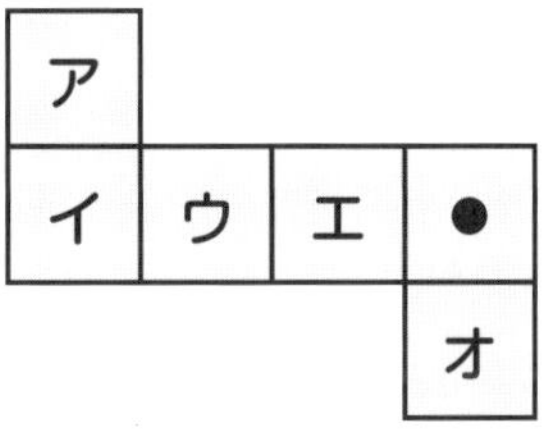

① ______ ② ______

算数　　月　　日　　得点

18 位置《いち》の表し方

／100

1 1cmの方眼紙《ほうがんし》の上にある●の位置《いち》は、次のように表せます。

点アをもとにして、

横3cm，たて5cm

後の問いに答えましょう。（8点×5問）

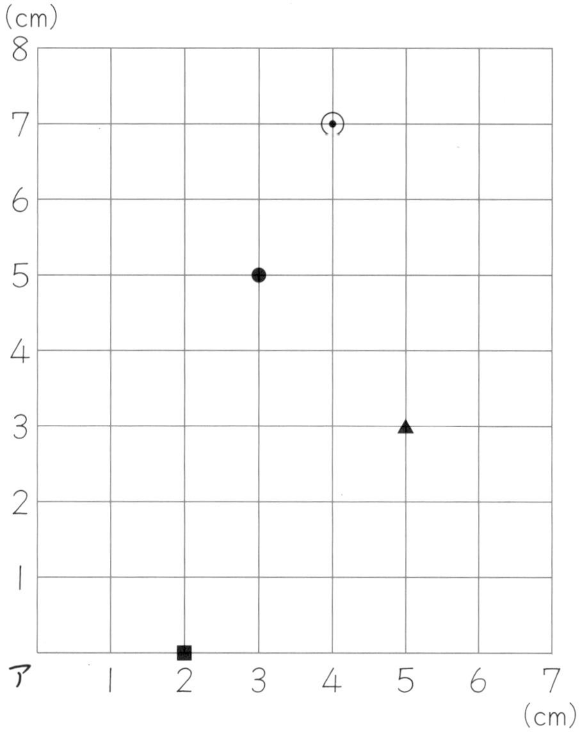

① 点アをもとにして、▲の位置を表しましょう。

（横　　　　，たて　　　　）

② 点アをもとにして、⊙の位置を表しましょう。

（横　　　　，たて　　　　）

③ 点アをもとにして、■の位置を表しましょう。

（横　　　　，たて　　　　）

④ 点アをもとにして、（横6cm，たて4cm）の位置に、赤色の丸をしましょう。

⑤ 点アをもとにして、（横0cm，たて6cm）の位置に、青色の丸をしましょう。

ヒント

点Aから北へ10m進み、右へ90°まがって10m進んだ点Bは、Aから北東の方向にあります。ただし、A点が南極点《なんきょくてん》の場合は、どの方向へ進んでも北なので問題がなりたちません。

2 ●の位置の表し方は、次のとおりです。
点アをもとにして、
横3cm，たて2cm，高さ3cm
後の問いに答えましょう。

（10点×２問）

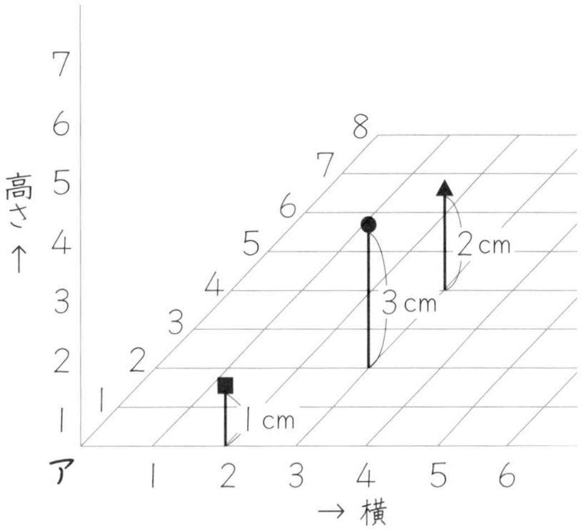

① ↑の位置を表しましょう。

（横　　　，たて　　　，高さ　　　）

② ■の位置を表しましょう。

（横　　　，たて　　　，高さ　　　）

3 点アをもとにして、
㋑ ㋒ ㋓ ㋔の位置を表しましょう。

（10点×４問）

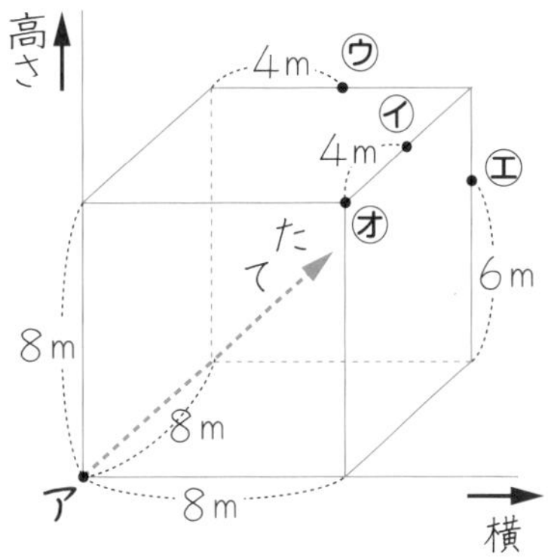

㋑（横　　　，たて　　　，高さ　　　）

㋒（横　　　，たて　　　，高さ　　　）

㋓（横　　　，たて　　　，高さ　　　）

㋔（横　　　，たて　　　，高さ　　　）

算数　月　日

19 計算のきまり

得点　／100

1 次の①～④を、計算のきまりを使って式を変《か》え、答えも求《もと》めましょう。（10点×４問）

① (○×△)×□＝○×(△×□)

(27×0.4)×25＝27×(0.4×25)＝

② (○＋△)＋□＝○＋(△＋□)

(27＋0.4) ＋1.6＝

③ ○×□＋△×□＝(○＋△)×□

27×9＋3×9＝

④ ○×□－△×□＝(○－△)×□

27×5－7×5＝

2 計算のきまりを使って式を変え、答えを求めましょう。（10点×４問）

① (18＋1.4)＋1.6＝

② (24×4)×2.5＝

③ 2.5×12＋2.5×18＝

④ 4.6×8－2.6×8＝

ヒント

○は7、△は5、□は3などと決めて、じっさいに計算のきまりに数をあてはめて計算するとよくわかります。

3 計算には、下のようなきまりがあります。

(1)

$\bigcirc \times \triangle = \triangle \times \bigcirc$　　(例《れい》) $7 \times 5 = 5 \times 7$

$\bigcirc + \triangle = \triangle + \bigcirc$　　$6 + 10 = 10 + 6$

$(\bigcirc \times \triangle) \times \square = \bigcirc \times (\triangle \times \square)$　　$(7 \times 8) \times 5 = 7 \times (8 \times 5)$

$(\bigcirc + \triangle) + \square = \bigcirc + (\triangle + \square)$　　$(6 + 7) + 3 = 6 + (7 + 3)$

$(\bigcirc + \triangle) \times \square = \bigcirc \times \square + \triangle \times \square$　　$(8 + 6) \times 5 = 8 \times 5 + 6 \times 5$

$(\bigcirc - \triangle) \times \square = \bigcirc \times \square - \triangle \times \square$　　$(8 - 5) \times 4 = 8 \times 4 - 5 \times 4$

上のきまりの１つを用いて、□にあてはまる数をかきましょう。
また、答えも求めましょう。（５点×３問）

① $(4.7 + 2.5) \times 4 = 4.7 \times 4 + 2.5 \times \square =$

② $(5.5 - 1.6) \times 6 = \square \times 6 - 1.6 \times 6 =$

③ $(3.8 \times 8) \times 2.5 = 3.8 \times (8 \times \square) =$

(2)

$\bigcirc \div \triangle = (\bigcirc \times \square) \div (\triangle \times \square)$　　(例) $6.5 \div 1.5 = (6.5 \times 4) \div (1.5 \times 4)$

このきまりを用いて、□にあてはまる数をかきましょう。
また、答えも求めましょう。（５点）

$3.5 \div 2.5 = (3.5 \times \square) \div (2.5 \times 4) =$

理科　　月　日

1　季《き》節《せつ》と生き物のようす (1)

得点　／100

1 春の生き物のようすについて、(　　)にあてはまる言葉を □ から選《えら》んでかきましょう。（4点×16問）

(1) あたたかくなると、南の方から日本にやってくる(①　　　　)などの(②　　　　)もふえてきます。

冬の間、葉を地面にはりつけていた(③　　　　)などの草花も、あたたかくなるにつれて(④　　　　)をのばし、葉を起こして(⑤　　　　)をさかせるようになります。

花　　くき　　ツバメ　　タンポポ　　わたり鳥

(2) ヘチマなど、春に(①　　　　)をまく植物は、あたたかくなるにつれて(②　　　　)を出して大きく(③　　　　)します。

水の温度が高くなってくると、カエルは(④　　　　)を産《う》んだり、(④　)が(⑤　　　　)にかえったりします。

成長《せいちょう》　　おたまじゃくし　　芽《め》　　種《たね》　　たまご

(3) サクラは、(①　　　　)が先にさき、後から(②　　　　)が出てきます。やがて(③　　　　)をつけるようになります。そのころにガのよう虫の(④　　　　)が、葉を食べていることがあります。

土の中でねむっていた(⑤　　　　)なども(⑥　　　　)を追いかけて、活動がさかんになります。

毛虫　　小さな虫　　花　　葉　　トカゲ　　実

日本にはアブラゼミ、ニイニイゼミ、ヒグラシ、クマゼミ、ミンミンゼミ、ツクツクボウシなど約《やく》30種《しゅ》のセミがいます。

2 夏の生き物のようすについて、（　　　）にあてはまる言葉を［　　］から選んでかきましょう。（4点×5問）

夏になると気温が（①　　　　）なり、植物はよく（②　　　　）ます。

土の中にいたセミのよう虫が木に登り（③　　　　）になります。

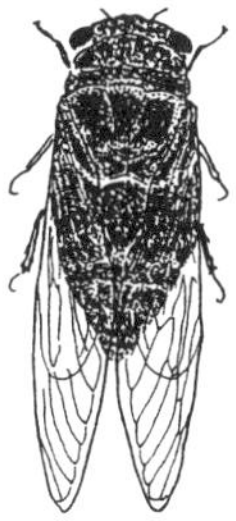

サクラの葉の緑色《みどりいろ》が（④　　　　）なり、葉の数も（⑤　　　　）なります。

育ち	成虫	高く	こく	多く

3 次の①～④は、近くの野原や池にいる動物のようすについて、かいたものです。㋐～㋓のどの動物についてかいたものですか。（　　　）に記号でかきましょう。（4点×4問）

① ナナホシテントウのよう虫がアブラムシを食べています。（　　　）

② オンブバッタのよう虫が大きくなってきています。（　　　）

③ オオカマキリのよう虫がえさをさがしています。（　　　）

④ オタマジャクシの後ろ足が出てきました。（　　　）

㋐

㋑
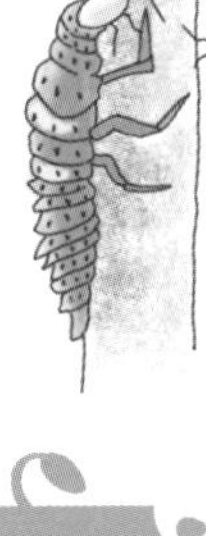

㋒
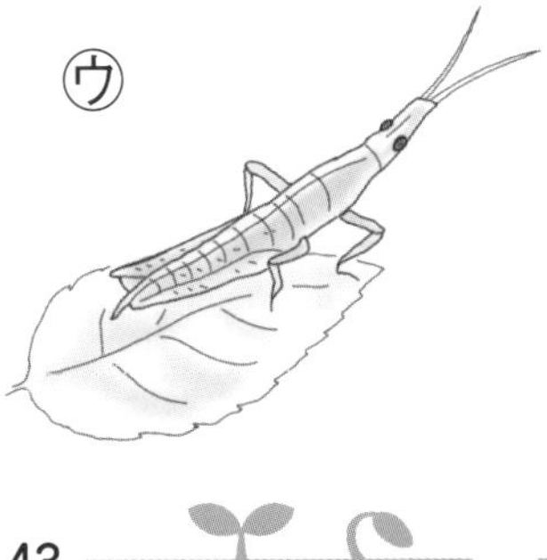

㋓
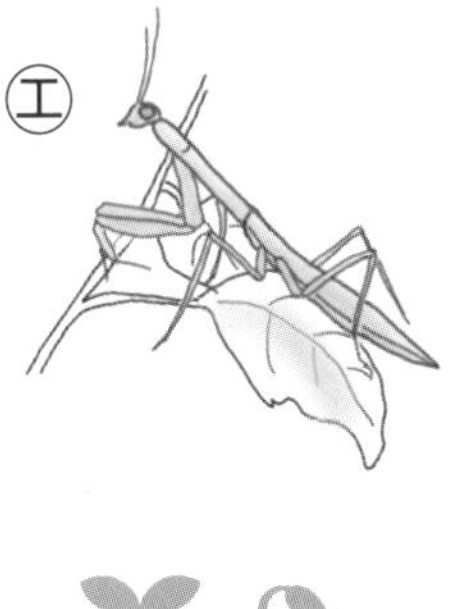

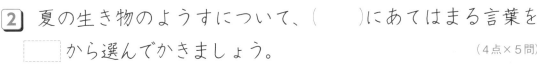

理科　　月　　日

2　季《き》節《せつ》と生き物のようす (2)

得点　／100

1 秋の生き物のようすについて、(　　)にあてはまる言葉を □ から選《えら》んでかきましょう。　(5点×4問)

秋になると気温が下がり(①　　　　　)なります。

植物によっては、葉の色が(②　　　　)や(③　　　　)にこう葉します。しだいに、葉やくきが(④　　　　)たりします。

赤色	黄色	すずしく	かれ

2 次の①～④は、近くの野原や池にいる動物のようすについて、かいたものです。㋐～㋓のどの動物についてかいたものですか。(　　)に記号をかきましょう。　(5点×4問)

① めすの上におすのオンブバッタがのっています。(　　)

② エノコログサにナナホシテントウがとまっています。(　　)

③ トノサマガエルが小さい虫を食べています。(　　)

④ オオカマキリが草のくきにたまごを産《う》んでいます。(　　)

㋐

㋑
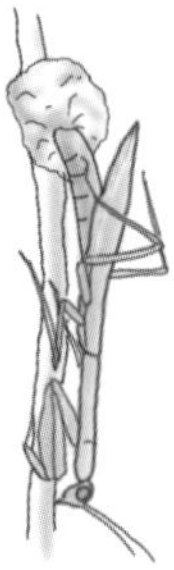

㋒

㋓
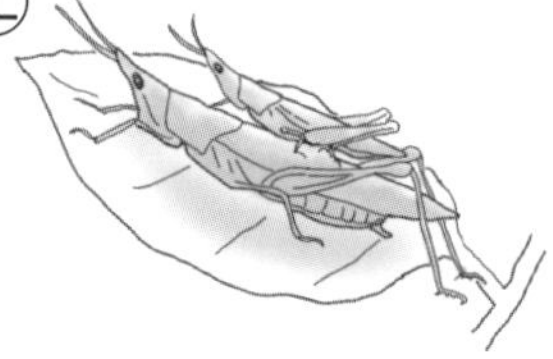

ヒント

サクラには、ヤマザクラ、エドヒガン、ソメイヨシノなどがあります。どのサクラの花もきれいです。サクラから、家具なども作られます。

3 冬の生き物のようすについて、（　　）にあてはまる言葉を［　　］から選んでかきましょう。（5点×9問）

(1) 冬になると、草などの植物は（①　　　　）ものもあります。

動物は、（②　　　　）にもぐったり、（③　　　　）やたまごで冬をすごすので、あまり（④　　　　）なります。

見られなく	あな	かれる	さなぎ

(2) サクラの（①　　　　）は落ちますが、えだの先には（②　　　　）ができています。（③　　　　）なると（②　）が成長《せいちょう》をはじめます。

フナやメダカは、冷《つめ》たい水の中では、（④　　　　）ません。

タンポポは、葉を地面に（⑤　　　　）冬をすごします。

はりつけて	葉	動き	芽《め》	あたたかく

4 動物の冬のすごし方はいろいろです。次の（　　）にあてはまる言葉を［　　］から選んでかきましょう。（5点×3問）

わたり鳥では、（①　　　　）のように南の（②　　　　）地方へわたるものや、（③　　　　）のように寒い北からわたってくるものがいます。

ツバメ	カモ	あたたかい

理科　　月　日　　得点

3 天気の変化《へんか》

/100

1 次の(　　　)にあてはまる言葉を［　　］から選《えら》んでかきましょう。

(5点×9問)

晴れの日の気温

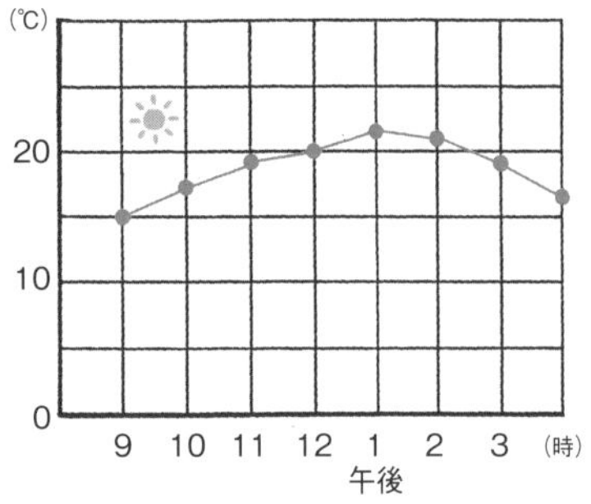

くもりの日の気温

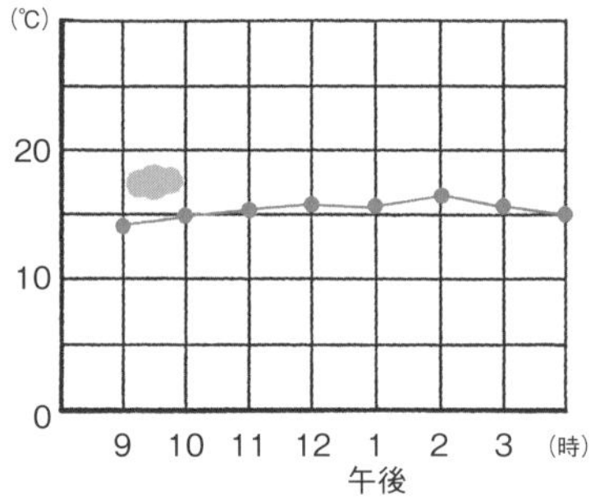

雨の日の気温

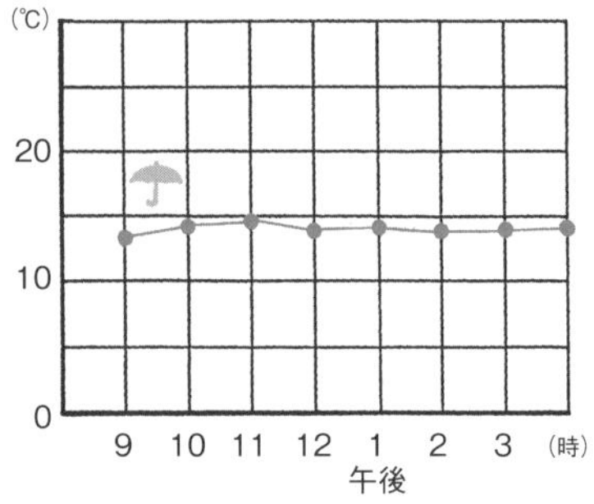

晴れの日の気温は、朝夕は(①　　　　)、昼すぎに(②　　　　)なります。

晴れの日は、1日の気温の変化《へんか》が(③　　　　)なります。

くもりの日や雨の日には、1日の気温の変化が(④　　　　)なります。

晴れの日の気温は、太陽が高くのぼるのにつれて、(②)なりますが、最高《さいこう》気温は(⑤　　　　)ではありません。午後1～2時ごろにずれるのは、まず(⑥　　　　)が(⑦　　　　)をあたためて、その(⑦)から(⑧　　　　)に熱《ねつ》が伝《つた》わるのに時間がかかるためです。

1日の最低《さいてい》気温は、太陽が地面をあたためはじめる(⑨　　　　)前になります。

大きく	小さく	高く	低《ひく》く	正午
地面	空気	日の出	日光	

> ヒント
> 百葉箱の温度計で、最高《さいこう》気温が25℃以上《いじょう》の日は夏日、30℃以上の日は真夏日、35℃以上の日をもう暑日といいます。

2 気温をはかる場所として、正しいものには○、まちがっているものには×をしましょう。 （5点×4問）

① （　　） コンクリートの上ではかります。

② （　　） しばふの上（1.2〜1.5m）ではかります。

③ （　　） 風通しのよい屋上ではかります。

④ （　　） 日がよく当たる場所ではかります。

3 気温をはかるときに使う上の図のような木の箱のことを何といいますか。 （7点） （　　　　　　　　）

4 温度計の読み方について、次の（　　）にあてはまる言葉を［　　］から選んでかきましょう。 （7点×4問）

(1) 温度計は、目もりを（①　　　　）から読みます。

温度計のえきの先が、ちょうど目もりの上にないときは、えきの先に（②　　　　）方の目もりを読みます。

(2) 右の図の㋐、㋑の温度計は、何度を示《しめ》していますか。

㋐（①　　　　） ㋑（②　　　　）

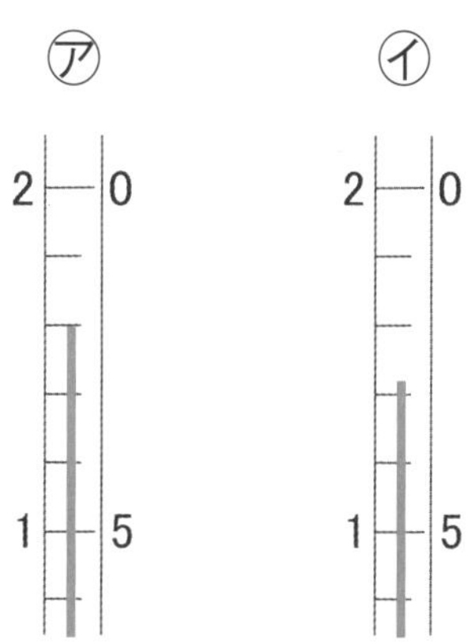

近い	真横	ななめ	15℃	16℃	17℃	18℃

理科　　月　　日　　得点

4　電池のはたらき

／100

1　次の(　　)にあてはまる言葉を［　］から選《えら》んでかきましょう。

（5点×6問）

右の図のように、かん電池の(①　　　)極《きょく》と豆電球、(②　　)極を、どう線でつなぐと、電気の通り道が(③　　　　)になり電気が(④　　　　)豆電球がつきます。

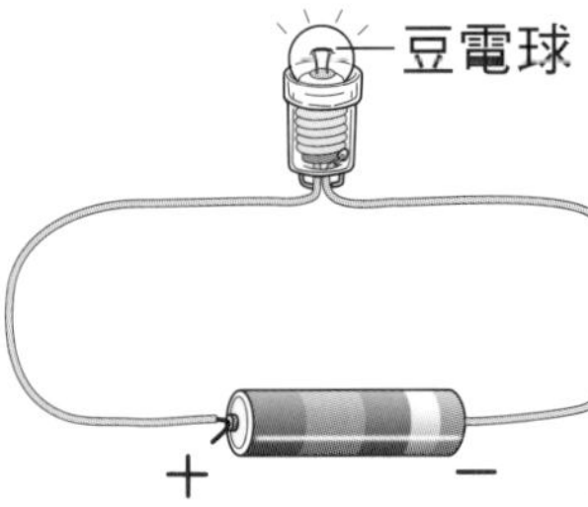

このように一《ひと》続《つづ》きにつながった電気の通り道のことを(⑤　　　)といいます。また、この電気の流れのことを(⑥　　　)といいます。

1つの輪《わ》	＋《プラス》	－《マイナス》	流れて	電流	回路

2　豆電球の明かりはつきますか。つけば○、つかなければ×を(　　)にかきましょう。

（10点×3問）

あ(　　　)

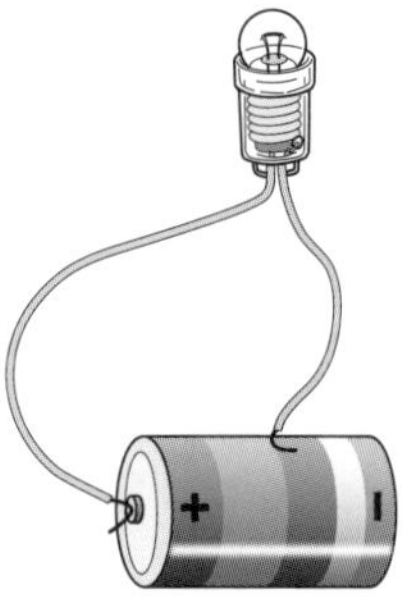

い(　　　)

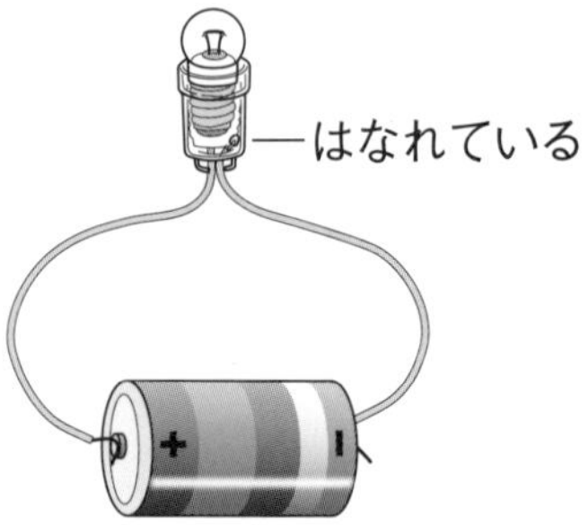

う(　　　)

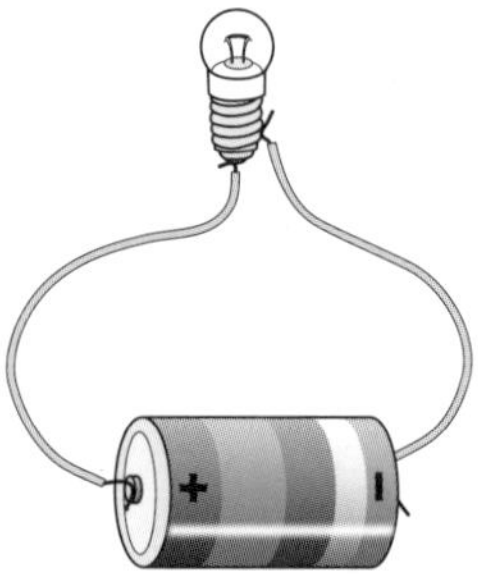

ヒント

電池には、かん電池、ちく電池、水銀電池、アルカリ電池、太陽電池、原子力電池などがあります。

3 次の(　　)にあてはまる言葉を[　　]から選んでかきましょう。

(5点×8問)

(図1)

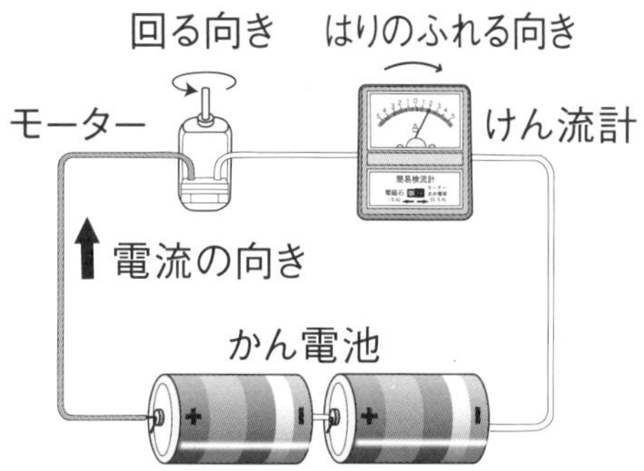

(図2)

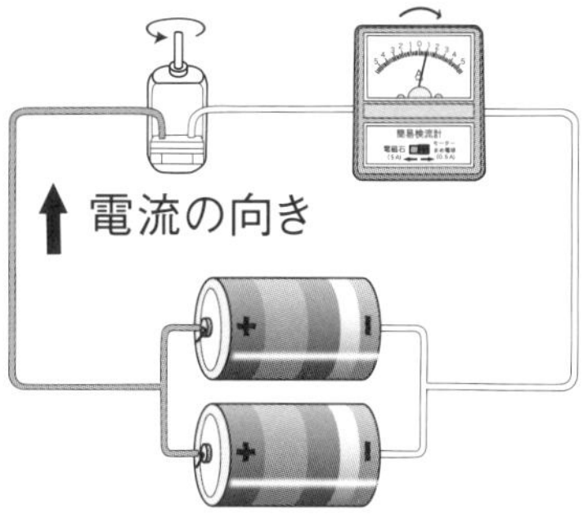

(1) 図1のようなかん電池のつなぎ方を(①　　　　)つなぎといいます。このつなぎ方にすると(②　　　　)のときとくらべてモーターの回る速さは(③　　　　)なります。

直列つなぎにすると、かん電池1このときとくらべて豆電球の明るさは(④　　　　)なります。

(2) 図2のようなかん電池のつなぎ方を(①　　　　)つなぎといいます。このつなぎ方にするとモーターの回る速さは、(②　　　　)のときと(③　　　　)になります。

へい列つなぎにすると、豆電球の光る時間の長さは、かん電池1このときとくらべて(④　　　　)になります。

明るく　同じぐらい　かん電池1こ
2倍ぐらい　速く　直列　へい列

理科　　月　日

5 空気と水

得点　／100

1 次の文で正しいもの4つに、○をつけましょう。（5点×4問）

①（　　）水でっぽうは、空気のおし返す力を利用《りよう》しています。

②（　　）エアーポットは、空気と水のせいしつを利用しています。

③（　　）ドッジボールに入れた空気をおしちぢめることができます。

④（　　）マヨネーズの空きようきは、おしちぢめることができます。

⑤（　　）水は空気と同じように、おしちぢめられます。

⑥（　　）とじこめられた空気は、かさが小さくなるほど、おし返す力が大きくなります。

2 図のように、つつの中に空気をとじこめておします。それぞれの①～③で、正しいものに○をつけましょう。（5点×3問）

(1) つつの中の空気のかさはどうなりますか。

①（　　）ふえます。

②（　　）小さくなります。

③（　　）変《か》わりません。

(2) おしぼうをおしたときの手ごたえはどうですか。

①（　　）力を入れておさないと動きません。

②（　　）急に重くなったり、軽くなったりします。

③（　　）軽くおすことができます。

(3) おしている手を急にはなすとどうなりますか。

①（　　）いきおいよく元にもどります。

②（　　）そのまま動きません。

③（　　）ゆっくりと元にもどります。

ヒント

空気にも重さはあります。空気１Ｌの重さは、約1.2gです。

3 次の空気でっぽうの図を見て、㋐～㋔の名前を［　　］から選《えら》んでかきましょう。 （5点×5問）

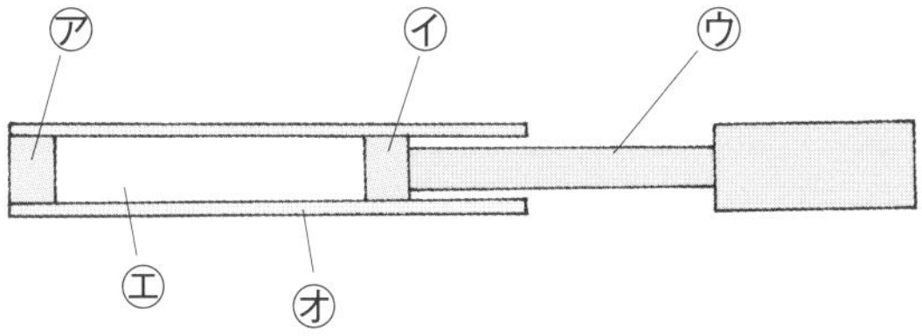

㋐	
㋑	
㋒	
㋓	
㋔	

空気　前玉　つつ
おしぼう　後玉

4 空気でっぽうについて、正しいものには○、まちがっているものには×をつけましょう。 （5点×8問）

① （　　） 玉は、つつの大きさにあえばスポンジのようなものも使えます。

② （　　） おしぼうを強くおすほど遠くへとびます。

③ （　　） つつの中の空気は、おしちぢめることができます。

④ （　　） 空気と同じように、水を入れても前玉を遠くへとばせます。

⑤ （　　） 前玉は、後玉がぶつかってとびます。

⑥ （　　） おしぼうは、つつより長い方がよいです。

⑦ （　　） おしぼうをおすと、玉はとび出します。

⑧ （　　） つつの中の空気がもれてしまうと玉はとびません。

理科　　月　　日　　得点

6　月や星（1）

／100

1 次の図のように月を観察《かんさつ》しました。（①15点・②③④5点）

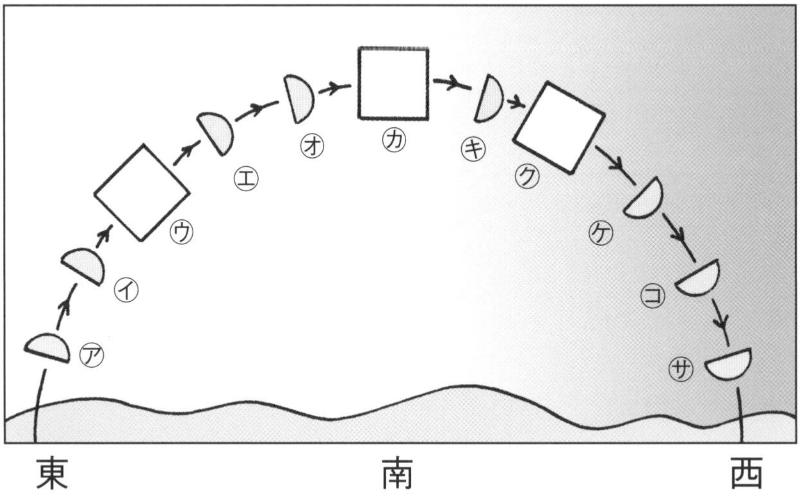

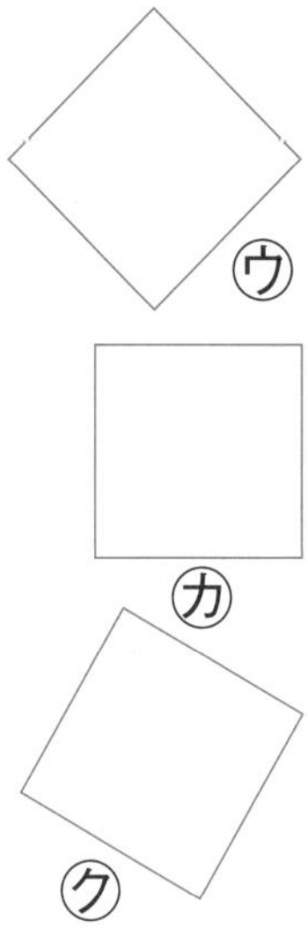

(1)　ウ、カ、クの月の形を右の□にかきましょう。

(2)　月が一番高い位置《いち》にあるのはどの位置ですか。図の中の記号で答えましょう。（　　）

(3)　カの位置に見える月は何時ごろですか。（　　　　）

(4)　この月が見えて１週間すぎると、どんな月が見られますか。

（　　　　）

2 次の文で正しいものには○、まちがっているものには×をつけましょう。（５点×５問）

①（　　）昼間に半月だった月は、その日のうちに満月《まんげつ》になります。

②（　　）半月は１週間たつと、見えなくなることもあります。

③（　　）正午にのぼった月は、真夜中にしずみます。

④（　　）半月は昼間でも見えることがあります。

⑤（　　）半月は１週間たつと、必《かなら》ず満月になります。

ヒント

昔のこよみで8月の十五夜（8月15日の夜。ほぼ満月《まんげつ》）の月を「中秋の名月」といい、おだんごをそなえ、ススキをかざりました。

3 次の図は、いろいろな形の月を表したものです。㋐から変《か》わっていく順《じゅん》に（　　　）に記号でかきましょう。（10点）

㋐　㋑　㋒　㋓　㋔　㋕

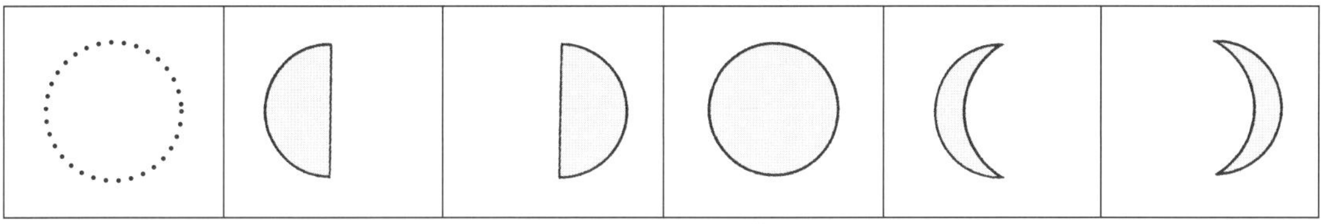

㋐→（　　　）→（　　　）→（　　　）→（　　　）→（　　　）→㋐

4 月の見え方や動きを調べたカードが2まいあります。
次の（　　　）にあてはまる言葉を［　　］から選《えら》んでかきましょう。
（5点×7問）

㋐

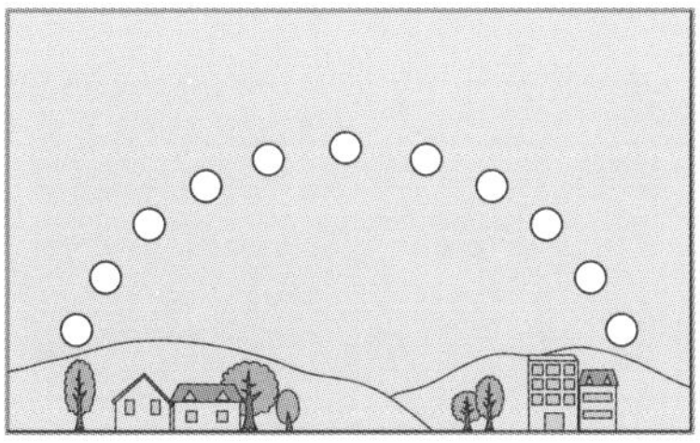

㋑

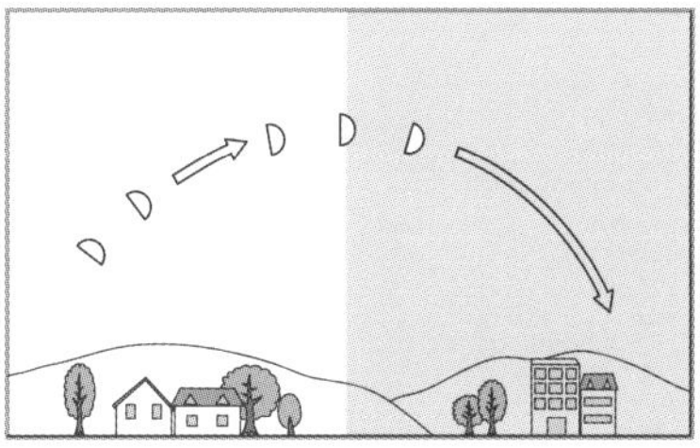

月の（①　　　）は、日によって変わります。㋐の形の月を（②　　　）、㋑の形の月を（③　　　）といいます。

月の動き方は（④　　　）の動き方ににています。

どの形の月も、すべて（⑤　　　）の空から出て、（⑥　　　）の空を通って、（⑦　　　）の空に、しずみます。

満月	半月	東	西	南	形	太陽

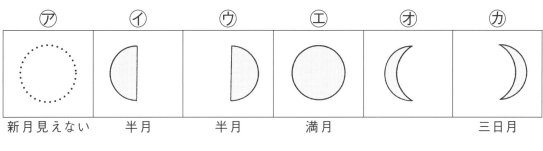

理科　　月　　日　　得点

7 月や星 (2)

／100

1 次の文で正しいものには○、まちがっているものには×をつけましょう。（3点×10問）

① (　　) 星にはいろいろな色があります。

② (　　) 月は、昼間はまったく見ることができません。

③ (　　) 1等星は2等星より暗い星です。

④ (　　) 月は、東から西へと動いています。

⑤ (　　) 星には、自分で光を出すものと、出さないものがあります。

⑥ (　　) 月は、毎日、見える形を変《か》えていきます。

⑦ (　　) 新月とは、新しくできた月のことです。

⑧ (　　) 星ざの星のならび方は、いつも同じです。

⑨ (　　) 南の空に見える星の動きは、太陽の動きと同じで東から西へ動きます。

⑩ (　　) オリオンざは、北の方の空に見られる星ざです。

2 1時間だけ星の動きを観察《かんさつ》しました。次の図は、東・西・南・北のどの方位《ほうい》の空ですか。（5点×4問）

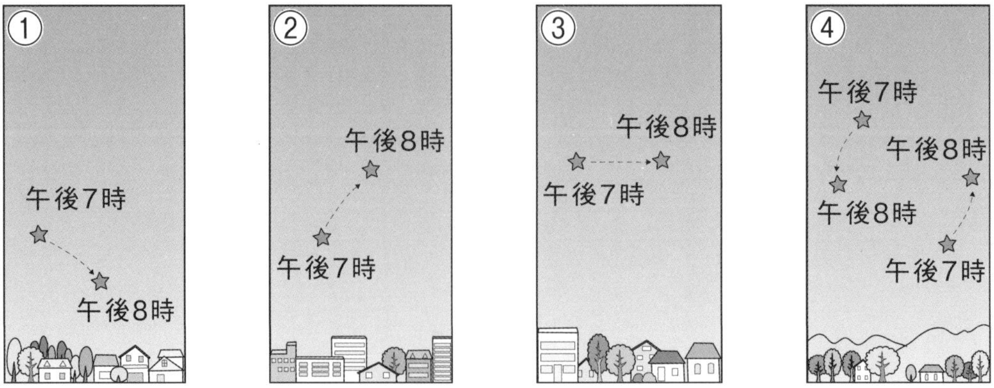

(　　　　)　(　　　　)　(　　　　)　(　　　　)

夜空に小さく光って見える天体を星といいます。
ただし、ふつうは、太陽と月は、星といわず、名前でいいます。

3 図は、夏の大三角を表しています。①～③には星の名前を、㋐～㋒には星ざの名前を［　　］から選《えら》んでかきましょう。（5点×6問）

① ［　　　　］

㋐（　　　　ざ）

㋒（　　　　ざ）

② ［　　　　］

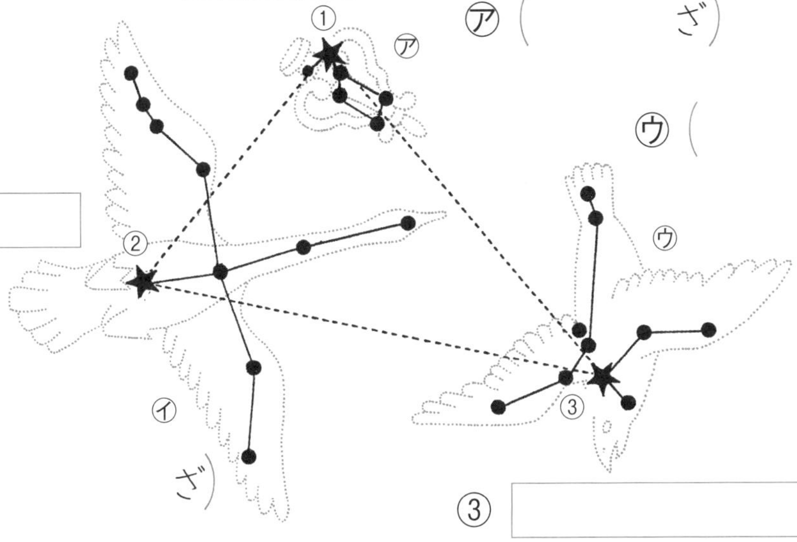

㋑（　　　　ざ）

③ ［　　　　］

はくちょう　こと　わし　ベガ　アルタイル　デネブ

4 図は、冬の大三角を表しています。①～③には星の名前を、㋐には星ざの名前を［　　］から選んでかきましょう。（5点×4問）

① ［　　　　］

② ［　　　　］

③ ［　　　　］

㋐（　　　　ざ）

ベテルギウス　オリオン
プロキオン　シリウス

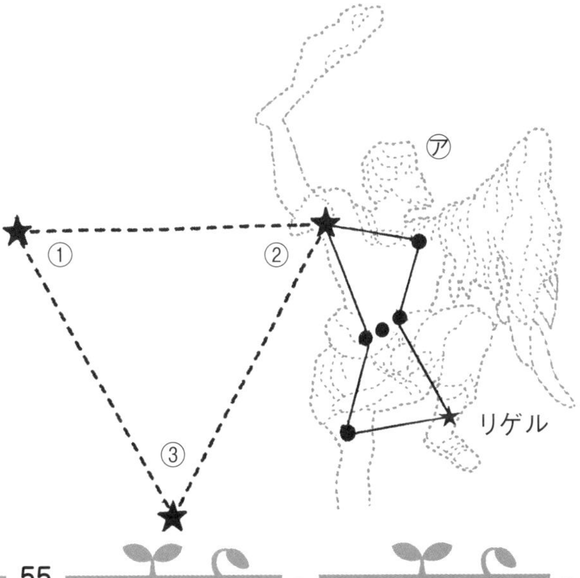

理科　　月　日　　得点

8 ヒトの体のつくり

／100

1　次の図はヒトの体のほねのようすを表しています。

次の①～⑤の文章はどの部分のほねを説明《せつめい》したものですか。

（　　）には、図の記号を、□には、ほねの名前を□から選《えら》んでかきましょう。（8点×5問）

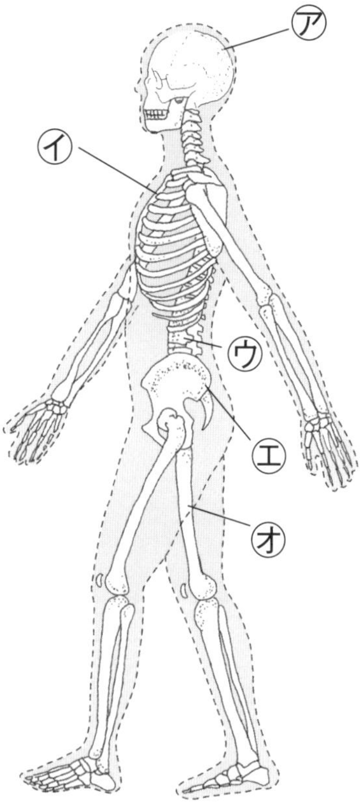

① 丸くて、かたく、のうを守っています。

（　　）□

② ちょうなどの内ぞうを守っています。

（　　）□

③ 立って歩くために、両方で体をささえています。

（　　）□

④ むねの中のはいや心ぞうなどを守っています。

（　　）□

⑤ 体をささえる柱のような役わりをしています。

（　　）□

足のほね	せなかのほね	こしのほね
むねのほね	頭のほね	

ヒント

「ほね」の入った言葉。やせてほねと皮になる。ほねのある人。ほねがおれる仕事。この家はほね組がしっかりしている。などなど。

2 次の図はヒトのきん肉の図です。

(1) 次のきん肉は、図のどのきん肉ですか。記号で答えましょう。（6点×5問）

① 指のきん肉 （　　）

② うでのきん肉 （　　）

③ むねのきん肉 （　　）

④ ふとももの きん肉 （　　）

⑤ ふくらはぎのきん肉 （　　）

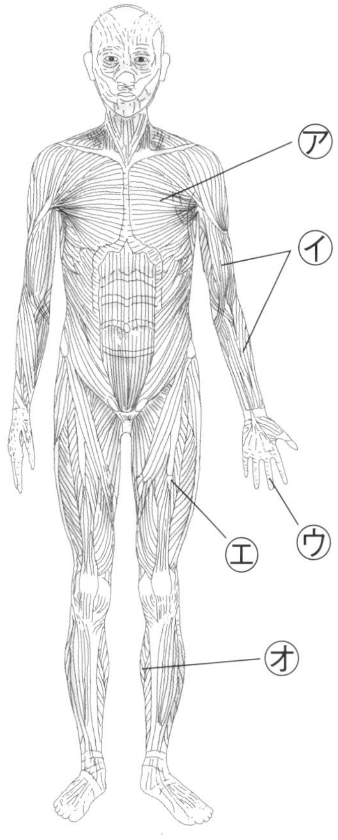

(2) 次の（　　）にあてはまる言葉を［　　］から選んでかきましょう。（6点×5問）

わたしたちは、（①　　）についているきん肉を（②　　）たり、ゆるめたりすることで（③　　）を動かすことができます。

うでを曲げるときには、内側《うちがわ》のきん肉は（④　　）、外側のきん肉は（⑤　　）ます。

ゆるみ　　体　　ほね　　ちぢめ　　ちぢみ

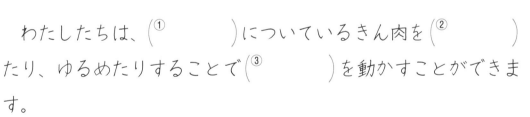

9　温度によるものの体積の変化《へんか》

得点　／100

1 図のように、輪《わ》をちょうど通る大きさの金ぞくの球と金ぞくの輪があります。後の問いに答えましょう。

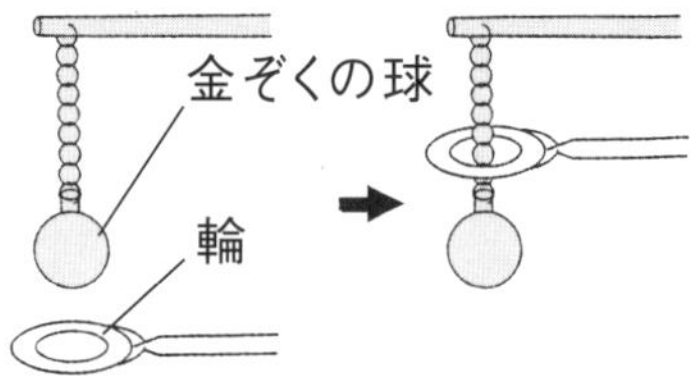

(1) 次の（　　）にあてはまる言葉を［　　］から選《えら》んでかきましょう。（5点×3問）

実験Ⓐ

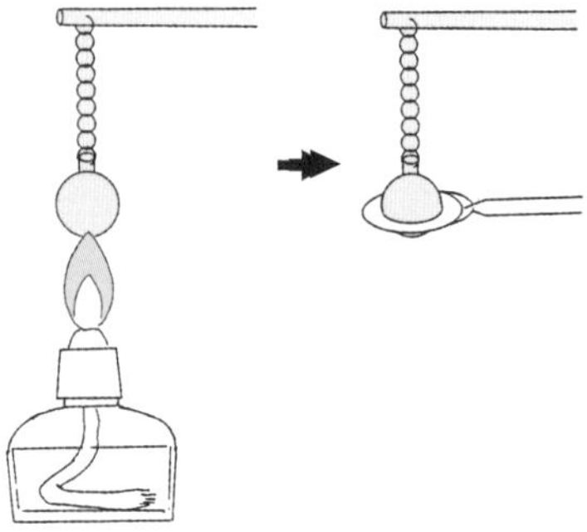

金ぞくの球を、**実験《じっけん》Ⓐ**のように（①　　　　　　）であたためてやると、輪を（②　　　　　　）なりました。

輪を（②）なったのは、金ぞくの球があたためられて、その体積が（③　　　　）なったからです。

大きく　通らなく　アルコールランプ

(2) (1)の球を**実験Ⓑ**のように水道水で冷《ひ》やしました。金ぞくの球は、輪を通りますか、それとも輪を通りませんか。（5点）

実験Ⓑ

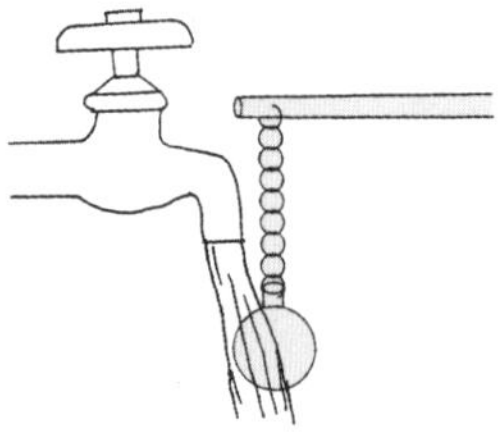

（　　　　　　　　）

ヒント

金ぞくは、ふつう光《こう》たくがあり、熱《ねつ》や電気をよく通し、曲げたりのばしたりできます。ふつうは固体《こたい》です。

2 次の（　　）にあてはまる言葉を［　　］から選んでかきましょう。

（8点×6問）

ジャムのびんのふたなど、金ぞくのふたが開かなくなったら、（①　　　）の中に入れて、ふたを（②　　　　）ます。すると、金ぞくの体積が（③　　　）て、ふたが少し（④　　　）なり、びんとふたにすき間ができます。そして、開けることができます。

鉄道のレールを見ると、つなぎ目に少しすき間があります。これは、夏の（⑤　　　）で、レールが（⑥　　　）も線路が曲がらないようになっているのです。

大きく	湯	ふえ	あたため	暑さ	のびて

3 次の（　　）にあてはまる言葉を［　　］から選んでかきましょう。

（8点×4問）

金ぞくや水、空気などは、その温度が上がると、体積は（①　　　）ます。

金ぞくや水、空気などは、その温度が下がると、体積は（②　　　）ます。

温度による体積の変化《へんか》は、金ぞく、水、空気によってちがいます。空気の変化は、金ぞくや水より（③　　　）、金ぞくの変化は、水や空気より（④　　　）なります。

へり	ふえ	大きく	小さく

10 もののあたたまり方

／100

1 金ぞくの板の表面にろうをぬり、○の印《しるし》のところをアルコールランプで熱《ねっ》します。Ⓐ、Ⓑ、Ⓒのそれぞれの板で、•点**ア**、**イ**、**ウ**、**エ**のろうのとける順《じゅん》を（　　）にかきましょう。（5点×3問）

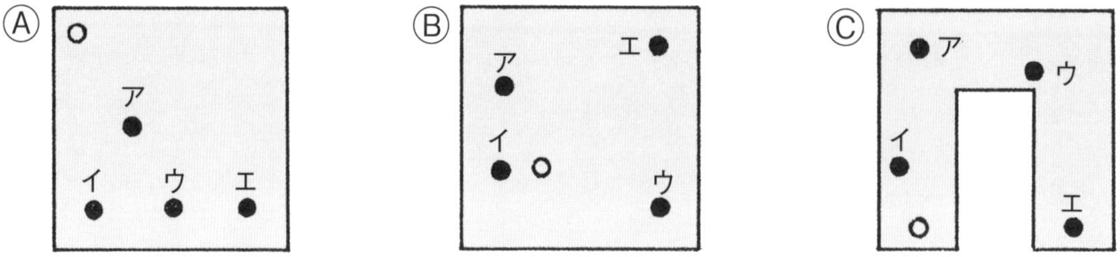

Ⓐ　ア　→（　　）→（　　）→（　　）

Ⓑ（　　）→（　　）→（　　）→（　　）

Ⓒ（　　）→（　　）→（　　）→（　　）

2 ビーカーに水を入れて、アルコールランプであたためたときの水の動きのようすを図に→でかき表しました。（5点×2問）

正しい図を2つ選《えら》び、番号で答えましょう。（　　）（　　）

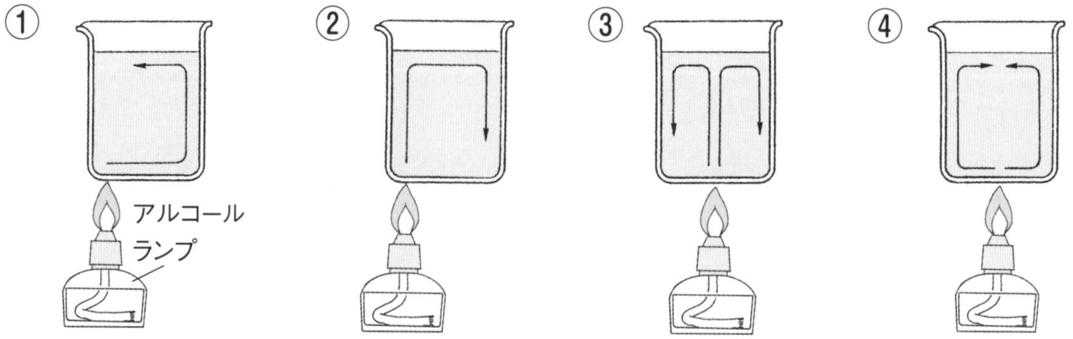

ヒント
水を熱《ねっ》すると、上の方が熱《あつ》くなっても、下はまだ冷《つめ》たいところがあります。熱するのを止めると、熱が低《ひく》い方へ伝《つた》わっていき、水全体が同じ温度になります。

3 試験管《しけんかん》に水を入れてⒶ、Ⓑのようにあたためます。（　　）にあてはまる言葉を□から選んでかきましょう。（5点×15問）

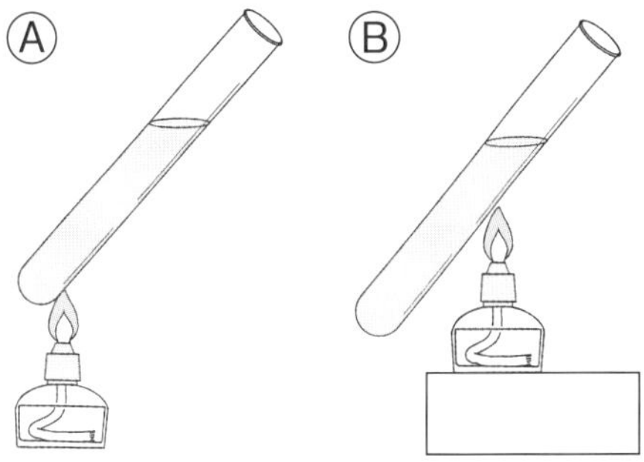

Ⓐの試験管は（①　　　　）を持って、（②　　　　）をあたためます。すると、間もなく（③　　　　）も（④　　　　）もあたたかくなります。

Ⓑの試験管は（⑤　　　　）を持って、（⑥　　　　）をあたためます。すると、（⑦　　　　）はふっとうしてきますが、（⑧　　　　）は冷《つめ》たいままです。

水のあたたまり方は（⑨　　　　）とはちがい、あたためられた部分が（⑩　　　　）へ動き、はじめ上の方にあった（⑪　　　　）部分が（⑫　　　　）へ動きます。これは、あたためられた水の（⑬　　　　）がふえて（⑭　　　　）なるからです。

昔のふろは、下からわかしたので、湯の（⑮　　　　）が熱《あつ》くても、下の方は冷たかったので、かき回してから湯に入りました。

軽く	重く	金ぞく	体積
上の方	下の方	冷《つめ》たい	

◉何度も使う言葉もあります。

理科　　月　　日　　得点

11 水の3つのすがた

／100

1 氷をビーカーに入れてあたためると、やがて氷はすべてとけて水になりました。

さらにあたためていくと、水がふっとうし、水の量《りょう》がへっていきました。（8点×5問）

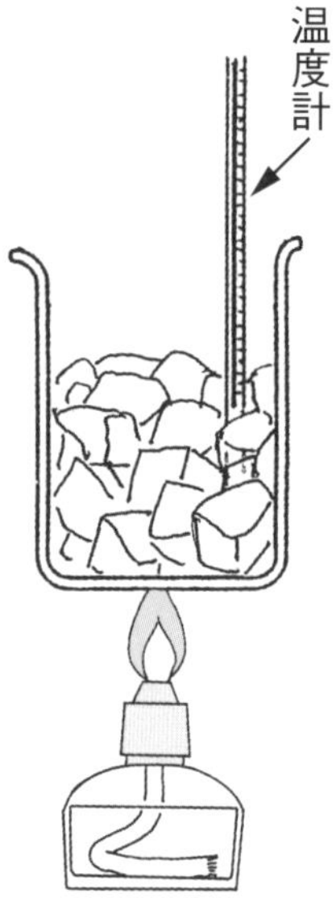

(1) この実験《じっけん》で、水のすがたは、どのように変化《へんか》しましたか。（　　）に、えき体、気体、固体《こたい》の言葉をかきましょう。

（①　　　　）→（②　　　　）→（③　　　　）

(2) 氷が水になりはじめたときの温度は何度ですか。

（　　　　）

(3) 水がふっとうしているときの温度は何度ですか。

（　　　　）

2 次の①～③の中で正しいものを２つ選《えら》び、○をつけましょう。（10点）

①（　　）　固体の鉄も熱《ねっ》すれば、固体がえき体になります。

②（　　）　水が変化して気体になると、もう、えき体にもどりません。

③（　　）　固体の氷がえき体の水になる温度と、えき体の水が固体の氷になる温度は同じです。

ヒント

水はこおるとき、体積《たいせき》が1.1倍ほどになります。水が水じょう気になるとき、体積は1700倍ほどになります。

3 図は、フラスコに水を入れてふっとうさせているところです。後の問いに答えましょう。 （8点×5問）

(1) ㋒のあわは、何ですか。

（　　　　　　　）

(2) ㋐、㋑どちらの方が温度が高いですか。 （　　　）

(3) ㋑の白く見えるけむりのようなものは何ですか。 （　　　）

(4) ㋐の何も見えないところには、何が出ていますか。

（　　　　　　　）

(5) ㋐の管《くだ》に風船をとりつけました。風船はどうなりますか。

（　　　　　　　）

4 水の入ったバケツの上からビニールぶくろをかぶせて、しばらくおいておくと、ビニールぶくろの中は、どうなりますか。㋐～㋓からあてはまるものを2つ選び、○をつけましょう。

（10点）

㋐（　　）ビニールぶくろの内側《うちがわ》がくもりました。

㋑（　　）ビニールぶくろが大きくふくらみました。

㋒（　　）何も変化《へんか》がありません。

㋓（　　）ビニールぶくろの内側に水てきがつきました。

1 日本の国土

1 次の日本地図を見て、後の問いに答えましょう。（5点×20問）

(1) それぞれの地方の名前をかきましょう。

ア		イ	
ウ		エ	中部地方
オ		カ	中国地方
キ		ク	

(2) 次の文はどの地方のようすを表したものでしょうか、地方名をかきましょう。

① 日本のもっとも北にあり、広大な土地で農業がさかんである。

（　　　　）地方

② 日本の中心東京があり、人口がもっとも多く産業《さんぎょう》もさかんである。

（　　　　）地方

ヒント

８つの地方の他《ほか》にも、北陸《ほくりく》地方（新潟《にいがた》、富山《とやま》、石川、福井《ふくい》の４県）、東海《とうかい》地方（静岡《しずおか》・愛知《あいち》・岐阜《ぎふ》・三重《みえ》の４県）ということがあります。

③ ４つの県からできており、気候《きこう》がおだやかな地方である。

　　　　地方

④ 面積《めんせき》の大きな県が多く、米づくりがさかんである。

　　　　地方

⑤ 日本の南西に位置《いち》し、中国や台湾《たいわん》とは海をはさんでとなりどうしである。

　　　　地方

⑥ れきしのある京都《きょうと》や奈良《なら》、商売のまち大阪《おおさか》などいろいろな文化がある。

　　　　地方

⑦ 北は日本海に面し、農業がさかん、南は太平洋《たいへいよう》に面し工業がさかんである。

　　　　地方

⑧ 北は日本海、南は瀬戸内海《せとないかい》がある。世界いさんの広島《ひろしま》、宮島《みやじま》がある。

　　　　地方

(3) それぞれの地方にある都市名を　　から選《えら》んでかきましょう。

北海道地方		近畿《きんき》地方	
東北地方		中国地方	広島
関東《かんとう》地方		四国地方	松山
中部地方		九州地方	

東京　福岡《ふくおか》　仙台《せんだい》
神戸《こうべ》　名古屋《なごや》　札幌《さっぽろ》

月　　日

得点

2 都《と》道《どう》府《ふ》県《けん》（Ⅰ）

／100

1 次の①～㊼の都道府県《とどうふけん》名と、A～Hの地方名をかきましょう。
（2点×50問）

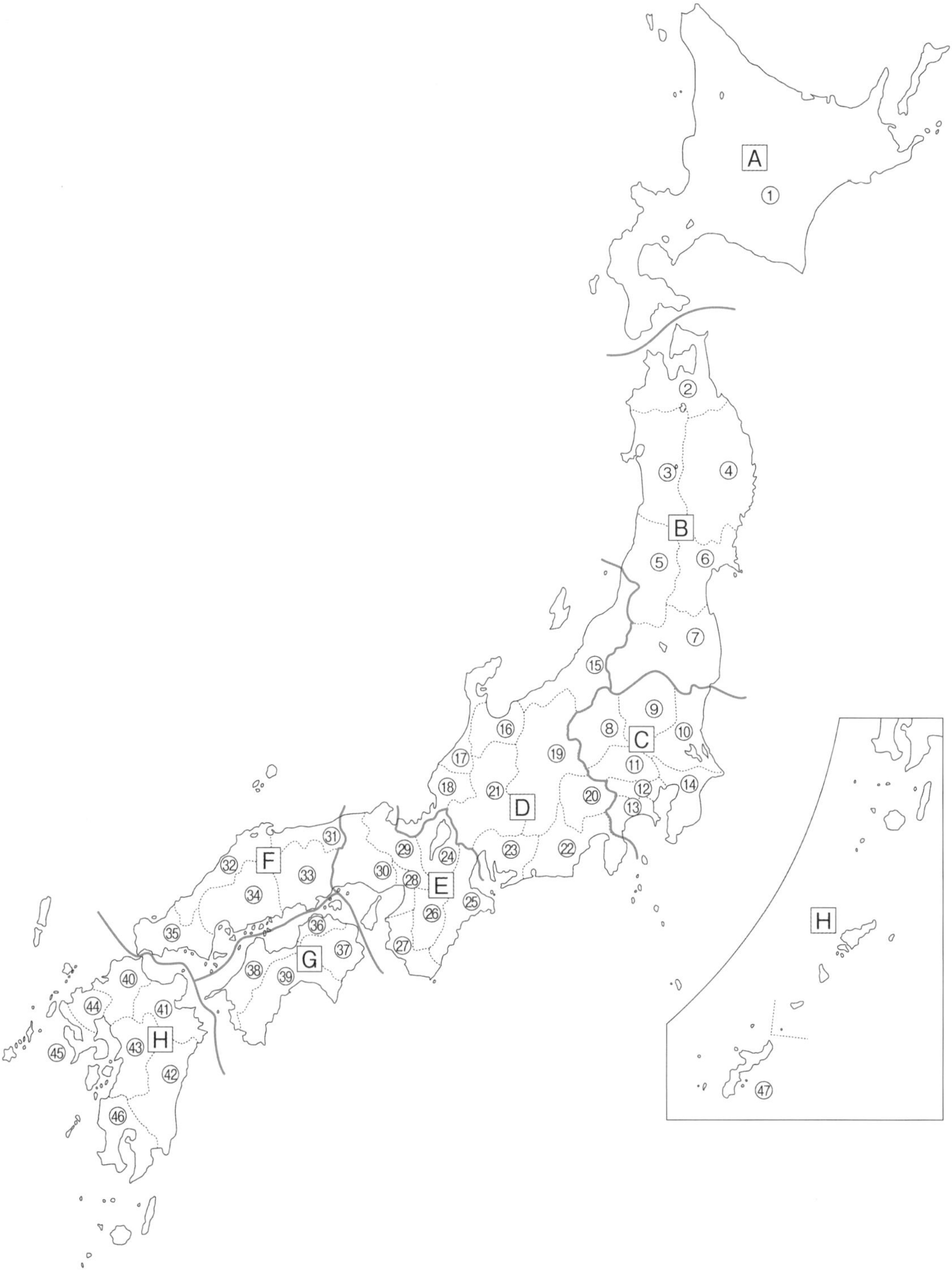

ヒント

日本で100km²以上の島は29あります。大きい順《じゅん》に、本州・北海道・九州・四国・択捉島《えとろふとう》・国後島《くなしりとう》・沖縄島《おきなわじま》・佐渡島《さどがしま》・奄美大島《あまみおおしま》・対馬《つしま》・淡路島《あわじしま》などがあります。

①	
②	
③	
④	
⑤	
⑥	宮城県《みやぎけん》
⑦	
⑧	
⑨	
⑩	
⑪	
⑫	
⑬	神奈川県《かながわ》
⑭	
⑮	
⑯	

⑰	
⑱	
⑲	
⑳	
㉑	
㉒	
㉓	
㉔	
㉕	
㉖	
㉗	
㉘	
㉙	
㉚	
㉛	
㉜	

㉝	
㉞	
㉟	
㊱	
㊲	
㊳	愛媛県《えひめ》
㊴	
㊵	
㊶	
㊷	
㊸	
㊹	
㊺	
㊻	
㊼	

A		地方
B		地方
C		地方

D		地方
E	近畿《きんき》	地方
F		地方

G		地方
H	九州	地方

3 都《と》道《どう》府《ふ》県《けん》 (2)

1 都道府県《とどうふけん》名と県庁所在地《けんちょうしょざいち》名がちがうのは、①～⑲の県です。白地図に色をぬりましょう。

（4点×25問）

①～⑲の都道府県名と県庁所在地名を、調べてかきましょう。

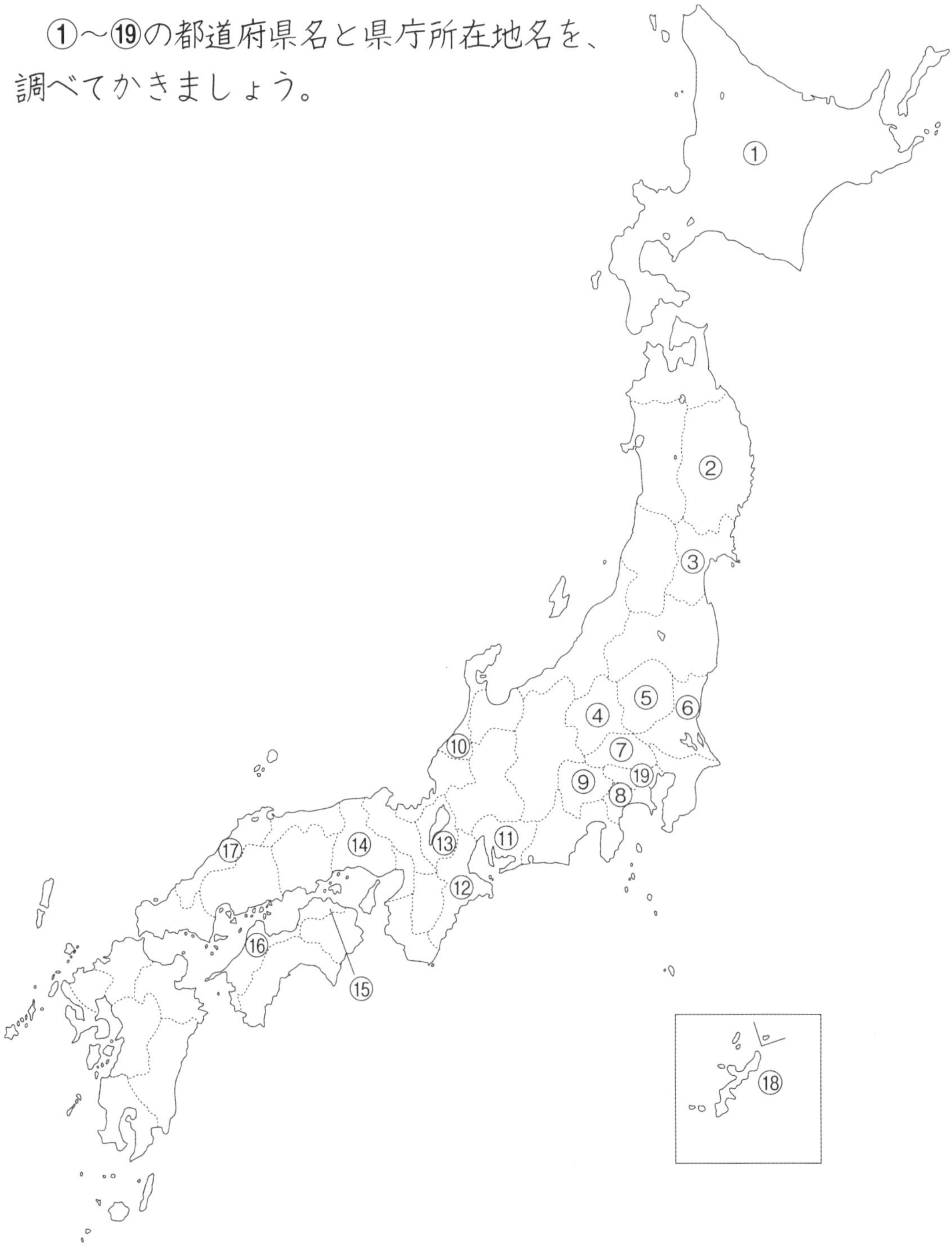

ヒント

日本の山で3000mをこす山は8つあります。富士山《ふじさん》・北岳《きただけ》、奥穂高《おくほたか》岳《だけ》・槍ヶ岳《やりがたけ》・赤石岳《あかいしだけ》・御嶽山《おんたけさん》・乗鞍岳《のりくらだけ》・立山《たてやま》です。

	都道府県名	県庁所在地名
①		
②		盛岡市《もりおか》
③		
④	群馬県《ぐんまけん》	
⑤		宇都宮市《うつのみや》
⑥	茨城県《いばらき》	
⑦	埼玉県《さいたま》	さいたま市
⑧		
⑨		甲府市《こうふ》
⑩		
⑪	愛知県《あいち》	
⑫		津市《つ》
⑬	滋賀県《しが》	
⑭		
⑮	香川県《かがわ》	
⑯		
⑰	島根県	
⑱		
⑲	東京都	（新宿区《しんじゅく》）

月　日

得点

／100

4 ごみのしょり（1）

1 次の（　　）にあう言葉を［　　］から選《えら》んでかきましょう。

（6点×4問）

・　生ごみや紙、ぬのなどのごみを（①　　　　）ごみ、かん電池、電球などのごみを（②　　　　）ごみといいます。

・　たんす、つくえ、自転車、ふとんなどの大きなごみを（③　　　　）ごみといいます。

・　ペットボトル、だんボール箱《ばこ》、新聞紙など、一度使ったものを再利用《さいりよう》できるごみを（④　　　　）ごみといいます。

資源《しげん》　もえない　大型《おおがた》（そ大《だい》）　もえる

2 次の絵のごみを４種類《しゅるい》に分け、［　　］に番号でかきましょう。

（4点×9問）

①

②

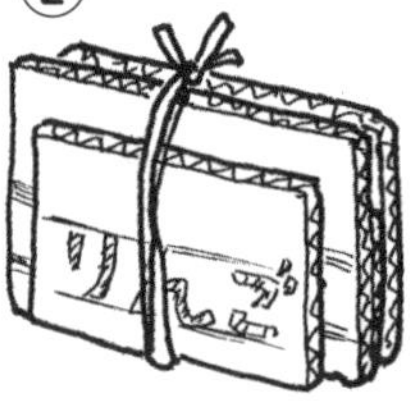

③

④

⑤

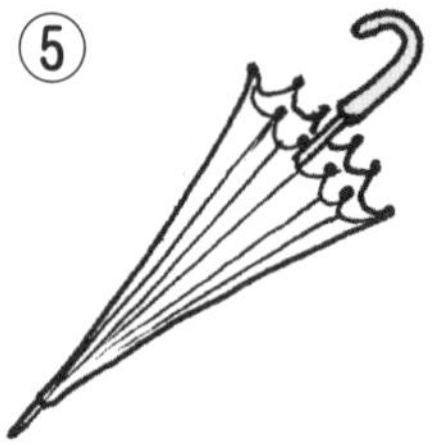

⑥

⑦

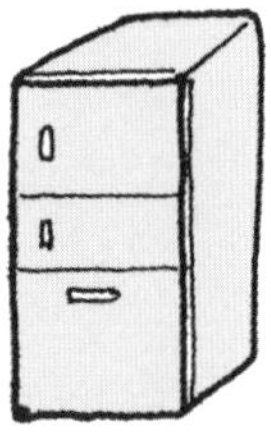

⑧

⑨

ヒント

リサイクルとは、使われて不用になった物を、もう一度活用すること。
リサイクルショップはわかりますね。サイクルショップは自転車屋です。

もえるごみ

もえないごみ

資源ごみ

大型ごみ

3 次の問いに答えましょう。

(1) リサイクルは、ごみをへらすための方法《ほうほう》の１つです。

リサイクルについて書かれた次の文で、｛　　｝のうち正しい方に○をつけましょう。（５点×２問）

リサイクルとは、ごみをへらし、資源を大切にするために一度使ったものを｛（　　）うめ立て　（　　）再利用｝したり、｛（　　）原料　（　　）エネルギー｝として新しいせい品をつくったりすることをいいます。

(2) 次のリサイクルマークはどんなものについているでしょう。（10点×３問）

㋐

㋑

㋒

社会　　月　　日

5 ごみのしょり (2)

得点　／100

1 次の文は、クリーンセンターを見学するときの見学のしかたです。(　　)にあてはまる言葉を［　　］から選《えら》んでかきましょう。

（5点×4問）

・　ごみの流れを観察《かんさつ》し、(①　　　　　　　　)のしくみを調べる。

・　クリーンセンターで働《はたら》く人の(②　　　　　　)や(③　　　　　)について、インタビューをする。

・　見学して(④　　　　　　　　　)をメモしておく。

くふう	気づいたこと	クリーンセンター	努力《どりょく》

2 次の絵は、見学したクリーンセンターです。

（8点×3問）

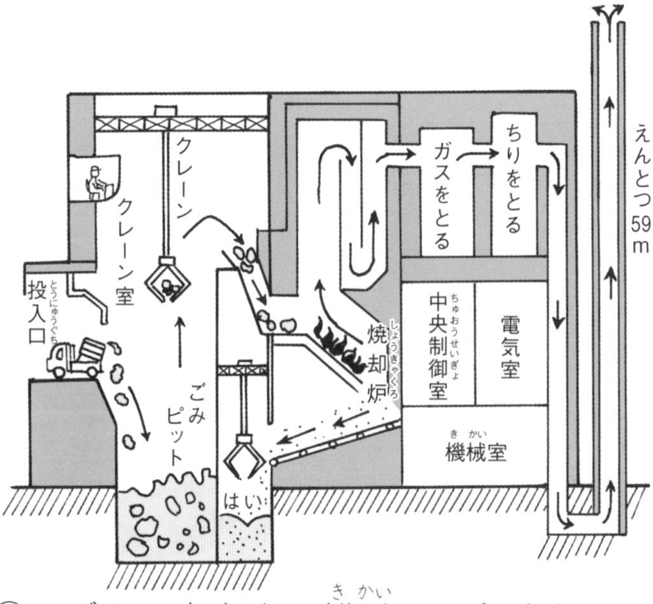

① ごみを集めて、ためておくところを何といいますか。

［　　　　　　　　］

② ごみをもやすところを何といいますか。

［　　　　　　　　］

③ ごみのもえ方や機械《きかい》のようすを、かんししているところを何といいますか。

［　　　　　　　　］

ヒント

クリーンセンターは、国語辞典《じてん》にはのっていないかもしれません。
新しくつくられた言葉が辞典にのるまでに、少し時間がかかります。

3 次の文を読み、それぞれのごみのゆくえについて [　　] から言葉を選んでまとめましょう。（8点×7問）

パッカー車で運ばれてきたごみは、**2**の①にいったんためられます。それを大きなクレーンでつかみ、**2**の②の中に入れて約《やく》900度の熱《ねつ》でもやし、うめ立て場にうめます。ごみをもやしたときに出る熱は、電気として使われたり、建物《たてもの》のだんぼうや機械を動かす力として用いられています。また、ごみをやいたときににおいやけむりが外に出ないよう、高いえんとつにしていることもくふうの1つです。

資源《しげん》ごみの新聞紙やざっしなどは専門《せんもん》の工場でしょりされ、再生紙《さいせいし》につくり直されます。また、カンは鉄のものとアルミのものに、びんも色ごとに分けられて再生《さいせい》工場に運ばれます。ペットボトルも公園のベンチなどに再利用《さいりよう》されています。

もえるごみ ➡ 約900度で ① [　　　　]、② [　　　　] にうめる。

新聞紙など ➡ 専門の工場で、③ [　　　　] につくり直される。

カン ➡ ④ [　　　　] と ⑤ [　　　　] に分けられる。

びん ➡ ⑥ [　　　　] に分けられる。

ペットボトル ➡ 公園のベンチなどに ⑦ [　　　　] される。

鉄　再利用　もやし　色ごと　うめ立て場　アルミ　再生紙

社会　　月　　日　　得点

6 くらしと水

／100

1 次の絵を見て、後の問いに答えましょう。

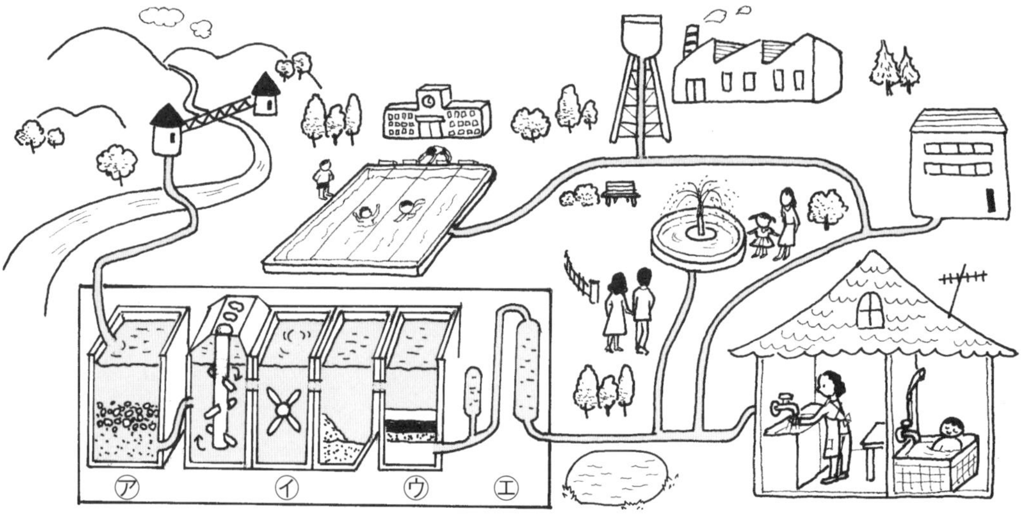

(1) ㋐～㋓は、それぞれ何という名前でしょう。［　　］から言葉を選《えら》んでかきましょう。（5点×4問）

㋐［　　　　］　㋑［　　　　］

㋒［　　　　］　㋓［　　　　］

ポンプ　　ちんでん池　　ろか池　　ちんさ池

(2) わたしたちが飲む水は、㋐～㋓の順《じゅん》でつくられています。次の文にあてはまる記号を、（　　）にかきましょう。（5点×4問）

①（　　）すなや大きなごみをしずめる。

②（　　）薬品をまぜて、ごみを固《かた》める。

③（　　）きれいになった水を送り出す。

④（　　）水をこして、きれいな水にする。

ヒント

「上水」飲み水などとして管《かん》などを通して送られてくるきれいな水。
「下水」住宅《じゅうたく》・工場などから流れ出るよごれた水。

2 次の絵を見て、後の問いに答えましょう。

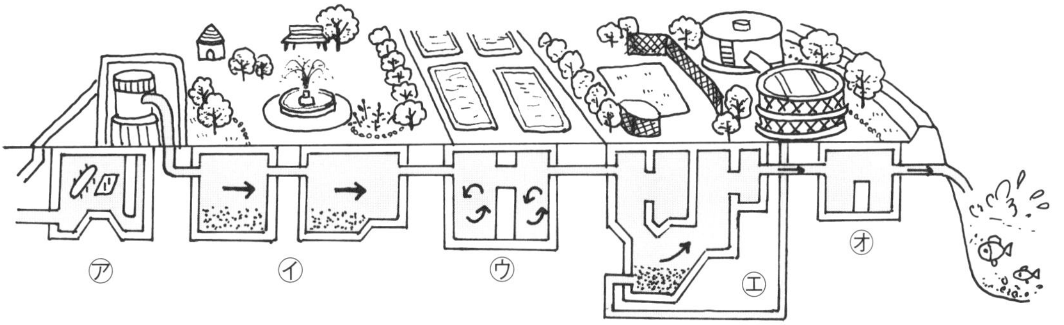

絵の㋐～㋔の働《はたら》きとあうものを（　　）の中に記号でかきましょう。　（8点×5問）

①（　　　）空気を送ってかき回し、ごみをしずみやすくする。

②（　　　）すなや大きなごみを取りのぞく。

③（　　　）上の方のきれいな水を消毒《しょうどく》する。

④（　　　）ういている小さなごみやどろをしずめる。

⑤（　　　）時間をかけて、どろなどをしずめる。

3 左の **1** の絵の㋐㋑㋒㋓があるしせつは、何といいますか。
2 の絵のしせつは何といいますか。　（10点×2問）

① **1** のしせつ ［　　　　　　　　］

② **2** のしせつ ［　　　　　　　　］

社会　　月　　日

7 火事をふせぐ (1)

得点　／100

1 次の絵を見て、後の問いに答えましょう。

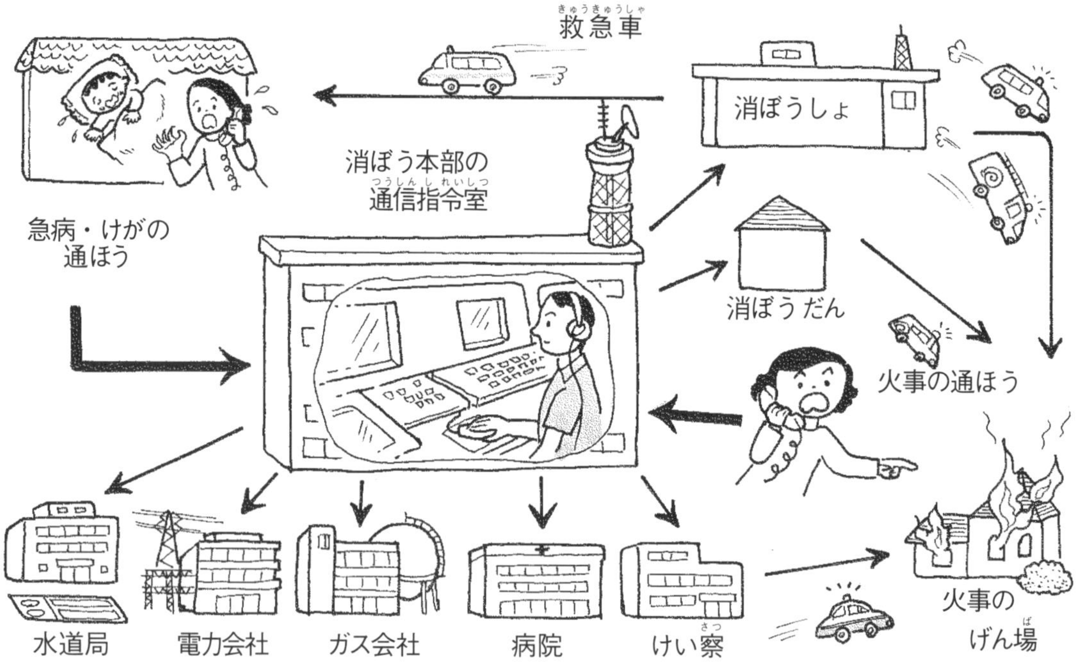

(1) 火事を消ぼうしょに知らせるには、何番に電話しますか。(10点)

(2) 上の(1)の電話は、絵の中のどこにつながりますか。(10点)

(3) 上の(2)には、火事以外《いがい》にどんな電話が入るでしょう。(10点)

ヒント

火事のときは、消ぼう本部から、水道局・電力会社・ガス会社などへも、ただちにれんらくをします。

(4)　火事の通ほうをうけた人は、どこに何をれんらくするでしょう。

（10点×７問）

①　［　　　　　　］にれんらくし、火が大きくならないようにガスの元せんをしめてもらう。

②　［　　　　　　］にれんらくし、火事のげん場《ば》の交通整理《せいり》をしてもらう。

③　［　　　　　　］にれんらくし、消火せんの水がよく出るようにしてもらう。

④　［　　　　　　］にれんらくし、けが人が運ばれるのでじゅんびをしてもらう。

⑤　［　　　　　　］にれんらくし、火事のおこっているところの電気を止めてもらう。

⑥　［　　　　　　］や［　　　　　　］にれんらくし、消火作業をしてもらう。

◎消ぼう車の種類《しゅるい》

ポンプ車

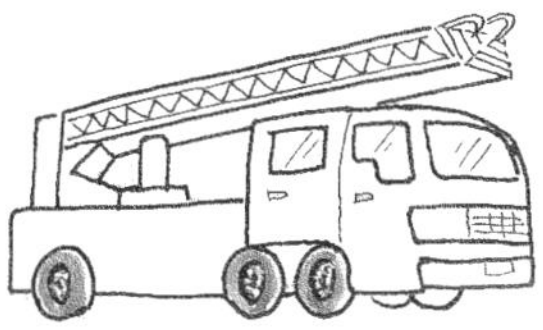

はしご車

救助工作車《きゅうじょこうさくしゃ》

社会　　月　　日

8 火事をふせぐ (2)

得点　／100

1 次のグラフを見て、後の問いに答えましょう。

● 火事のげんいん(2009年) ●　　※日本全体で51124件《けん》

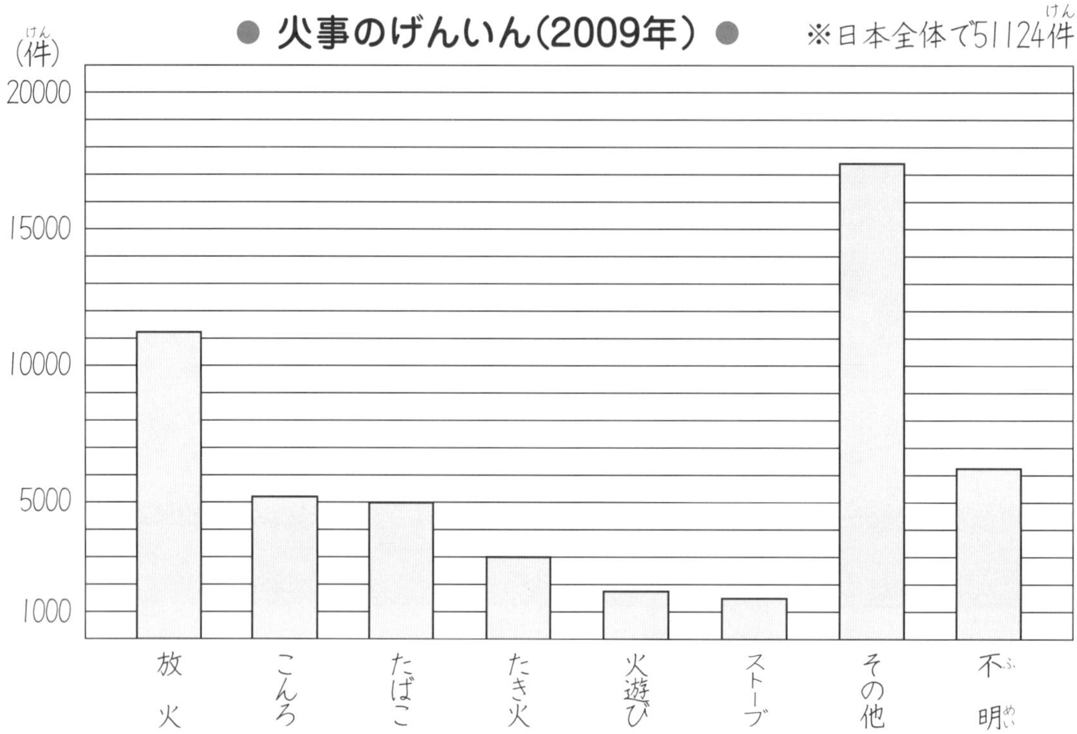

(1) 火事のげんいんで多いものを３つかきましょう。（その他、不明《ふめい》はのぞく）　(10点×３問)

(2) げんいんが、たばことたき火の火事の件数をかきましょう。(10点×２問)

たばこ　　　　たき火

(3) 次のことで正しいもの１つに○をつけましょう。(10点)

① (　　) 子どもがげんいんの火事もあります。

② (　　) ガスこんろに火をつけたら遠くへにげます。

③ (　　) ストーブを使うのはやめましょう。

ヒント

昔の人のことばで「地しん、かみなり、火事、おやじ」というのがあります。たいへんおそろしいとされているものを、その順《じゅん》にならべたものです。

火事を消すことだけが消ぼうしの仕事ではありません。火事がおこったときの消火活動はもちろん、日ごろから火事を早く消すための消ぼう訓練《くんれん》や、体力づくりのために、毎日走ったりもしています。町にあるぼう火せつびの点けんなども大切な仕事です。

2 次の絵は、消ぼう士のどんな仕事を表しているでしょう。
（　　）にあてはまる言葉を □ から選《えら》んでかきましょう。（10点×４問）

①

（　　　　　　　　）

②

（　　　　　　　　）

③

（　　　　　　　　）

④

（　　　　　　　　）

町のぼう火せつびの点けん	消ぼう訓練
体力づくり	ぼう火のよびかけ

社会　　月　日　　得点

9 安全なくらし

／100

1 次の絵は、けい察官《さつかん》の仕事です。
絵は、それぞれどんな仕事をしているところでしょう。
□から選《えら》んでかきましょう。（7点×4問）

①

（　　　　　　　　）

②

（　　　　　　　　）

③

（　　　　　　　　）

④

（　　　　　　　　）

まい子をほごする　　道案内《みちあんない》をする
交通安全教室をする　　ちゅう車いはんのとりしまり

ヒント

全国交通安全運動は、交通事故《こうつうじこ》をふせぐために毎年春と秋に行われます。

2 次の絵は、道路にある安全のためのしせつをかいたものです。その名前と役わりを下から選んで記号でかきましょう。（7点×6問）

①

②

③

	①	②	③
名　前			
役わり			

名　前…㋐ ガードレール　　㋑ 信号機《しんごうき》　　㋒ 歩道橋

役わり…あ 交差点《こうさてん》などにあって、人や車の流れをよくする。

い 交通量《こうつうりょう》の多いところを人が安全にわたれるようにする。

う 歩道と車道を分けて、歩行者が安全に歩けるようにする。

3 次の道路ひょうしきがしめしていることは何かかきましょう。（10点×3問）

①

②

③

社会　　月　　日

10 県名クイズ (1)

1 □に漢字を入れて県名にしましょう。

（上から下へ、左から右へ読みます。）

①

	賀

②

静	
	口

③

広	

④

	高

⑤

		城
	崎	

2 動物の名前がついている４つの県を書きましょう。

① □□県　② □□県

③ □□県　④ □□□県

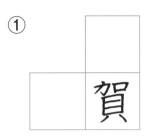

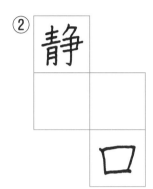

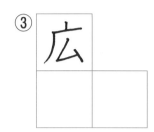

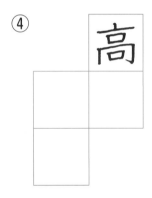

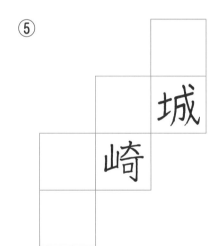

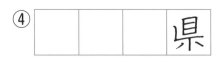

都道府県《とどうふけん》の特産品《とくさんひん》　静岡県《しずおか》…お茶、山口県…ふぐ、栃木《とちぎ》県…かんぴょう、和歌山県…梅《うめ》ぼし、福岡《ふくおか》県…からしめんたいこ

ヒント

3 県名しりとりです。ふくい（福井《ふくい》）からはじめて、完成《かんせい》させましょう。

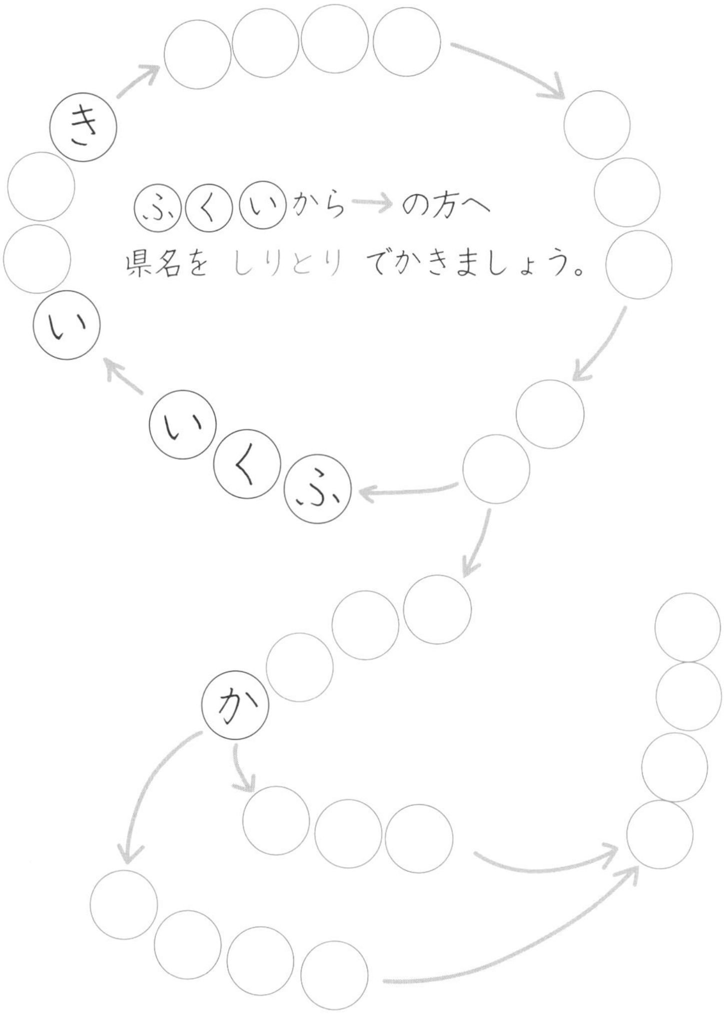

4 「川」という字がついている3つすべての県を書きましょう。

① 県

② 県

③ 県

社会

月　日

11 県名クイズ (2)

1 次の絵を見て、何県か答えましょう。

①

え　工

e

県

②

県

③

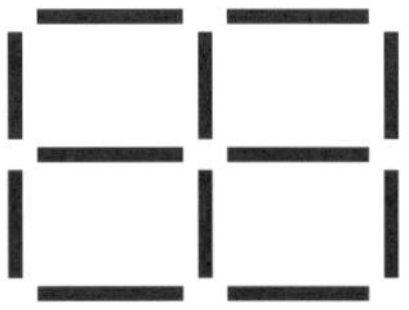

県

④

県

⑤

県

⑥

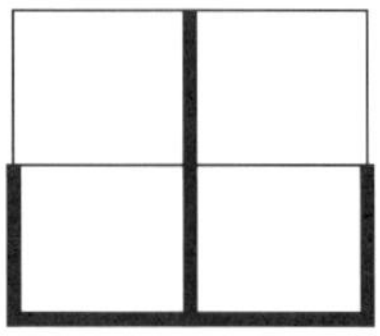

県

⑦

□　　ユ　　ヨ

□　ミ　ム　メ　モ

県

ヒント

都道府県《とどうふけん》の特産品《とくさんひん》　長崎《ながさき》県…カステラ、香川《かがわ》県…オリーブ、千葉《ちば》県…落花生《らっかせい》、三重《みえ》県…いせえび、富山《とやま》県…チューリップ

2 次の絵を見て、何県か答えましょう。

①

＿＿＿＿＿＿県

②

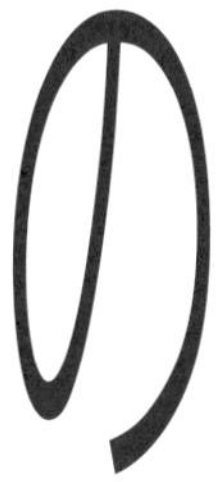

＿＿＿＿＿＿県

③

＿＿＿＿＿＿県

④

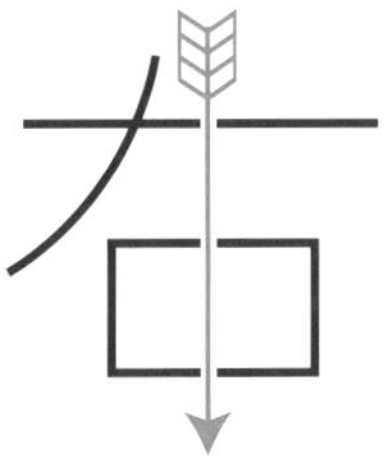

＿＿＿＿＿＿県

⑤

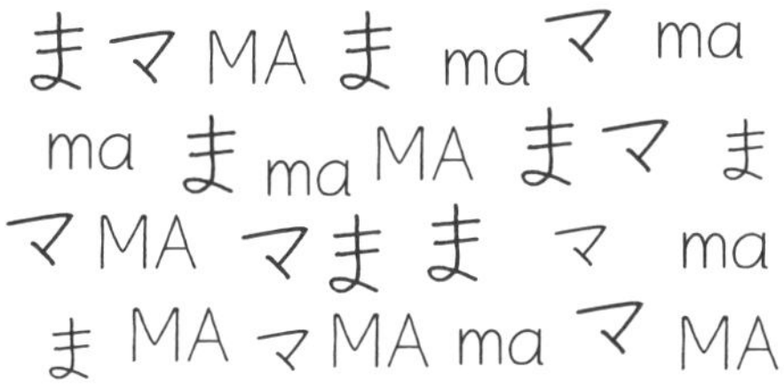

＿＿＿＿＿＿県

⑥

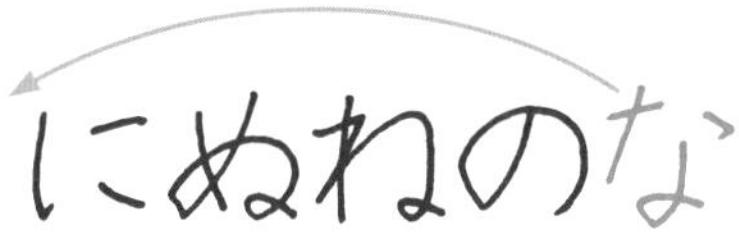

＿＿＿＿＿＿県

⑦

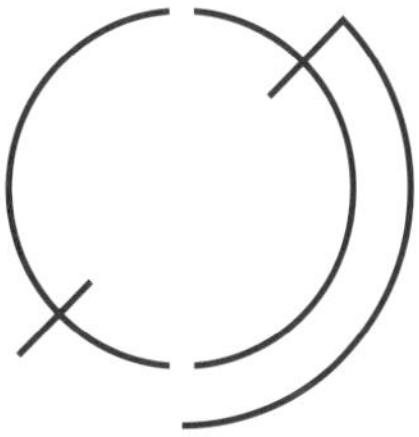

※かなでかくと○○○○県
漢字でかくと○○○県

＿＿＿＿＿＿県

英語

月　日

1 アルファベット大文字

1 アルファベットの大文字の練習をしましょう。

APPLE
A A

BANANA
B B

CAT
C C

DOG
D D

ELEPHANT
E E

FRENCH FRIES
F F

GUITAR
G G

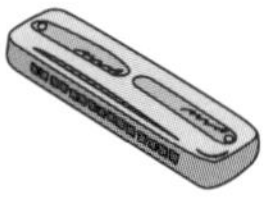
HARMONICA
H H

ICE CREAM
I I

JUICE
J J

KOALA
K K

LEMON
L L

MARKER
M M

NOTEBOOK
N N

ヒント

英語《えいご》が使われる国でも、日本語のままで通じる言葉があります。食べ物なら「ラーメン」「さしみ」「だいこん」などです。「忍者《にんじゃ》」も英語で使《つか》われています。

ORANGE

O O

UMBRELLA

U U

PIANO

P P

VOLLEYBALL

V V

QUEEN

Q Q

WATCH

W W

RED

R R

FOX

X X

SKIRT

S S

YELLOW

Y Y

TEA

T T

ZOO

Z Z

2 2つの絵を合わせるとできるアルファベットをかきましょう。

①  → □

②  → □

英語　　月　日

2 アルファベット小文字

1 アルファベットの小文字の練習をしましょう。

announcer

a　a

bird

b　b

cake

c　c

dodge ball

d　d

eraser

e　e

fish

f　f

glove

g　g

horse

h　h

ice

i　i

jam

j　j

kiwi

k　k

lion

l　l

music

m　m

nurse

n　n

外国でも「すし」は人気があります。その国で考えられたすしもあり、アメリカではカニ風味かまぼこ、きゅうり、白ごまを使った「カリフォルニアロール」が有名です。

ヒント

octopus
o o

uniform
u u

pizza
p p

violin
v v

quiz
q q

white
w w

rabbit
r r

box
x x

strawberry
s s

yacht
y y

table
t t

zebra
z z

2 2つの絵を合わせるとできるアルファベットをかきましょう。

① 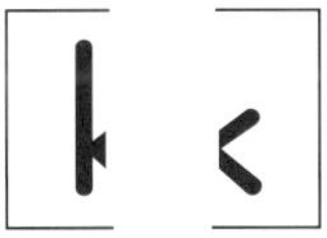 ➡ □

②  ➡ □

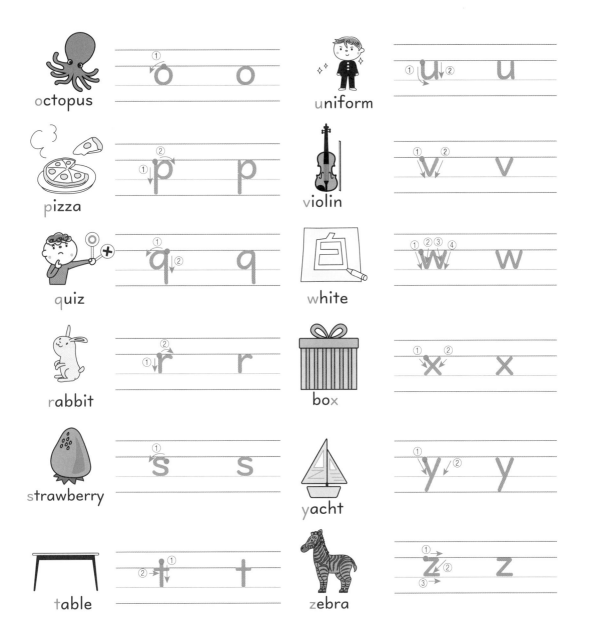

英語

月　日

3 曜日と教科

1 曜日を表す英単語《えいたんご》をなぞりましょう。

月　Monday

火　Tuesday

水　Wednesday

木　Thursday

金　Friday

土　Saturday

日　Sunday

英語《えいご》で表す教科は、ほかにも図工「arts and crafts」、書道「calligraphy」、道徳《どうとく》「moral education」、家庭科《かていか》「home economics」などがあります。

2 教科を表す英単語をなぞりましょう。

Japanese

music

English

P.E.

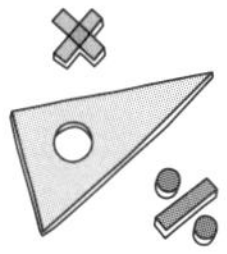
math

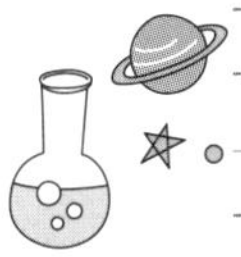
science

social studies

3 あきさんの好きな教科を表しょう台にならべてみました。
絵を見て、あてはまる教科の英単語をかきましょう。

1位

2位

3位

4位

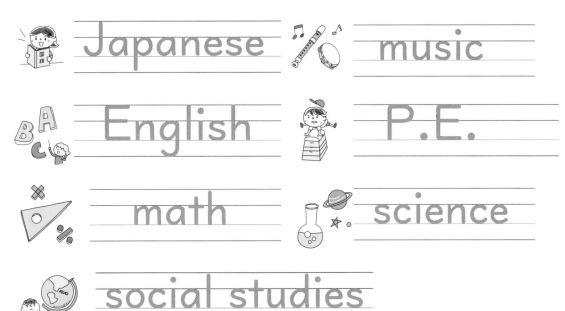

英語　　月　　日

4 野《や》菜《さい》の名前と色

1 野菜《やさい》やくだものを表す英単語《えいたんご》をなぞりましょう。

いちご
strawberry

じゃがいも
potato

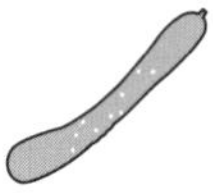
きゅうり
cucumber

たまねぎ
onion

オレンジ
orange

りんご
apple

レモン
lemon

もも
peach

にんじん
carrot

トマト
tomato

2 買い物リストを見て買い物をしました。
正しく買い物できているものに○をかきましょう。

①

☐

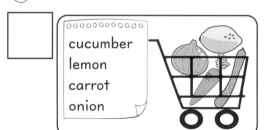

cucumber
lemon
carrot
onion

②

☐

tomato
onion
apple
peach

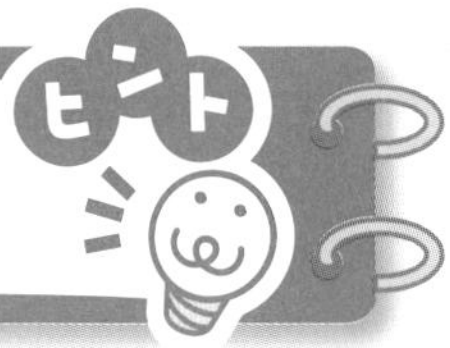

ピザも、くだものも野菜《やさい》も食べ物全部を「food」もしくは「foods」で表せます。
色は、1色のときは「color」、何色もまとめるときは「colors」といいます。

3 色を表す英単語をなぞりましょう。

black

yellow

red

green

blue

purple

white

pink

4 次の色になるには，2つの色をまぜます。何色と何色をまぜれば
よいですか。色を表す英単語をかきましょう。

①

= ＿＿＿＿＿ + ＿＿＿＿＿

②

= ＿＿＿＿＿ + ＿＿＿＿＿

③

= ＿＿＿＿＿ + ＿＿＿＿＿

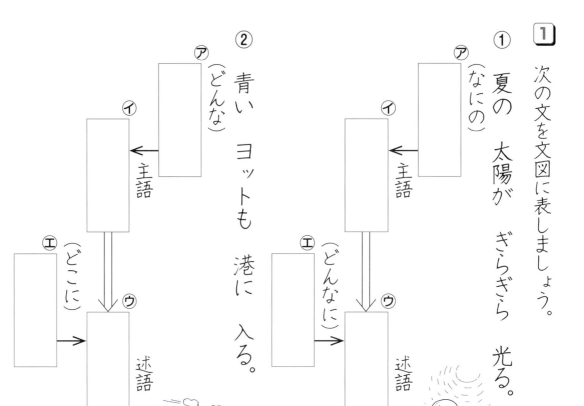

1 次の文を文図に表しましょう。

（25点×4問）

① 夏の　太陽が　ぎらぎら　光る。

ア（なにの）　イ 主語　ウ 述語　エ（どんなに）

② 青い　ヨットも　港に　入る。

ア（どんな）　イ 主語　ウ 述語　エ（どこに）

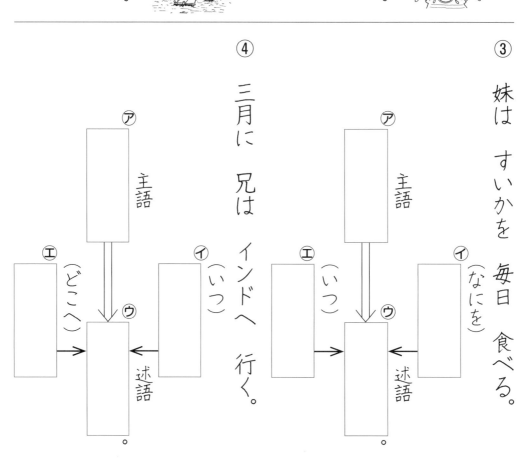

③ 妹は　すいかを　毎日　食べる。

ア 主語　イ（なにを）　ウ 述語　エ（いつ）

④ 三月に　兄は　インドへ　行く。

ア 主語　イ（いつ）　ウ 述語　エ（どこへ）

18 文の組み立て（二）

修飾語《しゅうしょくご》は、主語や述語《じゅつご》をくわしく説明《せつめい》している言葉です。

修飾語 → 説明している → 主語

修飾語 → 説明している → 述語

修飾語	主語	修飾語	述語
小さい	犬が	ワンワン	ほえた。
月の	光が	夜道を	照《て》らす。
入選《にゅうせん》の	知らせは	姉に	とどいた。
どんな **なに**	**なにが** **なには** **（だれ）**	**どんなに** **なにを** **なんで** **いつ** **どこへ（に）**	**どうする** **どんなだ** **なんだ**

ヒント

「秋だ。」「空は青い。」「川が流れる。」「星がきれいだ。」「おはよう。」「走るな。」これらは、どれも文です。

得点　／100

月　日

1 次の文を文図に表しましょう。

（25点×4問）

① きくの 花が 風に ゆれる。

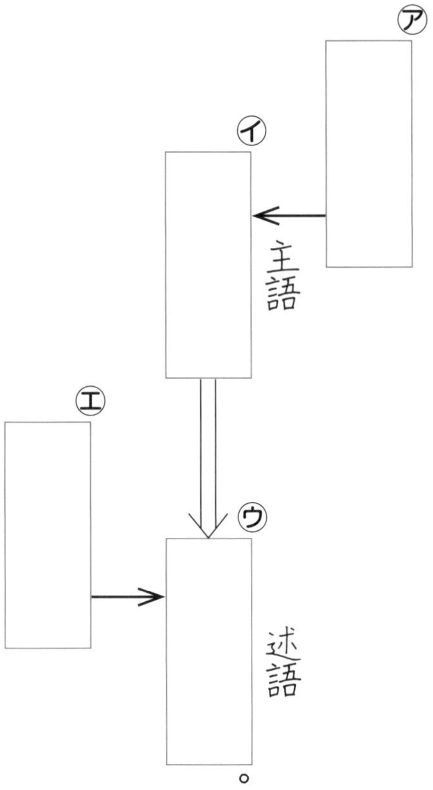

② 白い ねこが 魚を ねらう。

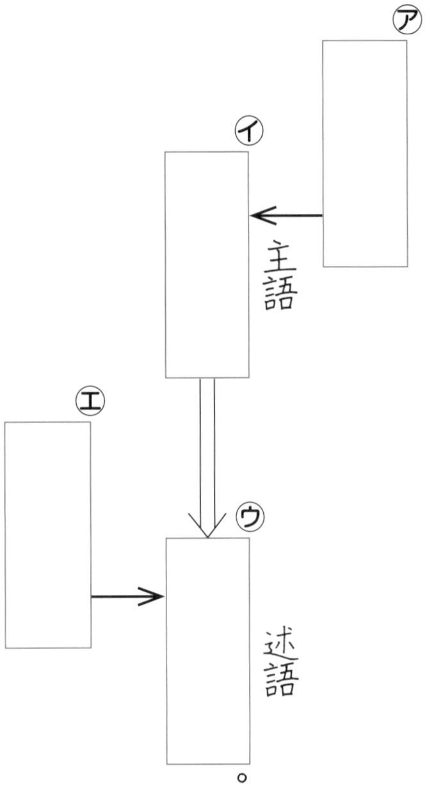

③ 三時に ぼくは 本屋へ 行く。

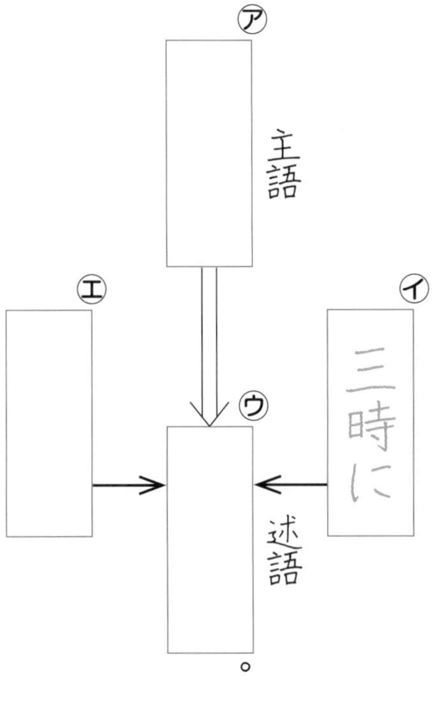

④ きのう、妹は 音楽会に 行った。

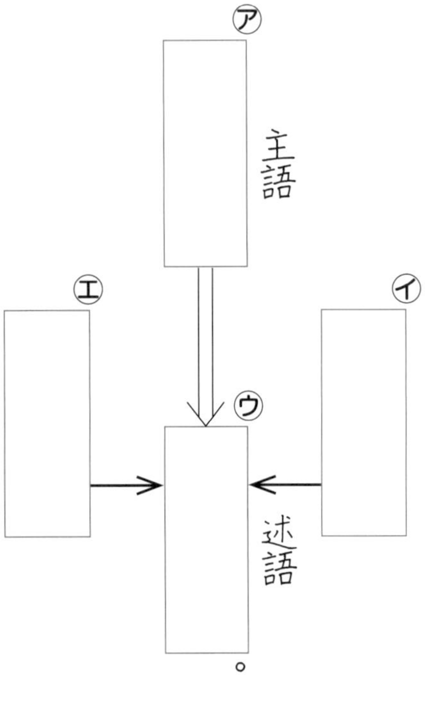

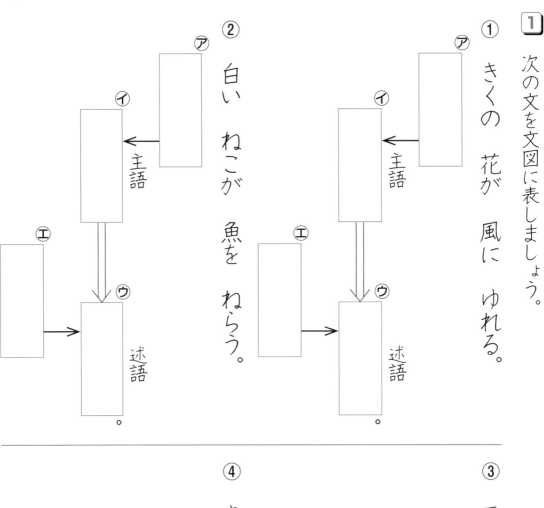

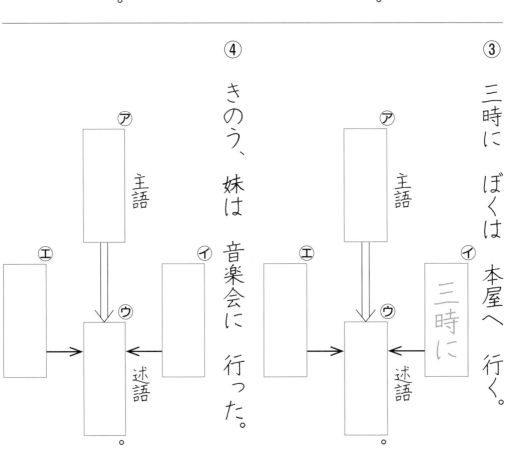

国語 17 文の組み立て（一）

○小さな　やぎが　えさを　食べる。

右の文の主語は「やぎが」で、「食べる」は述語《じゅつご》です。

「小さな」は、主語（やぎが）の修飾語《しゅうしょくご》です。

「えさを」は、述語（食べる）の修飾語です。

このような、ことばとことばの関係《かんけい》の図が文図です。

文　図

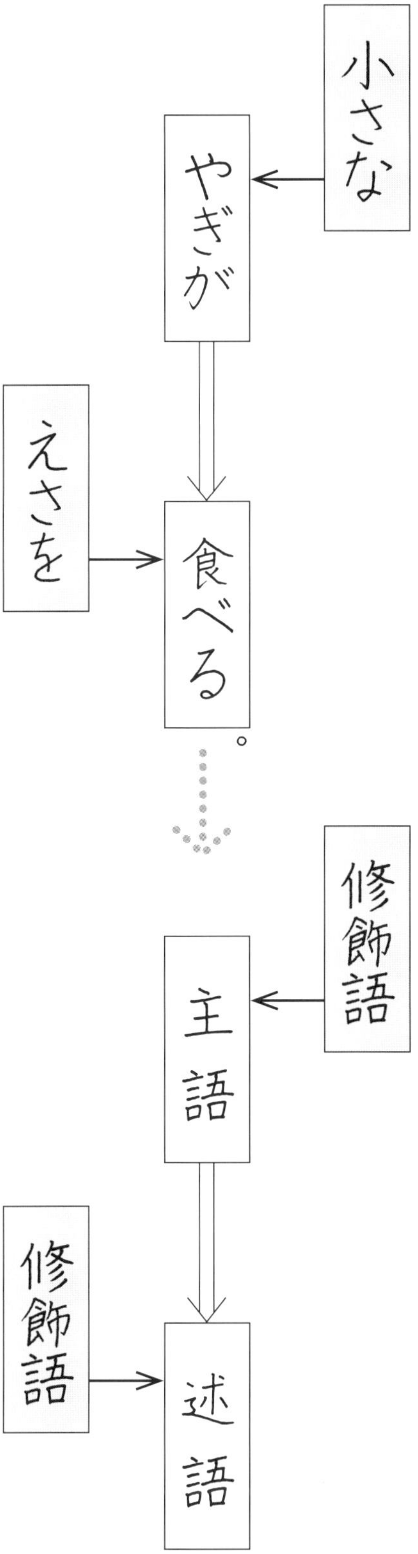

ヒント

言葉をつづり合わせて、まとまった考えを表したものを文といいます。

得点　／100

月　日

2 次の文の□にあう言葉を⬚から選《えら》んで書きましょう。（10点×5問）

① □ コスモスが □ さいた。

② □ 太陽が □ しずむ。

③ □ 弟が □ つかまえた。

④ □ ぬいぐるみは □ かわいい。

⑤ □ 水を □ 飲んだ。

冷《つめ》たい　とんぼを　とても　ごくりと　水平線に

パンダの　見事に　真っ赤な　三さいの　花だんの

国語

16 修飾語《しゅうしょくご》(二)

月　日

1 次の文で□を修飾《しゅうしょく》している言葉を、（　）に書きましょう。

（10点×5問）

〈例《れい》〉 色白の 小さい **女の子が** います。

（色白の）（小さい）

① 八階建《だ》ての 大きな **マンションが** 建《た》つ。

（　　　）（　　　）

② 親友の 大切な **本を** 借《か》りる。

（　　　）（　　　）

③ 大雨が とつぜん ザーザーと **ふる**。

（　　　）（　　　）

④ わたしは 川原《かわら》で べんとうを **食べる**。

（　　　）（　　　）

⑤ 野いちごは 野原に たくさん **ある**。

（　　　）（　　　）

ヒント

「朝顔がさいた。」を少しくわしくしてみます。

「青い朝顔がさいた。」↓「青い朝顔がきれいにさいた。」

得点 ／100

1 次の文で□を説明している言葉（修飾語）に、——線を引きましょう。（10点×10問）

〈例《れい》〉電車が　長い　鉄橋を　わたる。

① 白い　犬が　飛《と》び出した。

② 黄色の　コスモスが　満開《まんかい》です。

③ わり算の　問題が　五問ある。

④ 妹は　きれいな　着物を　着る。

⑤ たくさんの　水鳥が　いる。

〈例〉書物が　たくさん　ある。

⑥ バラが　きれいに　さいた。

⑦ 風船は　とつぜん　われた。

⑧ じしんが　ぐらぐらと　きた。

⑨ 子じかは　必死《ひっし》で　にげた。

⑩ 雲が　もくもく　もり上がる。

15 修飾語《しゅうしょくご》(一)

〇ねこが　鳴く。

ア　小さい　ねこが　鳴く。

イ　ねこが　しきりに　鳴く。

アのねこは、「小さい　ねこ」です。

小さいは、ねこをくわしくする修飾語《しゅうしょくご》です。

イの鳴くようすは、「しきりに　鳴く」です。

しきりには、鳴くをくわしくする修飾語です。

説明《せつめい》している（修飾語 → 主語）　　説明している（修飾語 → 述語）

修飾語　主語　修飾語　述語《じゅつご》

小さい　ねこが　しきりに　鳴く。

説明している（修飾語 → 主語）　　説明している（修飾語 → 述語）

修飾語　主語　修飾語　述語

美しい　花が　一面に　さいたよ。

ヒント

国語辞典《こくごじてん》で「修飾語《しゅうしょくご》」を引くと、「言葉の上につけて、その言葉の意味をくわしくする言葉」のように書かれています。

得点　／100

月　日

③

④

（さいわい徹《とおる》　作／絵）

国語

14 四こままんが

ヒント

「まんが」は、世界中で人気があります。子どもを喜《よろこ》ばせるものだけでなくおとなが楽しめるものなどがあります。

月　日

1 まんがをお話にしましょう。
①～③は会話文で、④はそれぞれの思ったことを書きましょう。（男の子はかん太、ねこはノン太です。）

超《ちょう》能《のう》力《りょく》

①

②

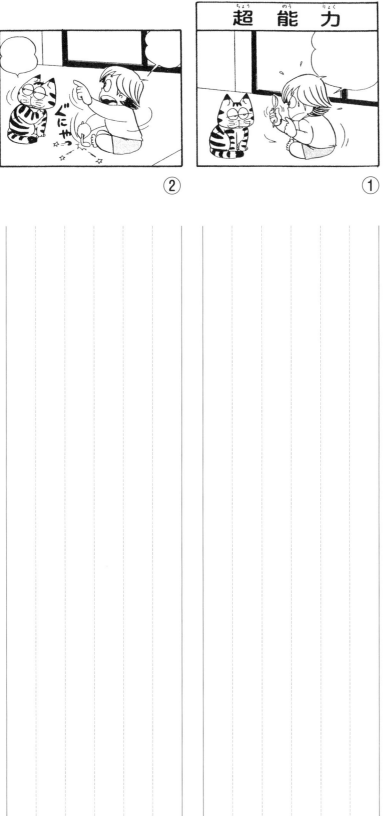

2 次の都道府県を漢字で書きましょう。

（2点×25問）

関東地方

① いばらき 県

② とちぎ 県

③ さいたま 県

④ かながわ 県

中部地方

⑤ にいがた 県

⑥ ふくい 県

⑦ やまなし 県

⑧ ぎふ 県

⑨ しずおか 県

近畿地方

⑩ しが 県

⑪ おおさか 府

⑫ なら 県

⑬ ひょうご 県

中国地方

⑭ おかやま 県

⑮ とっとり 県

四国地方

⑯ かがわ 県

⑰ えひめ 県

九州地方

⑱ ふくおか 県

⑲ さが 県

⑳ ながさき 県

㉑ おおいた 県

㉒ くまもと 県

㉓ みやざき 県

㉔ かごしま 県

㉕ おきなわ 県

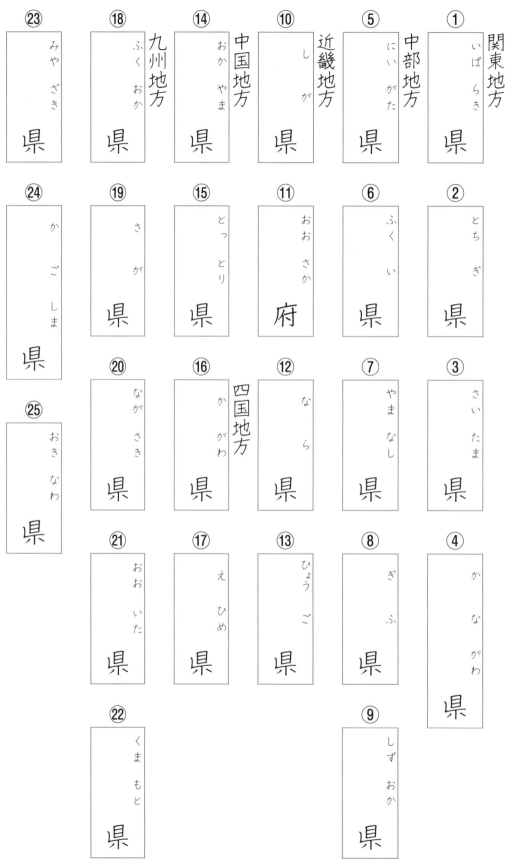

国語

13 都道府県の漢字

1 次の都道府県の漢字をなぞりましょう。

（2点×25問）

ヒント

都道府県の漢字を覚えると、地図を見たり、旅行をするときに役に立ちますね。

得点

／100

月　日

2

□に漢字を書きましょう。また、二字熟語《じゅくご》の意味を調べましょう。

（10点×5問）

① □《もく》標《ひょう》 → □《ひょう》□《こう》 → 高《こう》□《てい》 → 低《てい》温《おん》 → □《おん》帯《たい》

② 不《ふ》□《まん》 → □《まん》月《げつ》 → □《げつ》□《まつ》 → 末《まつ》期《き》 → □《き》待《たい》

③ 特《とく》別《べつ》 → □《べつ》□《びん》 → 便《べん》□《り》 → 利《り》□《がい》 → 害《がい》虫《ちゅう》

④ 持《じ》□《さん》 → 参《さん》□《どう》 → 道《どう》□《ひょう》 → 標《ひょう》□《てき》 → 的《てき》中《ちゅう》

⑤ 料《りょう》□《きん》 → □《きん》利《り》 → □《り》用《よう》 → □《よう》事《じ》 → □《じ》典《てん》

国語

12 漢字の書き・意味（三）

ヒント

人は一代、名は末代。労働《ろうどう》争議。辞表を出す。所帯を持つ。バレーボールを観戦する。欠点《けってん》を列挙する。

得点 ／100

月 日

1 □に漢字を書きましょう。また、二字熟語《じゅくご》の意味を調べましょう。（10点×5問）

①
最《さい》□《しょ》
↓
初《しょ》期《き》
↓
□《き》□《まつ》
↓
末《まつ》代《だい》
↓
□《だい》打《だ》

②
熱《ねっ》□《せん》
↓
戦《せん》争《そう》
↓
□《そう》□《ぎ》
↓
議《ぎ》長《ちょう》
↓
□《ちょう》老《ろう》

③
祝《しゅく》□《じ》
↓
辞《じ》表《ひょう》
↓
□《ひょう》□《さつ》
↓
札《ふだ》所《しょ》
↓
□《しょ》帯《たい》

④
参《さん》□《かん》
↓
観《かん》戦《せん》
↓
□《せん》□《ごく》
↓
国《こく》民《みん》
↓
□《みん》族《ぞく》

⑤
兵《へい》□《たい》
↓
隊《たい》列《れつ》
↓
□《れっ》□《きょ》
↓
挙《きょ》手《しゅ》
↓
□《しゅ》芸《げい》

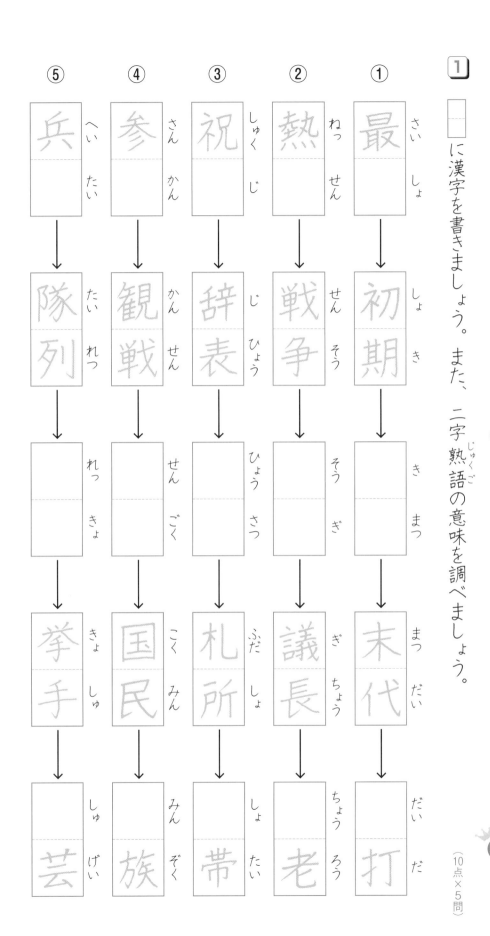

⑥ 類別

⑦ 順位

⑧ 終結

⑨ 式辞

⑩ 後続

国語

11 漢字の書き・意味（二）

ヒント

買い集めた本を類別する。順位が上がる。戦争《せんそう》が終結する。校長先生の式辞が終わる。後続のバスを待つ。

得点　／100

月　日

1 □に漢字を書きましょう。また、二字熟語《じゅくご》の意味を調べましょう。（10点×10問）

① 必《ひつ》□《よう》 → 要《よう》□《きゅう》 → 求《きゅう》□《じん》 → 人《じん》□《るい》 → 類《るい》別《べつ》

② 産《さん》□《しゅつ》 → 出《しゅつ》□《せき》 → 席《せき》□《じゅん》 → 順《じゅん》□《い》 → 位《い》置《ち》

③ 最《さい》□《しゅう》 → 終《しゅう》□《けつ》 → 結《けっ》□《か》 → 果《か》□《じつ》 → 実《じっ》験《けん》

④ 当《とう》□《せん》 → 選《せん》□《きょ》 → 挙《きょ》□《しき》 → 式《しき》□《じ》 → 辞《じ》典《てん》

⑤ 必《ひっ》□《しょう》 → 勝《しょう》□《はい》 → 敗《はい》□《せん》 → 戦《せん》□《ご》 → 後《こう》続《ぞく》

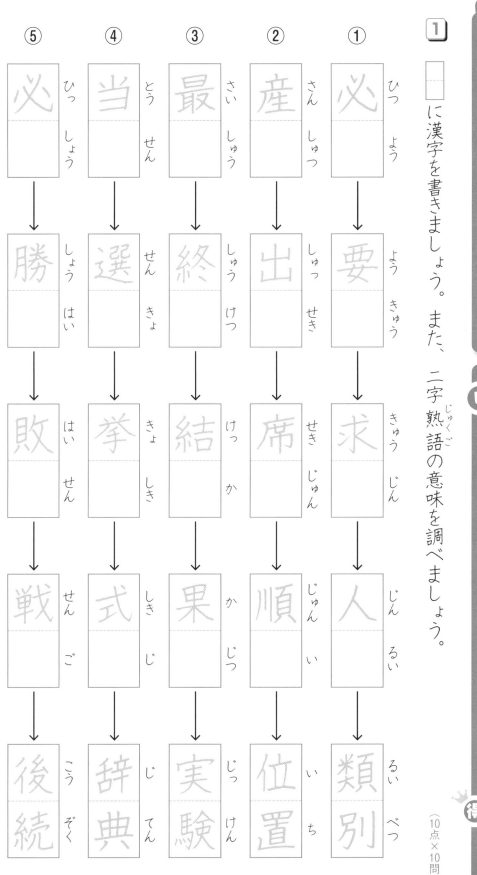

⑥ 愛児

⑦ 加入

⑧ 達成

⑨ 好機

⑩ 無残

国語

10 漢字の書き・意味（一）

1 □に漢字を書きましょう。また、二字熟語《じゅくご》の意味を調べましょう。

（10点×10問）

①
愛《あい》児《じ》
↓
□《じ》□《どう》
↓
童《どう》話《わ》
↓
□《わ》□《だい》
↓
題《だい》名《めい》

②
参《さん》加《か》
↓
□《か》□《にゅう》
↓
入《にゅう》会《かい》
↓
□《かい》□《ぎ》
↓
議《ぎ》員《いん》

③
改《かい》良《りょう》
↓
□《りょう》□《しん》
↓
心《しん》配《ぱい》
↓
□《はい》□《たつ》
↓
達《たっ》成《せい》

④
好《こう》機《き》
↓
□《き》□《かん》
↓
関《かん》節《せつ》
↓
□《せつ》□《やく》
↓
約《やく》束《そく》

⑤
無《む》残《ざん》
↓
□《ざん》□《ねん》
↓
念《ねん》願《がん》
↓
□《がん》□《しょ》
↓
書《しょ》類《るい》

ヒント

愛児の顔が目にうかぶ。生命ほけんに加入する。目的《もくてき》を達成する。好機をつかむ。無残な最期《さいご》をとげる。

得点 ／100

月　日

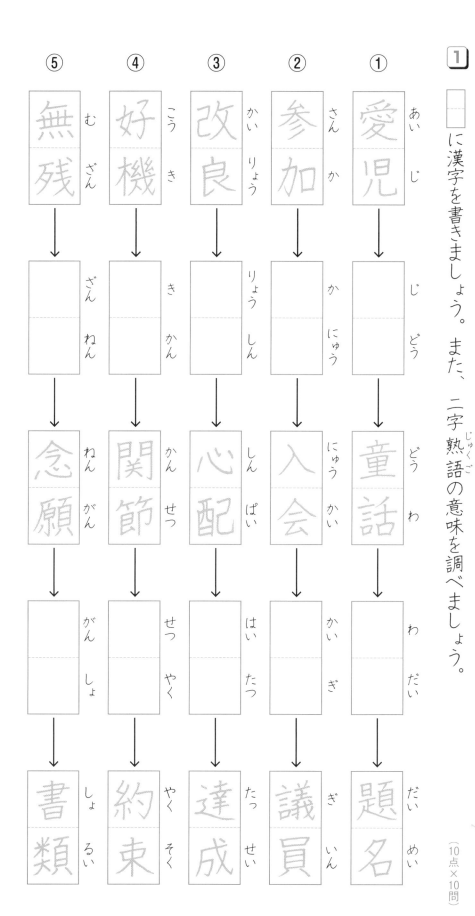

4

	交	
自		用
	号	

5

	目	
道		語
	本	

6

	記	
目		音
	画	

7

	必	
不		望
	求	

4 ①（　）②（　）③（　）④（　）

5 ①（　）②（　）③（　）④（　）

6 ①（　）②（　）③（　）④（　）

7 ①（　）②（　）③（　）④（　）

4〜7の漢字

録　標

願　念

信　要

◎残りの二字で二字熟語を作りましょう。（8点）

（　）

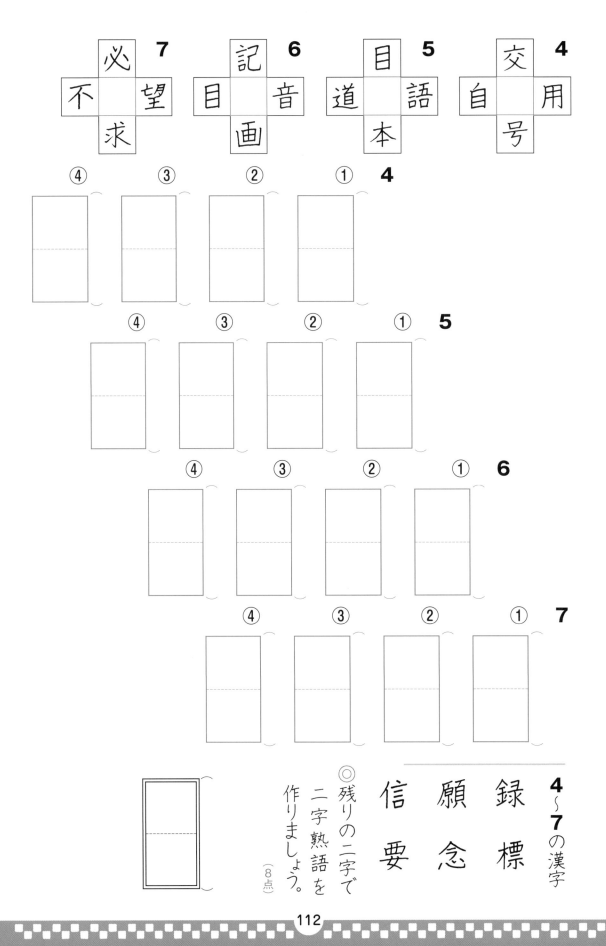

国語

9 熟語《じゅくご》の読み・書き（三）

ヒント

「加熱」 加熱してかんそうする。
「予選」 予選を勝ちぬく。
「標語」 交通安全の標語をつくる。

得点　　／100

月　日

1 □に漢字を入れ、矢印《やじるし》の方へ読むと二字熟語《じゅくご》が四つできます。□に入れる漢字は下から選《えら》びましょう。二字残《のこ》ります。

（12点×7問）

（例）上：配　左：年　右：油　下：料　→ 給

① 配給（はいきゅう）　② 年給（ねんきゅう）　③ 給料（きゅうりょう）　④ 給油（きゅうゆ）

1 上：参　左：追　右：工　下：熱

2 上：改　左：予　右：出　下：挙

3 上：流　左：消　右：望　下：敗

1 ①（　）②（　）③（　）④（　）

2 ①（　）②（　）③（　）④（　）

3 ①（　）②（　）③（　）④（　）

1〜**3**の漢字

選　失　加
辺　底

◎残りの二字で二字熟語を作りましょう。（8点）

（　）

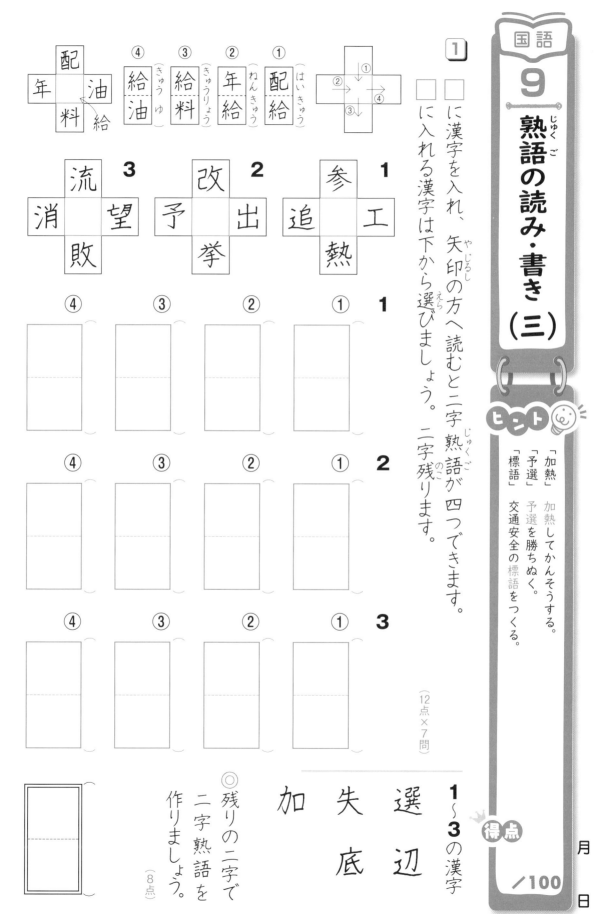

4

完
作　　結
育

5

観
対　　交
決

6

辞
事　　特
古

7

住
市　　国
農

4
①
②
③
④

5
①
②
③
④

6
①
②
③
④

7
①
②
③
④

4〜7の漢字

成　養
栄　戦
民　典

◎残りの二字で二字熟語を作りましょう。（8点）

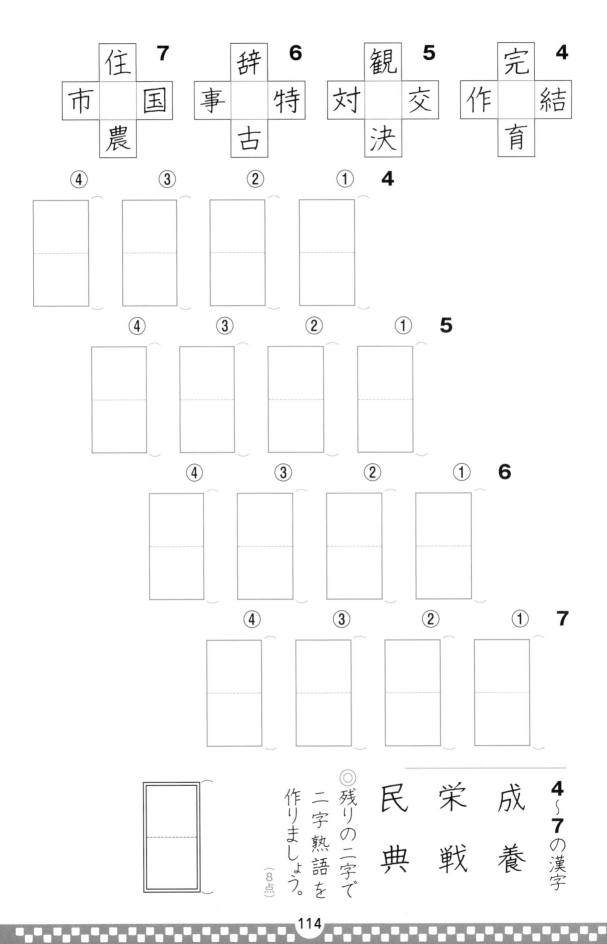

8 熟語《じゅくご》の読み・書き（二）

ヒント

「辞典」ことばを決めた順《じゅん》じょにならべ、その意味や使い方を説明《せつめい》した本。

「事典」いろいろなものごと、事がらを集めて説明した本。

得点 ／100

月　日

1 □に漢字を入れ、矢印《やじるし》の方へ読むと二字熟語《じゅくご》が四つできます。□に入れる漢字は下から選《えら》びましょう。二字残《のこ》ります。

①↓ ②→ ③↑ ④←

① 食器（しょっき）　② 花器（かき）　③ 茶器（ちゃき）　④ 楽器（がっき）

食／花　器　楽／茶

1　冷／公　□　有／無

2　合／輪　□　暗／愛

3　風／夜　□　全／光

1　①（　）②（　）③（　）④（　）

2　①（　）②（　）③（　）④（　）

3　①（　）②（　）③（　）④（　）

（12点×7問）

1〜3の漢字

意　唱　景　用　害

◎残りの二字で二字熟語を作りましょう。（8点）

（　）

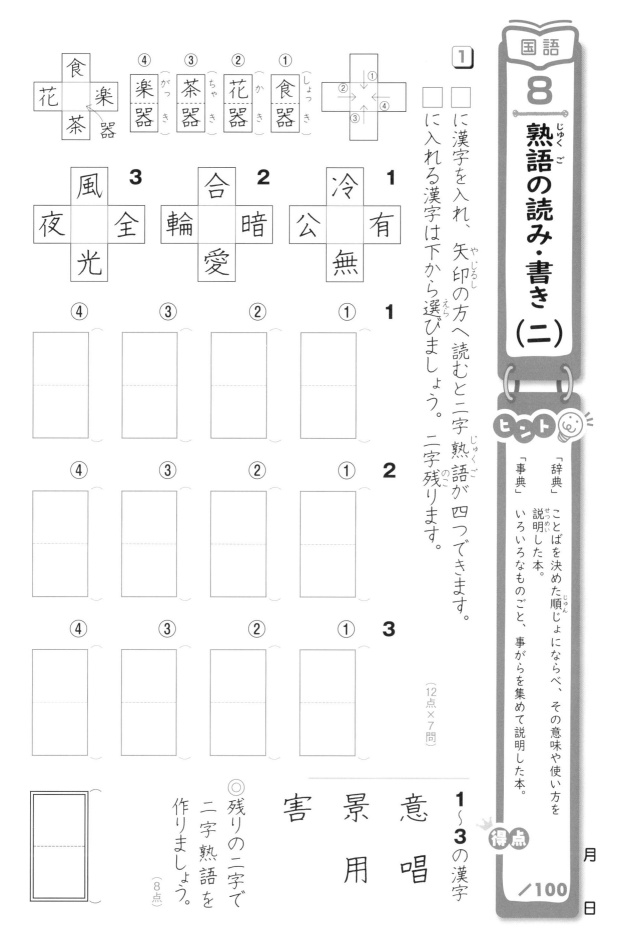

4

	流	
風		酒
	書	

5

	級	
等		選
	別	

6

	心	
中		湯
	愛	

7

	点	
月		足
	開	

4 ①（　　）②（　　）③（　　）④（　　）

5 ①（　　）②（　　）③（　　）④（　　）

6 ①（　　）②（　　）③（　　）④（　　）

7 ①（　　）②（　　）③（　　）④（　　）

4～**7**の漢字

敗　清

満　戦

熱　特

◎残りの二字で二字熟語を作りましょう。（8点）

（　　）

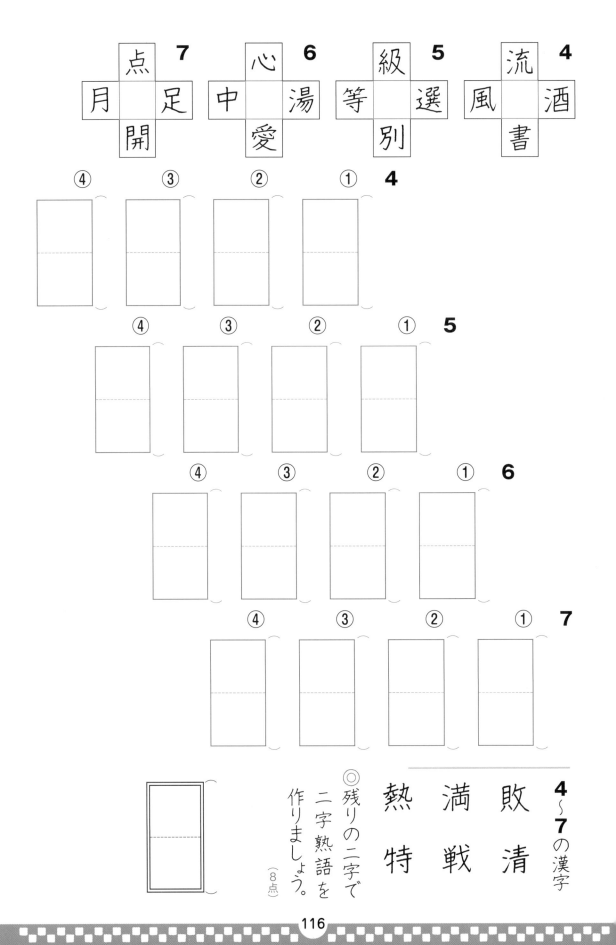

国語

7 熟語《じゅくご》の読み・書き（一）

ヒント 街灯はまちの通りを照《て》らす電灯。街頭はまちの通り。街路はまちの通り道。街角はまちの中、まちの中のまがりかど。

得点 ／100

月　日

1 □に漢字を入れ、矢印《やじるし》の方へ読むと二字熟語《じゅくご》が四つできます。□に入れる漢字は下から選《えら》びましょう。二字残《のこ》ります。（12点×7問）

（例）上：灯　左：頭　右：角　下：路　中央：街

①街灯（がいとう）　②街頭（がいとう）　③街路（がいろ）　④街角（まちかど）

1 上：械　右：知　左：器　下：転

2 上：初　右：短　左：良　下：高

3 上：長　右：功　左：育　下：果

1 ①（　）②（　）③（　）④（　）

2 ①（　）②（　）③（　）④（　）

3 ①（　）②（　）③（　）④（　）

1～3の漢字

最　健　成　機　康

◎残りの二字で二字熟語を作りましょう。（8点）

（　　）

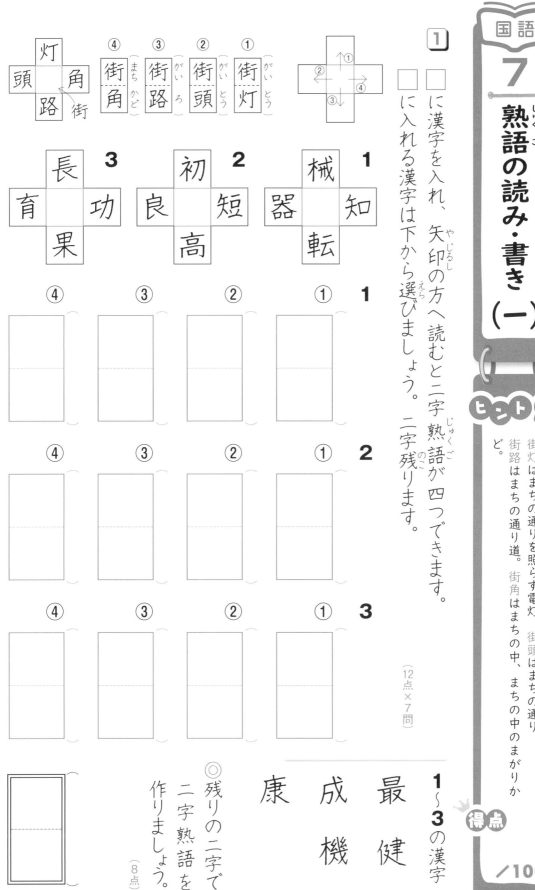

満満　不死　伝心　連勝　治水　自足　休止　競走　前線　連結　辞典　両用

⑨ 連戦（　　）

⑩ 自給（　　）

⑪ 不老（　　）

⑫ 駅伝（　　）

⑬ 八両（　　）

⑭ 梅雨（　　）

⑮ 以心（　　）

⑯ 自信（　　）

⑰ 治山（　　）

⑱ 運転（　　）

⑲ 水陸（　　）

⑳ 漢字（　　）

国語

6 四字熟語《じゅくご》（二）

ヒント

「以心○○」口で言わなくても気持ちが伝わることです。

ぼくとかれとは以心○○の仲《なか》です。

得点　／100

月　日

1　□から選《えら》んで四字熟語《じゅくご》にしましょう。読みがなも書きましょう。（5点×20問）

試合	改定	実験	平和	満点	記録	直入	週間

① 百点

② 完全

③ 料金

④ 発芽

⑤ 反戦

⑥ 観察

⑦ 愛鳥

⑧ 単刀

無料　長者　図書　卒業　器具　列車　事業　手当　多様　広告　無休　組合

⑨ 課題

⑩ 億万

⑪ 高校

⑫ 求人

⑬ 協同

⑭ 多種

⑮ 入場

⑯ 貨物

⑰ 照明

⑱ 公共

⑲ 残業

⑳ 年中

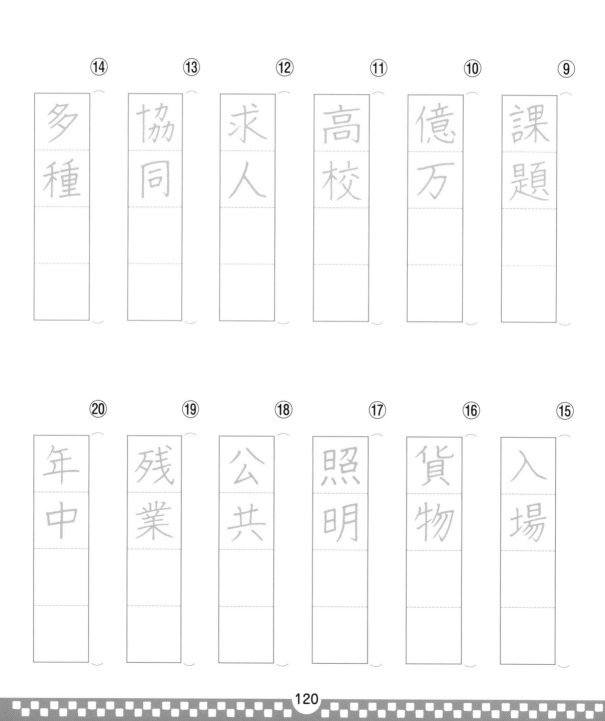

国語

5 四字熟語《じゅくご》（一）

ヒント

「有どく○○」秋のひがんのころにさく「ひがん花」は、草全体にどくがあります。「すいせん」も草全体にどくがあります。

得点 ／100

月 日

1 □から選《えら》んで四字熟語《じゅくご》にしましょう。読みがなも書きましょう。（5点×20問）

前線	試験	満点	委員	気候	運動	料理	旅行

① 熱帯

② 日本

③ 観光

④ 入学

⑤ 寒冷

⑥ 栄養

⑦ 学級

⑧ 選挙

2 □にあてはまる漢字を書きましょう。（2点×25問）

① □□《じゅんい》表《ひょう》

② □□《さんおく》円《えん》

③ □□《かいせい》案《あん》

④ □□《もくひょう》数《すう》

⑤ □□《きゅうりょう》日《び》

⑥ □□《かんさつ》者《しゃ》

⑦ □□《にちょう》円《えん》

⑧ □□《かいさつ》口《ぐち》

⑨ □□《ろうどう》力《りょく》

⑩ □□《かそく》度《ど》

⑪ □□《いっしゅう》年《ねん》

⑫ □□《あいしょう》歌《か》

⑬ □□《いんさつ》機《き》

⑭ □□《しょしん》者《しゃ》

⑮ □□《ごりん》旗《き》

⑯ □□《きょうそう》馬《ば》

⑰ □□《きぼう》者《しゃ》

⑱ □□《きかい》化《か》

⑲ □□《こうろう》者《しゃ》

⑳ □□《はくぶつ》館《かん》

㉑ 不《ふ》□□《ひつよう》

㉒ 不《ふ》□□《さんか》

㉓ 不《ふ》□□《まんぞく》

㉔ 不《ふ》□□《しぜん》

㉕ 不《ふ》□□《けいき》

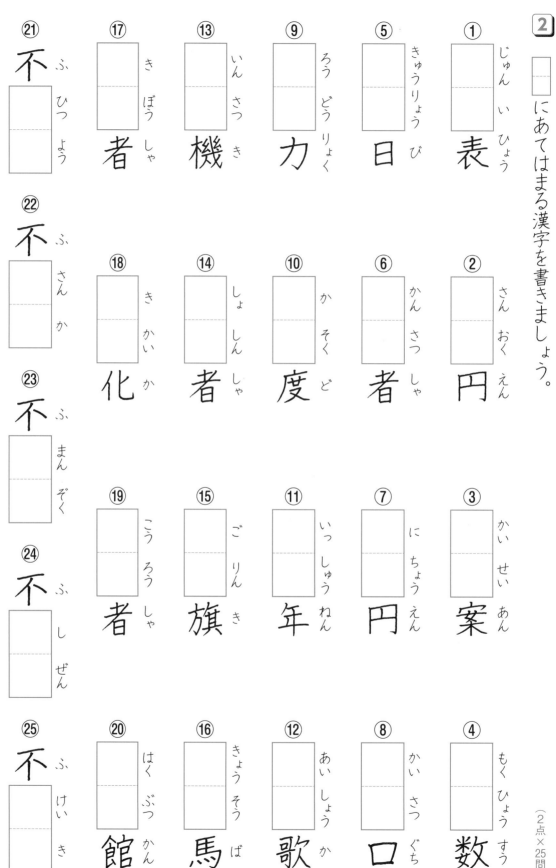

国語

4 漢字の書き（二）

1 □にあてはまる漢字を書きましょう。

（2点×25問）

① □《せい》電《でん》気《き》

② □《こう》名《みょう》心《しん》

③ □《そう》庫《こ》番《ばん》

④ □《さん》水《すい》車《しゃ》

⑤ □《きゅう》水《すい》車《しゃ》

⑥ □《てい》学《がく》年《ねん》

⑦ □《ざい》木《もく》店《てん》

⑧ □《さん》業《ぎょう》界《かい》

⑨ □《さく》年《ねん》度《ど》

⑩ □《しょう》力《りょく》化《か》

⑪ □《きょう》和《わ》国《こく》

⑫ □《きょう》力《りょく》者《しゃ》

⑬ □《し》会《かい》者《しゃ》

⑭ □《し》運《うん》転《てん》

⑮ □《きゅう》心《しん》力《りょく》

⑯ □《せい》人《じん》式《しき》

⑰ □《こう》天《てん》気《き》

⑱ □《けい》勝《しょう》地《ち》

⑲ □《か》入《にゅう》者《しゃ》

⑳ □《ぎ》事《じ》録《ろく》

㉑ □《しゅう》波《は》数《すう》

㉒ □《しょう》明《めい》係《がかり》

㉓ □《さい》多《た》勝《しょう》

㉔ □《ど》力《りょく》家《か》

㉕ □《じ》童《どう》会《かい》

ヒント

「加速度」　速さがだんだんふえていくこと。下りざかで、自転車に加速度がつく。科学の進歩に加速度がつく。

得点　／100

月　日

2

□にあてはまる漢字を書きましょう。（2点×25問）

① □□《せんきょ》戦《せん》

② □□《しょくえん》水《すい》

③ □□《ときょう》走《そう》

④ □□《ろうどう》者《しゃ》

⑤ □□《じぞく》力《りょく》

⑥ □□《やくそく》事《ごと》

⑦ □□《いんりょう》水《すい》

⑧ □□《きかん》車《しゃ》

⑨ □□《いりょう》品《ひん》

⑩ □□《ねったい》夜《や》

⑪ □□《かんさつ》会《かい》

⑫ □□《しがい》地《ち》

⑬ □□《じんるい》愛《あい》

⑭ □□《ちょういん》式《しき》

⑮ □□《えいよう》分《ぶん》

⑯ □□《ほうか》後《ご》

⑰ □□《じっけん》室《しつ》

⑱ □□《いんさつ》物《ぶつ》

⑲ □□《れんけつ》器《き》

⑳ □□《しけん》場《じょう》

㉑ 未《み》□□《せいねん》

㉒ 未《み》□□《かんせい》

㉓ 無《む》□□《かんしん》

㉔ 無《む》□□《ちゃくりく》

㉕ 無《む》□□《じかく》

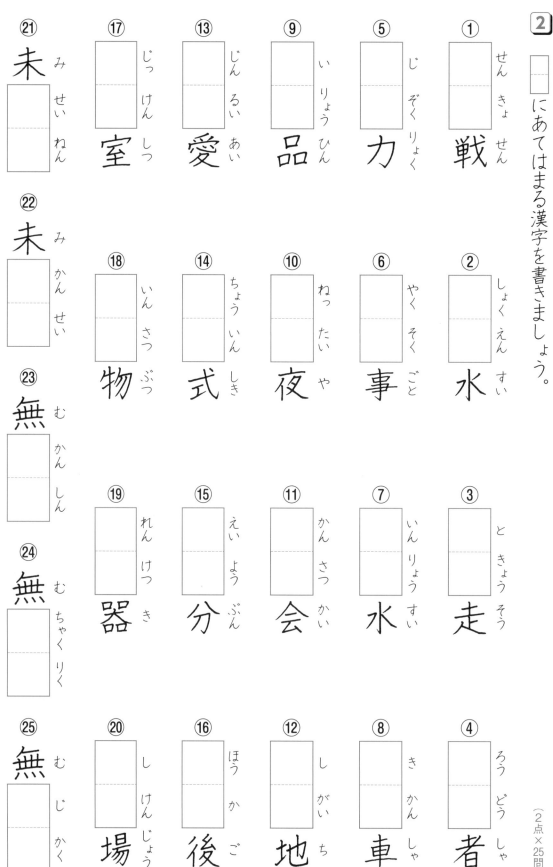

国語

3 漢字の書き（一）

1 □にあてはまる漢字を書きましょう。（2点×25問）

① □《あい》読《どく》書《しょ》

② □《えい》会《かい》話《わ》

③ □《かん》楽《がっ》器《き》

④ □《じょう》下《か》町《まち》

⑤ □《さん》観《かん》日《び》

⑥ □《とく》産《さん》品《ひん》

⑦ □《し》食《しょく》会《かい》

⑧ □《しゅく》祭《さい》日《じつ》

⑨ □《しょ》対《たい》面《めん》

⑩ □《しん》号《ごう》機《き》

⑪ □《しょう》竹《ちく》梅《ばい》

⑫ □《む》人《じん》駅《えき》

⑬ □《みん》芸《げい》品《ひん》

⑭ □《ひ》行《こう》機《き》

⑮ □《か》実《じつ》畑《ばたけ》

⑯ □《せつ》明《めい》文《ぶん》

⑰ □《りく》上《じょう》部《ぶ》

⑱ □《けい》馬《ば》場《じょう》

⑲ □《い》食《しょく》住《じゅう》

⑳ □《ざん》業《ぎょう》代《だい》

㉑ □《へん》電《でん》所《しょ（じょ）》

㉒ □《かい》良《りょう》品《ひん》

㉓ □《そつ》業《ぎょう》式《しき》

㉔ □《じ》童《どう》館《かん》

㉕ □《あん》内《ない》図《ず》

ヒント

「熱帯夜」最低《さいてい》気温が25度以上《いじょう》の夜のこと。
また、日中の最高気温が25度以上の日を夏日という。

得点 ／100

月　日

㉑ 目標数《すう》

㉒ 新《しん》記録

㉓ 議事録《ろく》

㉔ 民主的

㉕ 記録会《かい》

㉖ 清水焼

㉗ 不満足

㉘ 良心的

㉙ 三《さん》連敗

㉚ 大《だい》失敗

㉛ 原《げん》材料

㉜ 飛行機

㉝ 定《てい》位置

㉞ 観客席

㉟ 給料日《び》

㊱ 合唱曲《きょく》

㊲ 老大家

㊳ 加害者《しゃ》

㊴ 協議会《かい》

㊵ 改札口《ぐち》

㊶ 欠席者《しゃ》

㊷ 好景気

㊸ 不景気

㊹ 失敗例

㊺ 成功例

㊻ 未完成

㊼ 不必要

㊽ 大漁旗

㊾ 氏名印

㊿ 健康法

国語

2 漢字の読み（二）

ヒント

「静電気」 プラスチックの下じきをぬのでこすったときなどのように、まさつでおきる電気で、そこにとどまっています。

得点

／100

月　日

1 ——線の漢字の読みがなを書きましょう。（2点×50問）

① 寒冷地《ち》

② 放牧場《じょう》

③ 定《てい》期《き》便

④ 初心者《しゃ》

⑤ 照明係《がかり》

⑥ 努力家《か》

⑦ 自然界《かい》

⑧ 静電《でん》気《き》

⑨ 指《し》定《てい》席

⑩ 低金利

⑪ 悪《あく》天候

⑫ 記念品《ひん》

⑬ 共和国《こく》

⑭ 公害病《びょう》

⑮ 貨物船《せん》

⑯ 求心力《りょく》

⑰ 風水害

⑱ 道《みち》案内

⑲ 北極海《かい》

⑳ 二《に》種類

㉑ 人類愛

㉒ 衣料品《ひん》

㉓ 栄養士《し》

㉔ 機械油《あぶら》

㉕ 観察会《かい》

㉖ 大《だい》辞典

㉗ 松竹梅

㉘ 最高位

㉙ 信号機

㉚ 試験管

㉛ 積雪量

㉜ 季節風《ふう》

㉝ 参観日《び》

㉞ 望遠鏡

㉟ 印刷物《ぶつ》

㊱ 機関車

㊲ 管楽器

㊳ 労働者《しゃ》

㊴ 民芸品《ひん》

㊵ 熱帯夜《や》

㊶ 特産品《ひん》

㊷ 約束事《ごと》

㊸ 徒競走《そう》

㊹ 街路灯

㊺ 副大臣

㊻ 競輪場《じょう》

㊼ 万国旗

㊽ 連結器

㊾ 選挙戦

㊿ 夏《なつ》野菜

国語

1 漢字の読み（一）

ヒント

競馬場で競走《きょうそう》する馬を競走馬《きょうそうば》といいます。
競走馬のことを競馬馬《うま》ともいいます。

得点 ／100

月 日

1 ――線の漢字の読みがなを書きましょう。 （2点×50問）

① 説明文《ぶん》

② 決《けっ》勝《しょう》戦

③ 卒業式《しき》

④ 伝達式《しき》

⑤ 競馬場《じょう》

⑥ 英単語

⑦ 博物館《かん》

⑧ 学《がっ》期《き》末

⑨ 県《けん》議会

⑩ 無人《じん》駅《えき》

⑪ 三輪車《しゃ》

⑫ 十進法

⑬ 変電所

⑭ 日《にっ》光《こう》浴

⑮ 愛読書《しょ》

⑯ 一《いっ》点《てん》差

⑰ 原産地《ち》

⑱ 試食会《かい》

⑲ 祝祭日

⑳ 一《いっ》昨日

4年 答 え

算　数

1 大きい数 (P. 4・5)

1　㋐ 3億　㋑ 7億　㋒ 13億
㋓ 40億　㋔ 80億　㋕ 120億
㋖ 3000億　㋗ 6000億
㋘ 1兆3000億　㋙ 2兆
㋚ 5兆　㋛ 9兆

2　○をつけるもの
① 50億　② 27兆
③ 1億　④ 1兆
⑤ 72876940

3　① 876543210　② 102345678
③ 201345678

2 角と角度 (P. 6・7)

1　① ㋐ 60°　㋑ 30°　㋒ 90°
㋐+㋑+㋒ 180°
② ㋐ 45°　㋑ 90°　㋒ 45°
㋐+㋑+㋒ 180°

2　①　②

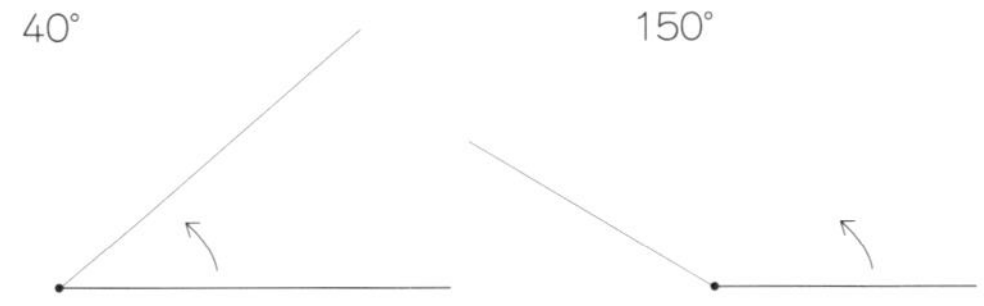

3　① 210°　② 300°

4　① ㋐の式　180−150=30　30°
② ㋑の式　180−40=140　140°
㋒の式　180−140=40　40°

3 わり算(÷1けた) (P. 8・9)

1　① 188　② 258　③ 143

2　① 122あまり1　② 231あまり1　③ 112あまり1

3　96÷2=48　48人

4　600÷5=120　120人

5　385÷7=55　55本

4 わり算(÷2けた) (P. 10・11)

1　① 21あまり1　② 41あまり3　③ 46あまり15
④ 17あまり15　⑤ 28あまり19　⑥ 14あまり25
⑦ 21あまり11　⑧ 16あまり2　⑨ 48あまり9

2　320÷26=12あまり8　12本，8cm

3　800÷19=42あまり2　42人，2まい

4　210÷24=8あまり18　8+1=9　9台

5 式と計算 (P. 12・13)

1　① 88　② 10　③ 10
④ 810　⑤ 30　⑥ 330
⑦ 70　⑧ 80　⑨ 225
⑩ 280

2　90×6+130×5=1190　1190円

3　150−4×25=50　50まい

4　480÷6+520÷4=210　210円

6 垂直と平行 (P. 14・15)

1　㋐，㋑，㋓，㋔，㋕

2　㋒と㋕，㋓と㋑，㋔と㋖

3　カ 70°　キ 110°　ク 70°
ケ 70°　コ 110°

4　① 3cm　② 5cm　③ 長方形
④

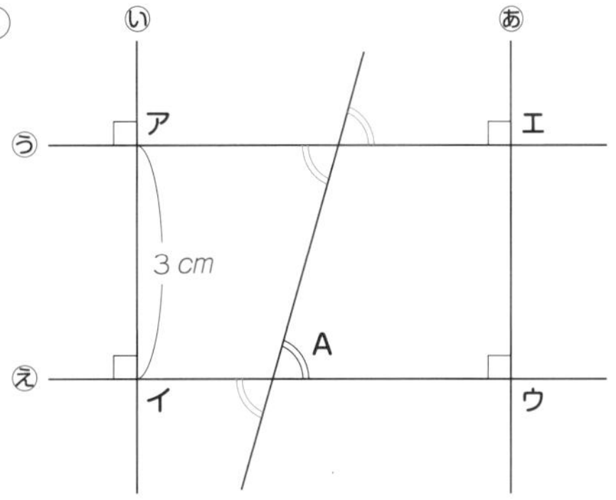

7 四角形 (P. 16・17)

1　①　②

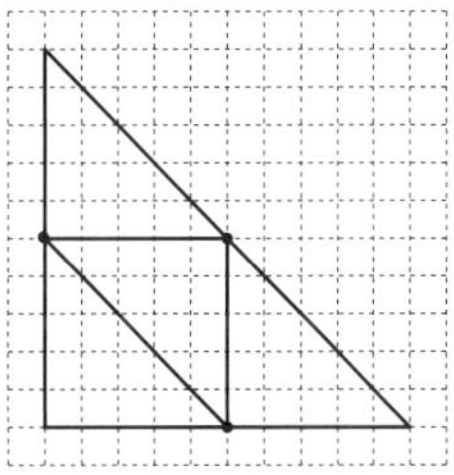

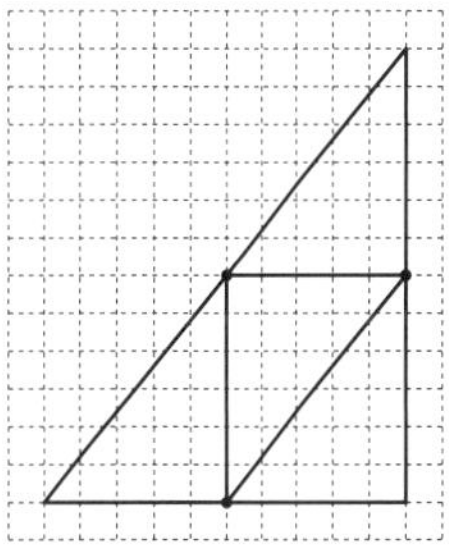

③

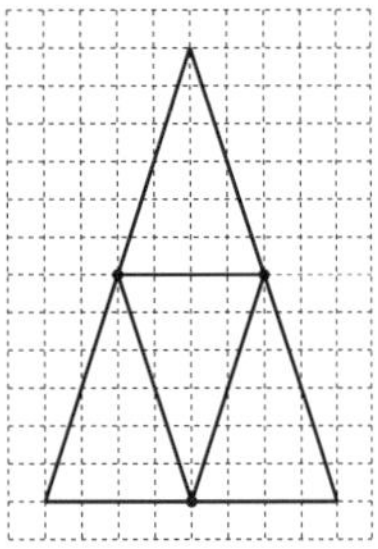

④

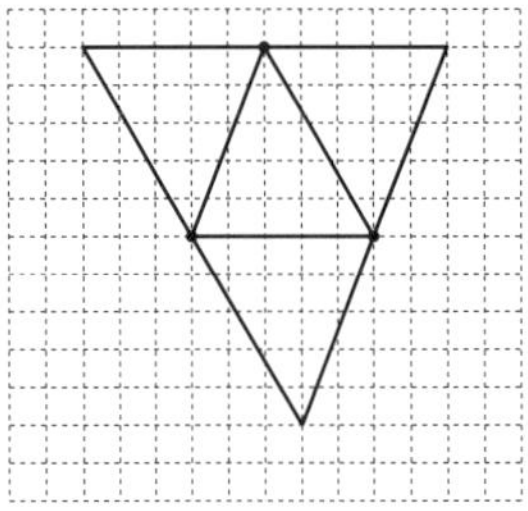

2 ① ㋐，㋒　② ㋐，㋒，㋓，㋕

③ ㋐，㋒，㋓，㋕　④ ㋑

⑤ ㋐，㋒，㋓，㋕　⑥ ㋐，㋒

⑦ ㋔

8 折れ線グラフ (P. 18・19)

1 ① 気温の変化とプールの水温の変化

② 午後３時，29度

③ 午後２時，36度

④ 午前10時から午前11時まで

⑤ 気温の変化

⑥ 午後２時，８度

9 資料の整理 (P. 20・21)

1 ①

くだもの	人数（人）	
いちご	正	5
メロン	正一	6
りんご	下	3
バナナ	止	4
みかん	丅	2
合　計		20

② メロン

2 ①

形＼色	白色		はい色	
三角形	止	4	正一	6
四角形	正丅	7	下	3
合計	11		9	

② 白色の四角形

10 およその数 (1) (P. 22・23)

1 ① 1981→2000　② 2156→2000

③ 3963→4000　④ 5482→5000

⑤ 16480→16000

2 ① 43698→40000

② 28581→30000

③ 76208→80000

④ 80573→80000

⑤ 243865→240000

3 ① 458→500　② 947→900

③ 1392→1000　④ 3648→4000

⑤ 47609→50000

4 ① 7681→7700　② 5627→5600

③ 49635→50000

④ 76479→76000

⑤ 620527→620000

11 およその数 (2) (P. 24・25)

1 ① 61860＋25820＝87680

88000円

② 62000＋26000＝88000

88000円

2 26000＋32000＝58000

58000円

3 ① 7884÷36＝219　200円

② 8000÷40＝200　200円

4 6000÷200＝30　30箱

12 面積 (1) (P. 26・27)

1 ① 42×60＝2520　2520cm^2

② 15×15＝225　225cm^2

2 ① ２×５＝10　10m^2

② 10×10＝100　100m^2

3 全体から、白い部分をひきます。

３×６＝18，１×６＝６

18－６＝12　12m^2

4 ２km＝2000m だから

600×2000＝1200000　1200000m^2

13 面積 (2) (P. 28・29)

1 ① 20×25＝500　500m^2

② 5a

2 30×40－10×20＝1200－200＝1000

1000m^2＝10a　10a

3 8a＝800m² 800÷20＝40 <u>40m</u>

4 ① 250×200＝50000 <u>50000m²</u>

② 5ha

5 100a

6 100ha

14 小数のたし算・ひき算 (P. 30・31)

1 ① 6.54 ② 4.77 ③ 9.47

④ 9.74 ⑤ 6.81 ⑥ 10.47

⑦ 7.75 ⑧ 0.15 ⑨ 1.17

⑩ 9 ⑪ 7 ⑫ 1.1

2 ① 7.182 ② 0.6

3 ① 4.21 ② 2.25 ③ 5.22

④ 3.11 ⑤ 0.33 ⑥ 0.48

⑦ 1.46 ⑧ 0.15 ⑨ 0.06

⑩ 5.22 ⑪ 4.04 ⑫ 4

4 ① 4.29 ② 0.317

15 小数のかけ算・わり算 (P. 32・33)

1 ① 70.2 ② 98 ③ 200.1

④ 306 ⑤ 3416.4 ⑥ 216.66

⑦ 604.5

2 ① 2.4 ② 0.57 ③ 0.34

3 ① 4.7あまり0.8 ② 3.6あまり1.3

③ 1.7あまり1.9

4 ① 3.8 ② 2.5

16 分数のたし算・ひき算 (P. 34・35)

1 ① 1 ② 1 ③ 1 ④ 1

⑤ 1 ⑥ $1\frac{5}{7}$ ⑦ $1\frac{4}{6}$ ($1\frac{2}{3}$)

2 ① $2\frac{3}{5}$ ② $3\frac{4}{6}$ ($3\frac{2}{3}$) ③ $3\frac{4}{7}$

④ $2\frac{5}{8}$ ⑤ $3\frac{8}{9}$ ⑥ $4\frac{4}{7}$

⑦ $5\frac{5}{6}$ ⑧ $6\frac{3}{5}$ ⑨ $4\frac{1}{8}$

3 ① 1 ② 2 ③ 2 ④ 1

⑤ $1\frac{5}{6}$ ⑥ $1\frac{4}{7}$ ⑦ $1\frac{4}{10}$ ($1\frac{2}{5}$)

4 ① $1\frac{3}{4}$ ② $\frac{6}{7}$ ③ $2\frac{4}{6}$ ($2\frac{2}{3}$)

④ $3\frac{6}{8}$ ($3\frac{3}{4}$) ⑤ $1\frac{5}{7}$ ⑥ $1\frac{4}{6}$ ($1\frac{2}{3}$)

⑦ $2\frac{2}{4}$ ($2\frac{1}{2}$) ⑧ $2\frac{5}{7}$ ⑨ $3\frac{4}{8}$ ($3\frac{1}{2}$)

17 直方体と立方体 (P. 36・37)

1 ① 面(う) ② 面(か)

③ 面(お), 面(え), 面(か), 面(い)

④ 面6, 辺12, ちょう点8

2 ① 面(か) ② 面(え)

③ 面(あ), 面(い), 面(え), 面(か)

3 ① 面オ ② 面ウ

18 位置の表し方 (P. 38・39)

1 ① (横5cm, たて3cm)

② (横4cm, たて7cm)

③ (横2cm, たて0cm)

④, ⑤

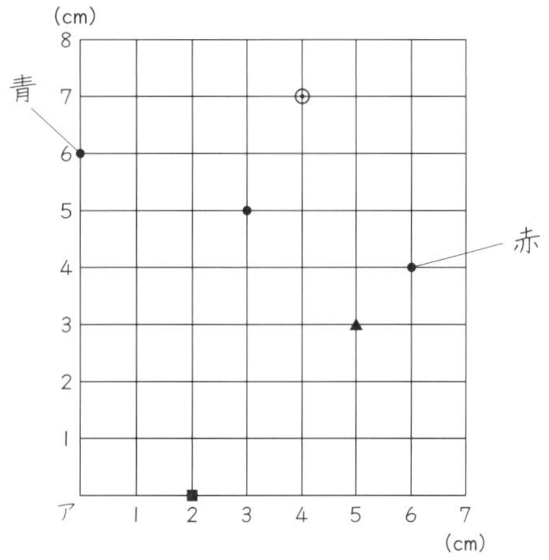

2 ① (横3cm, たて4cm, 高さ2cm)

② (横2cm, たて0cm, 高さ1cm)

3 ㋑ (横8m, たて4m, 高さ8m)

㋒ (横4m, たて8m, 高さ8m)

㋓ (横8m, たて8m, 高さ6m)

㋔ (横8m, たて0m, 高さ8m)

19 計算のきまり (P. 40・41)

1 ① 27×(0.4×25)＝27×10＝270

② 27＋(0.4＋1.6)＝27＋2＝29

③ (27＋3)×9＝30×9＝270

④ (27－7)×5＝20×5＝100

2 ① 18＋(1.4＋1.6)＝18＋3＝21

② 24×(4×2.5)＝24×10＝240

③ 2.5×(12＋18)＝2.5×30＝75

④ (4.6－2.6)×8＝2×8＝16

3 (1) ① $4.7\times4+2.5\times\boxed{4}=$

$18.8+10=28.8$

② $\boxed{5.5}\times6\quad1.6\times6=$

$33-9.6=23.4$

③ $3.8\times(8\times\boxed{2.5})=3.8\times20=76$

(2) $(3.5\times\boxed{4})\div(2.5\times4)=$

$14\div10=1.4$

理　科

1 季節と生き物のようす (1) (P. 42・43)

1 (1) ① ツバメ　② わたり鳥

③ タンポポ　④ くき

⑤ 花

(2) ① 種　② 芽

③ 成長　④ たまご

⑤ おたまじゃくし

(3) ① 花　② 葉

③ 実　④ 毛虫

⑤ トカゲ　⑥ 小さな虫

2 ① 高く　② 育ち

③ 成虫　④ こく

⑤ 多く

3 ① ㋑

② ㋒

③ ㋓

④ ㋐

2 季節と生き物のようす (2) (P. 44・45)

1 (②、③は入れかえてもよい)

① すずしく　② 赤色

③ 黄色　④ かれ

2 ① ㋓　② ㋒　③ ㋐　④ ㋑

3 (1) ① かれる　② あな

③ さなぎ　④ 見られなく

(2) ① 葉　② 芽

③ あたたかく　④ 動き

⑤ はりつけて

4 ① ツバメ　② あたたかい

③ カモ

3 天気の変化 (P. 46・47)

1 ① 低く　② 高く　③ 大きく

④ 小さく　⑤ 正午　⑥ 日光

⑦ 地面　⑧ 空気　⑨ 日の出

2 ① ×　② ○　③ ×　④ ×

3 百葉箱

4 (1) ① 真横　② 近い

(2) ① 18℃　② 17℃

4 電池のはたらき (P. 48・49)

1 ① ＋　② －　③ 1つの輪

④ 流れて　⑤ 回路　⑥ 電流

2 ㋐ ×　㋑ ×　㋒ ○

3 (1) ① 直列　② かん電池1こ

③ 速く　④ 明るく

(2) ① へい列　② かん電池1こ

③ 同じくらい　④ 2倍くらい

5 空気と水 (P. 50・51)

1 ○をつけるもの ②、③、④、⑥

2 (1) ②

(2) ③

(3) ①

3 ㋐ 前玉　㋑ 後玉　㋒ おしぼう

㋓ 空気　㋔ つつ

4 ① ×　② ○　③ ○　④ ×

⑤ ×　⑥ ×　⑦ ○　⑧ ○

6 月や星 (1) (P. 52・53)

1 (1)

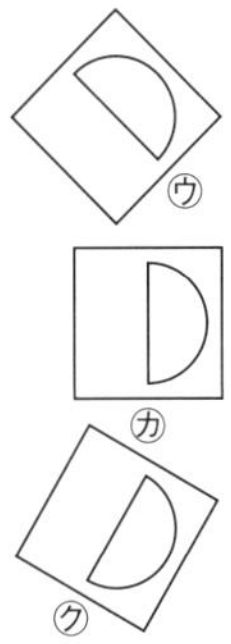

(2) ㋕

(3) 午後6時ごろ

(4) 満月

2 ① × ② ○ ③ ○ ④ ○ ⑤ ×

3 ㋕→㋒→㋓→㋑→㋔

4 ① 形 ② 満月 ③ 半月

④ 太陽 ⑤ 東 ⑥ 南

⑦ 西

7 月や星 (2) (P. 54・55)

1 ① ○ ② × ③ × ④ ○

⑤ ○ ⑥ ○ ⑦ × ⑧ ○

⑨ ○ ⑩ ×

2 ① 西 ② 東 ③ 南 ④ 北

3 ㋐ ことざ

㋑ はくちょうざ

㋒ わしざ

① ベガ

② デネブ

③ アルタイル

4 ① プロキオン

② ベテルギウス

③ シリウス

㋐ オリオンざ

8 ヒトの体のつくり (P. 56・57)

1 ① ㋐ 頭のほね

② ㋓ こしのほね

③ ㋔ 足のほね

④ ㋑ むねのほね

⑤ ㋒ せなかのほね

2 (1) ① ㋒ ② ㋑ ③ ㋐

④ ㋓ ⑤ ㋔

(2) ① ほね ② ちぢめ ③ 体

④ ちぢみ ⑤ ゆるみ

9 温度によるものの体積の変化 (P. 58・59)

1 (1) ① アルコールランプ

② 通らなく ③ 大きく

(2) 通ります

2 ① 湯 ② あたため

③ ふえ ④ 大きく

⑤ 暑さ ⑥ のびて

3 ① ふえ ② へり

③ 大きく ④ 小さく

10 もののあたたまり方 (P. 60・61)

1 Ⓐ (ア) →イ→ウ→エ

Ⓑ イ→ア→ウ→エ

Ⓒ イ→ア→ウ→エ

2 ②、③

3 (③、④は入れかえてもよい)

① 上の方 ② 下の方

③ 下の方 ④ 上の方

⑤ 下の方 ⑥ 上の方

⑦ 上の方 ⑧ 下の方

⑨ 金ぞく ⑩ 上の方

⑪ 冷たい ⑫ 下の方

⑬ 体積 ⑭ 軽く

⑮ 上の方

11 水の3つのすがた (P. 62・63)

1 (1) ① 固体 ② えき体 ③ 気体

(2) 0℃

(3) 100℃

2 ○をつけるもの ①、③

3 (1) 水じょう気 (2) ㋐ (3) ゆげ

(4) 水じょう気 (5) ふくらむ (注意：この作業は長く続けると、きけんです。)

4 ○をつけるもの ㋐、㋓

社　会

1 日本の国土 （P. 64・65）

[1] (1) ㋐ 北海道地方　㋑ 東北地方
㋒ 関東《かんとう》地方　㋔ 近畿《きんき》地方
㋖ 四国地方　㋗ 九州地方

(2) ① 北海道　② 関東《かんとう》　③ 四国
④ 東北　⑤ 九州　⑥ 近畿《きんき》
⑦ 中部　⑧ 中国

(3) 北海道地方—札幌
近畿地方—神戸
東北地方—仙台
関東地方—東京
中部地方—名古屋
九州地方—福岡

2 都道府県 (1) （P. 66・67）

[1] ① 北海道　② 青森県　③ 秋田県
④ 岩手県　⑤ 山形県　⑦ 福島県
⑧ 群馬《ぐんま》県　⑨ 栃木《とちぎ》県　⑩ 茨城《いばらき》県
⑪ 埼玉《さいたま》県　⑫ 東京都　⑭ 千葉県
⑮ 新潟《にいがた》県　⑯ 富山《とやま》県　⑰ 石川県
⑱ 福井《ふくい》県　⑲ 長野県　⑳ 山梨《やまなし》県
㉑ 岐阜《ぎふ》県　㉒ 静岡《しずおか》県　㉓ 愛知《あいち》県
㉔ 滋賀《しが》県　㉕ 三重《みえ》県　㉖ 奈良《なら》県
㉗ 和歌山県　㉘ 大阪府《おおさかふ》　㉙ 京都府
㉚ 兵庫《ひょうご》県　㉛ 鳥取《とっとり》県　㉜ 島根県
㉝ 岡山《おかやま》県　㉞ 広島県　㉟ 山口県
㊱ 香川《かがわ》県　㊲ 徳島《とくしま》県　㊴ 高知県
㊵ 福岡《ふくおか》県　㊶ 大分《おおいた》県　㊷ 宮崎《みやざき》県
㊸ 熊本《くまもと》県　㊹ 佐賀《さが》県　㊺ 長崎《ながさき》県
㊻ 鹿児島《かごしま》県　㊼ 沖縄《おきなわ》県
[A] 北海道　[B] 東北　[C] 関東《かんとう》
[D] 中部　[F] 中国　[G] 四国

3 都道府県 (2) （P. 68・69）

[1] ① 北海道－札幌《さっぽろ》市　② 岩手県
③ 宮城《みやぎ》県－仙台《せんだい》市　④ 前橋市
⑤ 栃木《とちぎ》県　⑥ 水戸市
⑦ さいたま市　⑧ 神奈川《かながわ》県－横浜《よこはま》市
⑨ 山梨《やまなし》県　⑩ 石川県－金沢《かなざわ》市
⑪ 名古屋市　⑫ 三重《みえ》県
⑬ 大津《おおつ》市　⑭ 兵庫《ひょうご》県－神戸《こうべ》市
⑮ 高松《たかまつ》市　⑯ 愛媛《えひめ》県－松山《まつやま》市
⑰ 松江《まつえ》市　⑱ 沖縄《おきなわ》県－那覇《なは》市

4 ごみのしょり (1) （P. 70・71）

[1] ① もえる　② もえない　③ 大型（そ大）
④ 資源

[2] もえるごみ…①
もえないごみ…③、⑤
資源ごみ…②、④、⑥、⑨
大型ごみ…⑦、⑧

[3] (1) ○をつけるもの…再利用、原料
(2) ㋐ ペットボトル　㋑ ノートなど
㋒ かんジュースなど

5 ごみのしょり (2) （P. 72・73）

[1] （②、③は入れかえてもよい）
① クリーンセンター　② くふう
③ 努力　④ 気づいたこと

[2] ① ごみピット　② 焼却炉
③ 中央制御室

[3] （④、⑤は入れかえてもよい）
① もやし　② うめ立て場
③ 再生紙　④ 鉄　⑤ アルミ
⑥ 色ごと　⑦ 再利用

6 くらしと水 （P. 74・75）

[1] (1) ㋐ ちんさ池　㋑ ちんでん池
㋒ ろか池　㋓ ポンプ
(2) ① ㋐　② ㋑　③ ㋓　④ ㋒

[2] ① ㋒　② ㋐　③ ㋔
④ ㋑　⑤ ㋓

[3] 〈例《れい》〉 ① 浄水場《じょうすいじょう》　② 下水処理場《しょりじょう》

7 火事をふせぐ (1) （P. 76・77）

[1] (1) 119番
(2) 消ぼう本部の通信指令室

(3) 救急車の出動（急病・けがの通ほう）

(4) ① ガス会社　② けい察

③ 水道局　④ 病院

⑤ 電力会社

⑥ 消ぼうしょ、消ぼうだん

8 火事をふせぐ (2) (P. 78・79)

1 (1) 放火、こんろ、たばこ

(2) たばこ…5000　たき火…3000

(3) ①

2 ① 体力づくり

② 消ぼう訓練

③ 町のぼう火せつびの点けん

④ ぼう火のよびかけ

9 安全なくらし (P. 80・81)

1 ① あ ちゅう車いはんのとりしまり

い まい子をほごする

う 道案内をする

え 交通安全教室をする

2

	①	②	③
名　前	イ	ア	ウ
役わり	あ	う	い

3 〈例《れい》〉 ① ここをわたってはいけない

② 歩行者せん用道路

③ (車は)入ってはいけない

10 県名クイズ (1) (P. 82・83)

1 ①

	滋
佐	賀

（または）

	佐
滋	賀

②

静	
岡	山
	口

③

広	
島	根

④

	高
愛	知
媛	

⑤

		茨
	宮	城
長	崎	
野		

2 （①～③は入れかえてもよい）

① 鳥取《とっとり》県　② 群馬《ぐんま》県

③ 熊本《くまもと》県　④ 鹿児島《かごしま》県

3 ふくい→いばらき→きょうと→とちぎ→

ぎふ→ふくい

↘ ふくおか ↗ かがわ ↘ わかやま

↘ かながわ ↗

4 （①、②は入れかえてもよい）

① 石川県　② 香川《かがわ》県　③ 神奈川《かながわ》県

11 県名クイズ (2) (P. 84・85)

1 ① 三重《みえ》県　② 富山《とやま》県　③ 秋田県

④ 島根県　⑤ 千葉県　⑥ 山形県

⑦ 山梨《やまなし》県

2 ① 岩手県　② 長野県　③ 香川《かがわ》県

④ 宮城《みやぎ》県　⑤ 群馬《ぐんま》県　⑥ 長崎《ながさき》県

⑦ 神奈川《かながわ》県

● ● 英　語 ● ●

1 アルファベット　大文字 (P. 86・87)

1 しょうりゃく

2 G、M

2 アルファベット　小文字 (P. 88・89)

1 しょうりゃく

2 k、d

3 曜日と教科 (P. 90・91)

1 しょうりゃく

2 しょうりゃく

3 1位　English　2位　science

3位　P.E.　4位　music

4 野菜の名前と色 (P. 92・93)

1 しょうりゃく

2 ①

3 しょうりゃく

4 ① blue、yellow

② red、blue

③ red、white
（ならびは自由）

国　語

1 漢字の読み ㈠ （P. 128・129）

[1]

① せつめいぶん　⑥ えいたんご　⑪ さんりんしゃ　⑯ いってんさ　㉑ じんるいあい　㉖ だいじてん　㉛ せきせつりょう　㊱ きかんしゃ　㊶ とくさんひん　㊻ けいりんじょう

② けっしょうせん　⑦ はくぶつかん　⑫ じっしんほう　⑰ げんさんち　㉒ いりょうひん　㉗ しょうちくばい　㉜ きせつふう　㊲ かんがっき　㊷ やくそくごと　㊼ ばんこくき

③ そつぎょうしき　⑧ がっきまつ　⑬ へんでんしょ（じょ）　⑱ ししょくかい　㉓ えいようし　㉘ さいこうい　㉝ さんかんび　㊳ ろうどうしゃ　㊸ ときょうそう　㊽ れんけつき

④ でんたつしき　⑨ けんぎかい　⑭ にっこうよく　⑲ しゅくさいじつ　㉔ きかいあぶら　㉙ しんごうき　㉞ ぼうえんきょう　㊴ みんげいひん　㊹ がいろとう　㊾ せんきょせん

⑤ けいばじょう　⑩ むじんえき　⑮ あいどくしょ　⑳ いっさくじつ　㉕ かんさつかい　㉚ しけんかん　㉟ いんさつぶつ　㊵ ねったいや　㊺ ふくだいじん　㊿ なつやさい

2 漢字の読み ㈡ （P. 126・127）

[1]

① かんれいち　⑥ どりょくか　⑪ あくてんこう　⑯ きゅうしんりょく　㉑ もくひょうすう　㉖ きよみずやき　㉛ げんざいりょう　㊱ がっしょうきょく　㊶ けっせきしゃ　㊻ みかんせい

② ほうぼくじょう　⑦ しぜんかい　⑫ きねんひん　⑰ ふうすいがい　㉒ しんきろく　㉗ ふまんぞく　㉜ ひこうき　㊲ ろうたいか　㊷ こうけいき　㊼ ふひつよう

③ ていきびん　⑧ せいでんき　⑬ きょうわこく　⑱ みちあんない　㉓ ぎじろく　㉘ りょうしんてき　㉝ ていいち　㊳ かがいしゃ　㊸ ふけいき　㊽ たいりょうき

④ しょしんしゃ　⑨ していせき　⑭ こうがいびょう　⑲ ほっきょくかい　㉔ みんしゅてき　㉙ さんれんぱい　㉞ かんきゃくせき　㊴ きょうぎかい　㊹ しっぱいれい　㊾ しめいいん

⑤ しょうめいがかり　⑩ ていきんり　⑮ かもつせん　⑳ にしゅるい　㉕ きろくかい　㉚ だいしっぱい　㉟ きゅうりょうび　㊵ かいさつぐち　㊺ せいこうれい　㊿ けんこうほう

3 漢字の書き ㈠ （P. 124・125）

[1]

① 愛　⑥ 特　⑪ 松　⑯ 説　㉑ 変

② 英　⑦ 試　⑫ 無　⑰ 陸　㉒ 改

③ 管
④ 城
⑤ 参
⑧ 祝
⑨ 初
⑩ 信
⑬ 民
⑭ 飛
⑮ 果
⑱ 競
⑲ 衣
⑳ 残
㉓ 卒
㉔ 児
㉕ 案

2

① 選挙
② 食塩
③ 徒競
④ 労働
⑤ 持続
⑥ 約束
⑦ 飲料
⑧ 機関
⑨ 衣料
⑩ 熱帯
⑪ 観察
⑫ 市街
⑬ 人類
⑭ 調印
⑮ 栄養
⑯ 放課
⑰ 実験
⑱ 印刷
⑲ 連結
⑳ 試験
㉑ 成年
㉒ 完成
㉓ 感心
㉔ 着陸
㉕ 自覚

4 漢字の書き (二) (P. 122・123)

1

① 静
② 功
③ 倉
④ 散
⑤ 給
⑥ 低
⑦ 材
⑧ 産
⑨ 昨
⑩ 省
⑪ 共
⑫ 協
⑬ 司
⑭ 試
⑮ 求
⑯ 成
⑰ 好
⑱ 景
⑲ 加
⑳ 議
㉑ 周
㉒ 照
㉓ 最
㉔ 努
㉕ 児

2

① 順位
② 三億
③ 改正
④ 目標
⑤ 給料
⑥ 観察
⑦ 二兆
⑧ 改札
⑨ 労働
⑩ 加速
⑪ 一周
⑫ 愛唱
⑬ 印刷
⑭ 初心
⑮ 五輪
⑯ 競走
⑰ 希望
⑱ 機械
⑲ 功労
⑳ 博物
㉑ 必要
㉒ 参加
㉓ 満足
㉔ 自然
㉕ 景気

5 四字熟語 (一) (P. 120・121)

1

① 熱帯《ねったい》気候《きこう》
② 日本《にほん》料理《りょうり》
③ 観光《かんこう》旅行《りょこう》
④ 入学《にゅうがく》試験《しけん》
⑤ 寒冷《かんれい》前線《ぜんせん》
⑥ 栄養《えいよう》満点《まんてん》
⑦ 学級《がっきゅう》委員《いいん》
⑧ 選挙《せんきょ》運動《うんどう》
⑨ 課題《かだい》図書《としょ》
⑩ 億万《おくまん》長者《ちょうじゃ》
⑪ 高校《こうこう》卒業《そつぎょう》
⑫ 求人《きゅうじん》広告《こうこく》
⑬ 協同《きょうどう》組合《くみあい》
⑭ 多種《たしゅ》多様《たよう》
⑮ 入場《にゅうじょう》無料《むりょう》
⑯ 貨物《かもつ》列車《れっしゃ》
⑰ 照明《しょうめい》器具《きぐ》
⑱ 公共《こうきょう》事業《じぎょう》
⑲ 残業《ざんぎょう》手当《てあて》
⑳ 年中《ねんじゅう》無休《むきゅう》

6 四字熟語 (二) (P. 118・119)

1

① 百点満点《ひゃくてんまんてん》
② 完全試合《かんぜんじ(し)あい》
③ 料金改定《りょうきんかいてい》
④ 発芽実験《はつがじっけん》
⑤ 反戦平和《はんせんへいわ》
⑥ 観察記録《かんさつきろく》
⑦ 愛鳥週間《あいちょうしゅうかん》
⑧ 単刀直入《たんとうちょくにゅう》
⑨ 連戦連勝《れんせんれんしょう》
⑩ 自給自足《じきゅうじそく》
⑪ 不老不死《ふろうふし》
⑫ 駅伝競走《えきでんきょうそう》
⑬ 八両連結《はちりょうれんけつ》
⑭ 梅雨前線《ばいうぜんせん》
⑮ 以心伝心《いしんでんしん》
⑯ 自信満満《じしんまんまん》
⑰ 治山治水《ちさんちすい》
⑱ 運転休止《うんてんきゅうし》
⑲ 水陸両用《すいりくりょうよう》
⑳ 漢字辞典《かんじじてん》

7 熟語の読み・書き (一) (P. 116・117)

機1 最2 成3 清4 特5 熱6 満7

1 ① 機械《きかい》 ② 機器《きき》 ③ 機転《きてん》 ④ 機知《きち》

2 ① 最初《さいしょ》 ② 最良《さいりょう》 ③ 最高《さいこう》 ④ 最短《さいたん》

3 ① 成長《せいちょう》 ② 成育《せいいく》 ③ 成果《せいか》 ④ 成功《せいこう》

健康《けんこう》

4 ① 清流《せいりゅう》 ② 清風《せいふう》 ③ 清書《せいしょ》 ④ 清酒《せいしゅ》

5 ① 特級《とっきゅう》 ② 特等《とくとう》 ③ 特別《とくべつ》 ④ 特選《とくせん》

6 ① 熱心《ねっしん》 ② 熱中《ねっちゅう》 ③ 熱愛《ねつあい》 ④ 熱湯《ねっとう》

7 ① 満点《まんてん》 ② 満月《まんげつ》 ③ 満開《まんかい》 ④ 満足《まんぞく》

敗戦《はいせん》

8 熟語の読み・書き (二) (P. 114・115)

害1 唱2 景3 成4 戦5 典6 民7

1 ① 冷害《れいがい》 ② 公害《こうがい》 ③ 無害《むがい》 ④ 有害《ゆうがい》

2 ① 合唱《がっしょう》 ② 輪唱《りんしょう》 ③ 愛唱《あいしょう》 ④ 暗唱《あんしょう》

3 ① 風景《ふうけい》 ② 夜景《やけい》 ③ 光景《こうけい》 ④ 全景《ぜんけい》

用意《ようい》

4 ① 完成《かんせい》 ② 作成《さくせい》 ③ 育成《いくせい》 ④ 結成《けっせい》

5 ① 観戦《かんせん》 ② 対戦《たいせん》 ③ 決戦《けっせん》 ④ 交戦《こうせん》

6 ① 辞典《じてん》 ② 事典《じてん》 ③ 古典《こてん》 ④ 特典《とくてん》

7 ① 住民《じゅうみん》 ② 市民《しみん》 ③ 農民《のうみん》 ④ 国民《こくみん》

栄養《えいよう》

9 熟語の読み・書き (三) (P. 112・113)

加1 選2 失3 信4 標5 録6 要7

1 ① 参加《さんか》 ② 追加《ついか》 ③ 加熱《かねつ》 ④ 加工《かこう》

2 ① 改選《かいせん》 ② 予選《よせん》 ③ 選挙《せんきょ》 ④ 選出《せんしゅつ》

3 ① 流失《りゅうしつ》 ② 消失《しょうしつ》 ③ 失敗《しっぱい》 ④ 失望《しつぼう》

底辺《ていへん》

4 ① 交信《こうしん》 ② 自信《じしん》 ③ 信号《しんごう》 ④ 信用《しんよう》

5 ① 目標《もくひょう》 ② 道標《どうひょう》 ③ 標本《ひょうほん》 ④ 標語《ひょうご》

6 ① 記録《きろく》 ② 目録《もくろく》 ③ 録画《ろくが》 ④ 録音《ろくおん》

7 ① 必要《ひつよう》 ② 不要《ふよう》 ③ 要求《ようきゅう》 ④ 要望《ようぼう》

念願《ねんがん》

10 漢字の書き・意味 (一) (P. 110・111)

1

① 愛児《あいじ》 ↓ 児童《じどう》 ↓ 童話《どうわ》 ↓ 話題《わだい》 ↓ 題名《だいめい》

② 参加《さんか》 ↓ 加入《かにゅう》 ↓ 入会《にゅうかい》 ↓ 会議《かいぎ》 ↓ 議員《ぎいん》

③ 改良《かいりょう》 ↓ 良心《りょうしん》 ↓ 心配《しんぱい》 ↓ 配達《はいたつ》 ↓ 達成《たっせい》

④ 好機《こうき》 ↓ 機関《きかん》 ↓ 関節《かんせつ》 ↓ 節約《せつやく》 ↓ 約束《やくそく》

⑤ 無残《むざん》 ↓ 残念《ざんねん》 ↓ 念願《ねんがん》 ↓ 願書《がんしょ》 ↓ 書類《しょるい》

〈例《れい》〉

⑥ 愛児　かわいがって育てる自分の子ども

⑦ 加入　会やだんたいに入ること

⑧ 達成　なしとげること。やりとげること

⑨ 好機　ちょうどよいとき。チャンス

⑩ 無残　あまりにもひどく、あわれなこと

11 漢字の書き・意味 (二) (P. 108・109)

1

① 必要《ひつよう》 ↓ 要求《ようきゅう》 ↓ 求人《きゅうじん》 ↓ 人類《じんるい》 ↓ 類別《るいべつ》

② 救出《きゅうしゅつ》 ↓ 出席《しゅっせき》 ↓ 席順《せきじゅん》 ↓ 順位《じゅんい》 ↓ 位置《いち》

③ 最終《さいしゅう》 ↓ 終結《しゅうけつ》 ↓ 結果《けっか》 ↓ 果実《かじつ》 ↓ 実験《じっけん》

④ 当選《とうせん》 ↓ 選挙《せんきょ》 ↓ 挙式《きょしき》 ↓ 式辞《しきじ》 ↓ 辞典《じてん》

⑤ 必勝《ひっしょう》 ↓ 勝敗《しょうはい》 ↓ 敗戦《はいせん》 ↓ 戦後《せんご》 ↓ 後続《こうぞく》

〈例《れい》〉

⑥ 類別　種類《しゅるい》によって分けること

⑦ 順位　順番《じゅんばん》をあらわす地位《ちい》

⑧ 終結　ものごとが終わり、しめくくりがつくこと

⑨ 式辞　式でのべるあいさつ

⑩ 後続　あとから続くこと

12 漢字の書き・意味 (三) (P. 106・107)

1

① 最初《さいしょ》 → 初期《しょき》 → 期末《きまつ》 → 末代《まつだい》 → 代打《だいだ》

② 熱戦《ねっせん》 → 戦争《せんそう》 → 争議《そうぎ》 → 議長《ぎちょう》 → 長老《ちょうろう》

③ 祝辞《しゅくじ》 → 辞表《じひょう》 → 表札《ひょうさつ》 → 札所《ふだしょ》 → 所帯《しょたい》

④ 参観《さんかん》 → 観戦《かんせん》 → 戦国《せんごく》 → 国民《こくみん》 → 民族《みんぞく》

⑤ 兵隊《へいたい》 → 隊列《たいれつ》 → 列挙《れっきょ》 → 挙手《きょしゅ》 → 手芸《しゅげい》

2

① 目標《もくひょう》 → 標高《ひょうこう》 → 高低《こうてい》 → 低温《ていおん》 → 温帯《おんたい》

② 不満《ふまん》 → 満月《まんげつ》 → 月末《げつまつ》 → 末期《まっき》 → 期待《きたい》

③ 特別《とくべつ》 → 別便《べつびん》 → 便利《べんり》 → 利害《りがい》 → 害虫《がいちゅう》

④ 持参《じさん》 → 参道《さんどう》 → 道標《どうひょう》 → 標的《ひょうてき》 → 的中《てきちゅう》

⑤ 料金《りょうきん》 → 金利《きんり》 → 利用《りよう》 → 用事《ようじ》 → 事典《じてん》

13 都道府県の漢字 (P. 104・105)

1 しょうりゃく

2

① 茨城県　② 栃木県　③ 埼玉県　④ 神奈川県

⑤ 新潟県　⑥ 福井県　⑦ 山梨県　⑧ 岐阜県　⑨ 静岡県

⑩ 滋賀県　⑪ 大阪府　⑫ 奈良県　⑬ 兵庫県

⑭ 岡山県　⑮ 鳥取県　⑯ 香川県　⑰ 愛媛県

⑱ 福岡県　⑲ 佐賀県　⑳ 長崎県　㉑ 大分県　㉒ 熊本県

㉓ 宮崎県　㉔ 鹿児島県　㉕ 沖縄県

14 四こままんが (P. 102・103)

しょうりゃく

15 修飾語 (一) (P. 100・101)

1 ① 白い　② 黄色の　③ わり算の

④ きれいな　⑤ たくさんの

⑥ きれいに　⑦ とつぜん

⑧ ぐらぐらと　⑨ 必死で

⑩ もくもく

16 修飾語 (二) (P. 98・99)

1 ① 八階建ての　大きな

② 親友の　大切な

③ とつぜん　ザーザーと

④ 川原で　べんとうを

⑤ 野原に　たくさん

2 ① 花だんの　見事に

② 真っ赤な　水平線に

③ 三さいの　とんぼを

④ パンダの　とても

⑤ 冷たい　ごくりと

17 文の組み立て㈠ (P. 96・97)

1 ① ㋐ きくの　㋑ 花が
㋒ ゆれる　㋓ 風に
② ㋐ 白い　㋑ ねこが
㋒ ねらう　㋓ 魚を
③ ㋐ ぼくは　㋑ 三時に
㋒ 行く　㋓ 本屋へ
④ ㋐ 妹は　㋑ きのう
㋒ 行った　㋓ 音楽会に

18 文の組み立て㈡ (P. 94・95)

1 ① ㋐ 夏の　㋑ 太陽が
㋒ 光る　㋓ ぎらぎら
② ㋐ 青い　㋑ ヨットも
㋒ 入る　㋓ 港に
③ ㋐ 妹は　㋑ すいかを
㋒ 食べる　㋓ 毎日
④ ㋐ 兄は　㋑ 三月に
㋒ 行く　㋓ インドへ

らくらく全科プリント　小学４年生

2011年４月20日　初版発行
2021年１月20日　改訂版発行

監　修：陰《かげ》　山《やま》　英《ひで》　男《お》
著　者：三《み》　木《き》　俊《しゅん》　一《いち》
発行者：面《おも》　屋《や》　尚《たか》　志《し》

発行所：フォーラム・A

〒530-0056 大阪市北区兎我野町15-13
TEL：06-6365-5606
FAX：06-6365-5607
振替：00970-3-127184
HP：http://foruma.co.jp/

制作担当編集：藤原　幸祐　★★3022

表紙デザイン：ウエナカデザイン事務所
印刷・製本：東洋紙業高速印刷株式会社